GEOGRAPHIE

PARISIENNE,

EN FORME DE DICTIONNAIRE,

CONTENANT

L'EXPLICATION DE PARIS,
ou de son Plan, mis en Carte Géographique du Royaume de France, pour
servir d'introduction à la Géographie
générale.

*Méthode nouvelle & facile pour apprendre
d'une maniere pratique & locale, toutes
les principales parties du Royaume & de
Paris, ensemble, & les unes par les autres. Paris placé à l'Eglise & Paroisse
de S. Leu, rue de S. Denis, qu.^r 2. de S.^t
Jacques de la Boucherie, étant le point
fixe de toutes les parties.*

Par M. TEISSERENC, Prêtre, Bachelier
en Théologie.

*

A PARIS,

Chez {
La veuve ROBINOT, Quai des Augustins.
VILLETTE, rue du Plâtre S. Jacques.
La veuve AMAURY, grande Salle du Palais.

M. DCC. LIV.

AVEC APPROBATION ET PERMISSION.

PROJET

DE LA

GEOGRAPHIE

PARISIENNE,

ET SUITE DU MESME PROJET

POUR LES ENSEIGNES.

COMME l'intérêt d'un Etat bien policé & floriſſant conſiſte à en procurer les avantages différens par la relation mutuelle de ſes parties entre elles, & avec les Etrangers, la Ville de Paris eſt la Capitale & comme le centre de l'Europe, & de toutes les parties, & du plus grand Commerce du Royaume ; le même intérêt demande de faciliter autant qu'il eſt poſſible, la relation mutuelle des Habitans de la Ville de Paris, avec toutes les Provinces du Royaume, par une connoiſſance pratique de l'un & de l'autre, & de tous les deux à la fois.

Par cette relation, l'Habitant de Paris, ſans en ſortir & ſans le ſecours d'aucun Maître, apprendra la poſition & le nom des Provinces, Pays différens & Villes du Royaume, comme s'il voyageoit effectivement lorſqu'il vaque à ſes affaires dans la Ville ; & l'homme de Province apprendra la diſpoſition générale & particuliere de Paris & du Royaume, selon que la nécessité le fait voyager par un Plan ordinaire de la Ville.

Sans ce secours, il faut faire une étude particuliere de la Ville, qui est différente de celle du Royaume, & qui n'en donne aucune connoissance ; & le Bourgeois de Paris ne connoîtra que le nom du Royaume & de ses parties ; & il sera à l'égard du Royaume, comme un étranger qui ne connoît la France & ses parties, que par des Cartes Géographiphes, s'il est vrai que l'un & l'autre se soit appliqué à cette étude qui n'est pas à la portée du commun.

Comme la connoissance pratique d'un Pays & d'une Ville, est plus facile à acquerir & plus certaine qu'une connoissance spéculative, & l'emporte sans difficulté sur celle qu'on peut donner l'étude des Cartes Géographiques & des Plans de Ville ;

L'Auteur de ce Projet propose d'abord dans le détail les difficultés qu'il faut surmonter pour bien connoître la Ville, par l'expérience la plus grande, sans que cette expérience vous donne la moindre connoissance du Royaume ; les mêmes difficultés, & des plus grandes, s'opposent à une connoissance exacte du Royaume, acquise par les mêmes moyens, & qui ne vous donne à son tour aucune connoissance de Paris.

DIFFICULTEZ A SURMONTER
pour bien connoître la Ville.

1o. Son étendue, 2o. Le grand nombre des Quartiers, des Rues, & des Cul-de-sacs, 3o. Leur noms ridicules, singuliers & inconnus, comme Bourtibourg,

Boudebrie , Thibautodé , Geofroi-Lasnier ,
& autres même indécens , dont on ne peut
charger sa mémoire , & se souvenir qu'a-
vec peine , 4o. La multiplicité des rues du
même nom , 5o. La longueur de certaines
rues , ce qui cause un grand embarras pour y
trouver la demeure des personnes , si l'on n'a
d'autre indication , & si ces Personnes sont
simplement locataires dans des maisons particulieres.

*MOYENS FACILES ET SIMPLES ,
pour lever & applanir ces difficultez , & pour
mettre une relation mutuelle entre les différentes parties de la Ville & du Royaume ; en
sorte qu'un Bourgeois de Paris puisse se regarder comme voyageant dans les Provinces ,
en vaquant à ses affaires dans la Ville , &
un Homme de Province puisse se regarder
comme Habitant & se promenant dans Paris ,
lorsqu'il voyage dans le Royaume , par l'étude & par le moyen de cette Géographie Parisienne , & d'un Plan ordinaire de Paris.*

1o. Appliquer la Carte générale du Royaume sur la Ville de Paris , orienter dans Paris
les Provinces comme elles le font dans le
Royaume , autant que les différentes espaces
le permettent , & leur faire garder en tout
ou en partie les mêmes limites.

Cette disposition ne change rien aux vingt
Quartiers de la Ville , marquez par leur numero en chiffre à chaque coin de rue , pour
la Police , & le district des Commissaires du
Châtelet , des Quartiniers & des Inspecteurs ;
les mêmes numeros subsisteroient toujours ,
mais en chiffre romain , pour la raison qui va
être expliquée.   ã iij

2°. Changer le nom des rues, & donner à chacune le nom d'une Ville, ou Lieu confidérable de la Province où elle se trouveroit situèe, suivant sa position la plus convenable, par rapport à l'Eglise de saint Leu, où Paris est placé comme le local le plus approchant de celui qu'il occupe dans le Royaume, par rapport aux Provinces, pour être le point fixe de toutes les parties, & garder les éloignemens différens, en donnant le nom des Villes aux Rues.

3°. Pour exécuter les articles précédens dans le changement de la dénomination des Rues, & d'une maniere facile & intelligible aux plus simples, mettre au commencement & à la fin de l'étendue qu'on donneroit à une Rue, un Ecriteau', qui ne fut pas plus long que beaucoup de ceux qui y sont déja, & qui marquât, 1°. le Quartier, 2°. la Province, 3°. la Ville, 4°. son éloignement de Paris, comme

VI. { En chiffre romain, avec Q, ou sans Q, pour marquer le Quart.
Normandie. Qui marqueroit la Province.
Rue de Rouen. Qui marqueroit la Ville.
28, { Qui marqueroit son éloignement de Paris.

4°. A l'exemple de plusieurs Rues, dont l'étendue est coupée par différens noms, ou qui sont d'une petite étendue, pour une plus grande commodité, & pour donner lieu à un plus grand détail du Royaume, faire changer de nom aux Rues, suivant les Provinces différentes, ou suivant l'étendue qu'on voudroit leur donner, en mettant comme il est déja dit, un Ecriteau conforme au modéle.

5°. Donner aux Cul-de-facs des noms de Ville de la même Province, ou leur laiffer porter le nom de la Rue où ils fe trouvent, en les diftinguant dans l'Ecriteau qui y feroit mis par le grand & le petit, s'il y en a deux;

Il faut bien fçavoir fon Paris à préfent, ou prendre un Livre pour trouver ceux qui ne font pas dans les grandes Rues.

6°. Laiffer fubfifter, ou changer le nom, felon qu'on jugeroit à propos, aux Portes de la Ville, aux Places, aux Quais, aux Ponts, aux Ports, aux Fontaines, &c.

Dans la Géographie Parifienne, on a donné un nom de Ville à 3 Quais (le Quai n'eft que le côté de la Riviere, le refte eft Rue.) A un côté de la Place Dauphine, (la Place eft au-delà du Ruiffeau, & le côté des maifons eft Rue jufqu'au Ruiffeau), pour unir entre elles le Poitou & le Berri qui font limitrophes. Il en eft de même des Barrieres qui font au-dehors des Faubourgs; elles ne font ni la Ville, ni le dehors; on peut leur donner un nom différent de la Rue, & du Quartier où elles fe trouvent.

Pour faire de cet Ouvrage, comme une introduction à la Géographie générale; on indique aux Barrieres les Pays Etrangers, voifins ou éloignez, fur-tout les Colonies & poffeffions de la France, & autres.

7°. Rien n'empêche qu'on ne puiffe laiffer le nom ancien des Rues en entier, ou d'un côté feulement, en donnant à l'autre côté un nom de Ville; fi ce changement total caufoit des inconvéniens, combien d'exemples ne pourroit-on pas citer d'un fait femblable?

8°. S'il arrivoit qu'on voulût faire un tel

changement , & fuivant la difpofition de la Ville , on peut le faire peu à peu , & quartier par quartier , & laiffer enfemble ou vis-à-vis l'un de l'autre , le nom ancien & le nouveau pendant un certain tems , avant que d'ôter l'ancien.

9°. Les noms étant des fignes arbitraires , on peut les changer & on les change effectivement , fuivant les occurrences & les raifons qui peuvent y déterminer , & qui doivent être prifes du plus grand avantage.

10°. Les anciens titres des Fiefs & des Mouvances n'empêchent pas le Roy d'ériger en Duché-Pairie, fous un nouveau nom , toute une Ville & fon Territoire ; & ce qu'on peut faire pour une Ville entiere , ne peut-on pas le faire pour une Rue , pour plufieurs & pour toutes , dès que l'avantage du Public s'y trouve ?

11°. Les Ecriteaux qui font aux coins des Rues , font en ufage en plufieurs Villes , fur les grands Chemins & dans les Forêts ; ils ne font pas anciens , eft-ce à Paris , ou à Madrid , qu'on a mis les premiers? M. Herault en les faifant mettre , a fait changer de nom à plufieurs Rues , on a foin encore de les faire réparer , ou d'en faire mettre aux coins où il en manquoit.

De plufieurs Plans de Paris qu'on a eu fous les yeux , en faifant cette Géographie Parifienne , il n'y en a pas deux qui foient entierement conformes. On s'eft fixé à celui de M. l'Abbé de la Grive , comme le plus nouveau & le plus exact.

12°. On lit dans le Dictionnaire Géographique de M. de la Martiniere , que la Ville de Batavia , Capitale de l'Ifle de Java dans les

Indes Orientales , bâtie par les Hollandois,
est entourée de murailles de pierre , où l'on
compte vingt-deux bastions qu'on appelle chacun d'un nom de Ville ou de Province d'Hollande ; n'est-ce pas pour en donner une connoissance pratique aux Hollandois naturels ou
originaires qui sont dans cette Isle où ils ont
leur principal commerce , & d'où ils tirent
de si grandes richesses par les Epiceries fines
ou autres marchandises qu'ils portent en Europe ? Ne pourroit-on pas attribuer le même
motif à ceux qui ont donné le nom des Provinces de France aux rues du Marais , quartier 14 du Temple , qui est nouvellement
bâti.

13°. Les Seigneurs & les Gens à équipages
n'ont aucun interêt personnel à l'execution de
ce projet , parce qu'ils ne connoissent la Ville
que comme les différens pays où ils ont voya-
gé plusieurs fois en courant la poste ; c'est l'af-
faire de leur Cocher de les conduire où ils
veulent ; mais ils en ont un particulier à pro-
teger le commerce qui leur procure les commodités de la vie , dont ils profitent plus que
le commun des habitans par leurs richesses.

14°. La plus grande partie des Parisiens ,
sur-tout les femmes qui font une grande partie du commerce , ne connoissent que leur
quartier , & le surplus en général ; peu le connoissent bien par les difficultez exposées cy-
dessus , & tous ont besoin le plus souvent de
s'informer de l'endroit où se trouvent les
rues ; il leur seroit indifferent & plus avan-
tageux de demander le nom d'une Ville , &
d'apprendre sa position par rapport à Paris ,
parce qu'il n'est point de Ferme du Royaume

la plus petite & la plus éloignée de Paris
dont le nom & la connoissance ne soit plus
intéressante que le nom present de la plus
grande partie des rues.

15°. Si le Roi informé de ce Projet, jugeoit
à propos d'en ordonner l'execution pour favoriser le commerce, & pour les autres avantages qui se font assez sentir, ce qui est plus
facile à faire dans Paris que dans toute autre Ville & sur une Carte; comme il a fixé
les quartiers & les limites de la Ville par Arrêt, il fixeroit également le nom des rues
pour toujours, il ôteroit cette distinction de
Ville & de Faubourgs qui ne devroit plus
avoir lieu depuis que les limites & barrieres
sont mises aux extrémités des mêmes Faubourgs, & tout seroit à la fois Quartier,
Province, Rue & Ville.

16°. Ce changement ne causeroit pas plus
d'embarras que le déménagement qui arrive
une fois l'année à la plus grande partie des
Bourgeois qui ont soin d'en avertir leurs Cor-
respondans pour changer leur adresse, & par
les Lettres de la Poste, les quittances de la
Maison de Ville, les Actes différens des No-
taires, & autres Gens d'affaires; & pour le
Peuple par cette Géographie ou par un abre-
gé à deux colomnes, dont l'une contien-
droit le nom ancien, & l'autre le nom nouveau des Rues conforme aux Ecriteaux mis
nouvellement: le Parisien tout comme l'homme de Province, connoîtroit mieux dans trois
mois la Ville & le Royaume, le premier, en
la pratiquant, & l'Homme de Province par
un Plan ordinaire de la Ville, qu'ils ne le connoissent en l'état présent: il en seroit de même à Londres pour l'Angleterre, ou ail-

leurs , si on adoptoit ce Projet.

Les difficultez qu'il fallut surmonter pour mettre au premier jour de Janvier le commencement de l'année , qui étoit anciennement le jour de Pâques , n'empêcherent point Charles IX. en 1563. d'ordonner ce changement , par son Ordonnance , appellée communément l'Edit de Roussillon ; le Parlement ne s'y est conformé qu'en 1566. On a toujours suivi ce style en France , quoique cet Article 39. de l'Ordonnance n'ait jamais été enregistré au Parlement. Et sans remonter si haut , le nouveau Breviaire de Paris qui est fort estimé , a souffert beaucoup de difficultez , & a causé beaucoup de murmures , quand on a commencé à le dire ; après trois mois , toutes les difficultez & les murmures ont cessé.

17°. On a suivi les régles prescrites dans ce Projet pour cet Ouvrage , qui contient & donne l'explication de plus de 1000 Villes ou Lieux les plus considérables , ou parties du Royaume indiquez.

Pour s'en servir, on n'a qu'à suivre les indications qui s'y trouvent. Chaque rue indique une ou plusieurs Villes , les quartiers indiquent les Provinces ; & les barrieres indiquent les Pays voisins ou éloignez. Leur éloignement est marqué par des chiffres , & leur position ou côté , par rapport à Paris , par les lettres N. qui marque le Nord , ou Septentrion , S. qui marque le Sud ou Midi , E. qui marque l'Est ou Orient , O. qui marque l'Ouest ou l'Occident. Cela est encore expliqué dans l'Ouvrage d'une maniere plus étendue.

Pour les différentes parties de la Ville , il

faut les chercher , chacune a son titre. Pour
trouver la Paroisse de saint Eustache , il faut
chercher Paroisses , &c.

Les différens titres sont Abbayes , Abre-
voirs , Académies , Barrieres , Bibliothéques ,
Cabinets , Carrez , Chapelles , Chapitres ,
Châteaux , Cimetieres , Cloîtres , Colléges ,
Communautez d'Hommes , Communautez
& Couvents de Filles , Croix , Faubourgs ,
Halles , Hôpitaux , Jardins , Maisons , Manufactures Royales , Paroisses , Prisons , Ponts,
Ports , Quais , Quartiers , Seminaires , Statues , Tribunaux , les Rues & les Culs-de-
sacs sont à leur rang par ordre alphabétique ,
aussi-bien que les Édifices uniques , comme
l'Observatoire , &c. Les Rues sont toujours,
avec le numero & le nom du Quartier en Caractere romain , italique ; & les autres sont
en Caractere romain , romain.

MOYENS FACILES ET SIMPLES,
  pour faire de la Ville de Paris , ou de tout
  autre , une Ecole publique , perpétuelle &
  gratuite en tout genre de Littérature , par
  le moyen des Ecriteaux qui sont aux Ensei-
  gnes.

Avant que de proposer ces moyens , il est
bon de rappeller ce qui a été reglé au sujet
des Enseignes par Arrêt du Conseil du 19
Novembre 1666 , qui fixa la hauteur des Enseignes à 15 pieds , & qui ordonna qu'elles se-
roient posées sur une même ligne ; c'est ce
qu'on trouve dans le Traité de la Police générale de Paris , Tom. IV. de la Liberté & de
la Commodité de la Voye publique , Liv. VI.
                                            Tit.

Tit. IX. Pag. 336, Sect. troisiéme de la réduction des Enseignes des Marchands & gens
de Métier.

Cependant, continue le même Auteur, la
grande réforme n'en fut faite que trois ans
après par M. de la Reynie, Lieutenant Général de Police ; un des moyens d'exécuter
l'Arrêt du Conseil, c'étoit d'appliquer les Enseignes contre le mur, mais sur les repré-
sentations des Marchands, ce moyen n'ayant
point eu lieu, il rendit une Ordonnance en
1669, dont voici la teneur :

La réduction des Enseignes à une même
grandeur, hauteur & avance sur les Rues, est
à désirer pour la décoration de la Ville, &
pour empêcher les abus de plusieurs Marchands & Artisans, qui attachent à leur maison des Enseignes d'une dépense & d'une grandeur extraordinaire, & qui pour les mieux ex-
poser en vûe, les avancent à l'envi l'un de
l'autre quelquefois jusqu'au-delà du ruisseau
& du milieu des rues, en telle sorte qu'avec
les autres incommoditez que le Public en reçoit, ce désordre empêche que plusieurs quartiers ne soient assez éclairez pendant les nuits
d'hyver.

La hauteur du tableau des Enseignes sera
de 13 pieds & demi, depuis le pavé jusqu'à
la partie inférieure du tableau, la saillie
de trois pieds, le Tableau de l'Enseigne en
quarré long de 18 pouces de largeur sur deux
pieds de haut, & dans le tableau sera compris
l'écriteau du nom de l'Enseigne.

Dimensions & mesures de la penture des
Enseignes & modele des Enseignes. Les Mar-
chands doivent s'y conformer. Suivant les
Réglemens de Police. Après avoir mis des

pentures & des Enseignes gravées & im-
primées, il nomme un Serrurier du Roy
pour les faire & peindre, avec liberté aux
Marchands, & autres, de se servir de tout
autre Serrurier ou Ouvrier, pourvû que les
pentures des Enseignes soient entiérement
semblables au dessein marqué, & sans y rien
ajouter ou diminuer ; ensuite & après le dessein qui se trouve au même endroit dudit
Livre.

Personne n'ignore qu'il est un droit de
Voirie, toutes les fois que l'on expose une
Enseigne, ou qu'on la fait rétablir. Le Commis à l'exercice de la Voirie, voulut lors de
ce grand changement contraindre les Marchands à lui payer les Droits ordinaires dûs
pour chaque Enseigne, prétendant qu'ils les
avoient rétablies à cause de leur caducité ;
mais comme cette réforme générale avoit été
faite par commandement & pour la décoration de la Ville, Sa Majesté par Arrêt du 21
Avril 1670. fit défenses d'éxiger aucune cho-
se, & ordonna que le Commis Voyer resti-
tueroit les deniers qu'il avoit reçus des Marchands, soit qu'ils ayent été volontairement
payez, ou autrement.

Il paroît que le Conseil par son Arrêt, &
M. de la Reynie par son Ordonnance, ont
eu en vûe plus d'un objet, & ont voulu
tirer de l'arrangement & de l'ordre qu'on
a mis pour les Enseignes, plus d'un avantage, & qu'ils auroient porté leurs vûes plus
loin, s'ils avoient connu & pû en tirer quelque
autre utilité pour le Public. Le grand usage
qu'on en fait dans toutes les Villes & dans
tous les Pays, en prouve l'utilité différente.
A Bade qui peut être regardée comme la Ca-

pitale de la Suisse , puisque c'est le lieu où se
fait l'Assemblée des Cantons , chaque maison
a son Enseigne , ce qui est d'une grande commodité , & ce qui donne un grand agrément
à la Ville ; & il y a des Villes du côté du
Nord bâties en bois , dont on distingue les
maisons par les différens traits d'histoire ,
qu'on a peint au-dehors sur les murailles.

MOYENS. 1°. Prendre le sujet des Ecriteaux des Enseignes dans tous les genres de
Littérature , des Curiositez & des Monumens ,
tant anciens que nouveaux qui peuvent mériter l'attention , & de tous les Pays voisins
& éloignez, en commençant par la France &
Paris.

2°. Diviser les Ecriteaux par matieres , &
faire de chaque matiere une espèce d'Ecriteau ,
comme prendre de l'Histoire de France tous
les Traitez de Paix , les Batailles, les Siéges ,
& autres faits mémorables.

3°. Fixer à chaque Art & Métier qui se
sert d'Enseigne une seule matiere , & en tirer
un certain nombre d'Ecriteaux suffisans pour
le nombre de ceux qui doivent les prendre
pour empécher que deux n'ayent le même
Ecriteau.

Paris est trop grand pour distinguer comme à Goa , Ville des Indes , les Marchands &
Métiers par Rues , dont la principale est celle
des Orfévres ; en sorte que les Marchands de
Soye ne sont point mêlez avec les Marchands
de Toiles , ni les Droguistes avec les Marchands de Pourcelaine.

D'ailleurs , une belle variété est plus agréable & plus amusante qu'une uniformité ,
qui ne vous donne qu'un beau coup d'œil ;

qui vous ennuye bien-tôt & qui cause de l'embarras.

« On éprouve cela dans les Places Royales, qui sont d'une grande beauté par leur cimétrie, mais qui n'offrent qu'un coup d'œil, & rien au-delà ; pour reconnoître & pratiquer les différens Hôtels qui s'y trouvent, il faut un grand usage, ou une étude particuliere. Celui de la Chancellerie est distingué par le nom qui est sur l'entrée, cela est très-utile pour le Public, & ne gâte point la cimétrie de la Place. Ce qu'on a fait pour cet Hôtel, pourquoi ne pourroit-on pas le faire pour les autres, de la même Place, d'une maniere qui se reportât à la gloire & à l'histoire du Souverain, dont la Statue fait le sujet & le principal ornement.

Il en est de même de tous les autres endroits, où on s'est piqué de mettre tout sur la même conformité ; elle cause le même embarras pour les pratiquer ; & s'il est vrai que les Hôtels de Seigneurs, & meublez, qui font des édifices plus remarquables que le commun des maisons de la Ville, ayent sur l'entrée le nom du Maître, ou tout autre, pour l'utilité publique, pourquoi ne pourroit-on pas & ne devroit-on pas procurer au Public le même avantage, & à la Ville le même agrément que la Ville de Bade tire des Enseignes des maisons particulieres ?

Il ne seroit pas difficile d'en fournir des sujets qui servissent à l'instruction & à la commodité, sans avoir recours au nom du Maître.

4°. Fixer à chaque espéce d'Ecriteau & d'Enseigne qui regarderoit le même Métier & la même matiere, une forme & une couleur particuliere pour les distinguer des au-

eres ; enforte qu'on pût reconnoître le métier & la matiere, par la forme & par la couleur de l'Enfeigne , ce qui formeroit une variété la plus agréable & la plus utile. Les
points de vûe les plus variez , font les plus
beaux & les plus recherchez.

5°. Comme la premiere utilité qu'on doit
tirer des Enfeignes , c'eft celle du Maître de
l'Enfeigne & de fa profeffion , faire un nombre d'Ecriteaux fuffifans , qui portaffent les
principaux Outils-Ouvrages , ou Marchandi-
fes de la même profeffion , &c. & le nombre
fixé pour chaque profeffion , les faire prendre
de fuite à mefure qu'on feroit ou qu'on réta-
bliroit les Enfeignes ; enforte qu'on fût obligé
de les faire de nouveau , ou de les réparer
de dix en dix ans , pour être toujours en bon
état.

L'allignement & l'élargiffement des Rues ,
ordonné par Arrêt du Confeil , fe fait à mefure qu'on rebâtit les maifons ; & il y a des
Voyers prépofez pour l'exécution de cet Arrêt.

6°. Dans les Ecriteaux qui marqueroient
un fait hiftorique , ajouter l'année en laquelle ce fait eft arrivé , comme à la Bataille
de Fontenoy 1745. chez un tel Marchand.

Cet Ecriteau n'empêcheroit pas le Marchand d'y ajouter la peinture qu'il voudroit :
fi un Pape en fait le fujet , y ajouter l'année
de fon exaltation ; fi c'eft un Roy , ajouter
celle de fon Avénement à la Couronne ; fi
c'eft un Saint, ou un Homme illuftre en tout
genre , y ajouter celle de fa mort.

On appelle par diftinction , Touloufe la
Sçavante , parce qu'on a toujours cultivé &
vû fleurir les Sciences & les Belles-Lettres dans
cette Ville ; parce qu'elle a fourni un grand

nombre des Sçavans ; & parce qu'après leur
mort, elle fait ériger en leur honneur, &
placer un Buste qui les repréfente dans une
des Salles de fon Hôtel, qu'on va voir par
eftime & par curiofité, & on la nomme pour
cela Salle des Illuftres.

Tous les Ouvrages qui méritent quelque
attention par eux-mêmes, & pour leur Auteur, en portent ordinairement le nom ; les
Edifices publics qui font de quelque confidé-
ration, ont ordinairement un Ecriteau, qui
marque l'année de leur conftruction, le Regne du Souverain, & le nom du Prevôt des
Marchands & des Echevins, ou autres, qui ont
procuré cette décoration à la Ville ; perfonne
n'oferoit blâmer ces marques de fouvenir. Les
Maufolées même, qui font dans les Eglifes &
dans les Cimetieres pour conferver la mémoire de ceux qui en font le fujet, ne
font-ils pas une marque d'eftime & de recon-
noiffance de la part de ceux qui les font po-
fer, & ne portent-ils pas un Ecriteau qui inf-
truit de tous ces objets ?

Pour revenir aux Ecriteaux des Enfeignes,
il n'eft pas douteux que le Portrait & le nom
du Roy, des Princes & des autres Seigneurs,
font mis dans les Enfeignes, par préférence,
par affection particuliere, & pour leur rendre un efpéce d'honneur, & perfonne n'en
eft choqué.

Si ces Ecriteaux étoient fixez par autorité
& pour des motifs femblables, combien de
grands Hommes qui font dans l'oubli, & qui
ne font connus que par les Hiftoires anciennes, feroient encore comme vivans parmi
nous, & nous animeroient par le fouvenir de
leurs exploits & de leurs travaux à marcher

fur leurs traces , & à mériter le même honneur ? enfin combien de Familles feroient flattées par cet établiffement ?

7°. Mettre pour fujet d'Ecriteau , tous les Ordres de Chevalerie & toutes les marques de grade , de diftinction & d'honneur , qui font dans l'Etat Ecclefiaft que , dans le Militaire, dans la Nobleffe & dans la Magiftrature , & de tous les Royaumes, Etats voifins & éloignez.

8°. En faire de même pour l'utilité du Commerce , de toutes les efpéces de Monnoyes , Mefures & Poids de chaque Pays.

Ce Projet eft fufceptible dans fon exécution de beaucoup de modifications , felon le Pays , la Ville , la Nation , & le tems auquel on voudroit en faire ufage ; mais rien n'empêche qu'on ne puiffe le propofer & le donner au Public , parce qu'il peut fervir pour un Ouvrage de Littérature , qui ne feroit pas moins utile que curieux & agréable.

PAg. iv. lig. 15. *lisez* Geographiques, lig. 19. *lisez* qu'en. Pag. v. lig. 26. *lisez* different. Pag. xv. lig. 20. *lisez* mémorables Pag. 1. lig. 16. *lisez*, qu. 2. de S. Jacques. Pag. 3. lig. 4. *lisez*, Ribeyrat. Pag. 5. lig. 2. *lisez*, ou Isthme. Pag. 14. lig. 19. *lisez* Pas de Calais, Pag. 17. lig. 11. *lisez*, S. Bris. Pag. 24. lig. 22. *lisez* 25000. Pag. 32. lig. 28. ne *lisez* point Floride. Pag. 38. lig. 35. *lisez* Jacinthe. lig. 33. *lisez* Ambert, au lieu de Murat. lig. 34. *lisez* du faub. Pag. 58. lig. 1. *lisez* Bugey. Pag. 64. lig. 30. ajoutez 146 l. S-E. Pag. 67. lig. 33. *lisez* Beaugé, au lieu de Château-Gontier. Pag. 82. lig. 33. *lisez* Tarare, au lieu de Taranne. Pag. 102. lig. 30. *lisez* Vibrais. Pag. 108. lig. 9. *lisez* Fimes. Pag. 111. lig. 12. ajoutez 110 l. S-E. Pag. 127. lig. 7. *lisez* Montelimart, S. Paul-trois-Châteaux, & non Vienne, &c. Pag. 127. lig. 14. *lisez* Changi, & non Chanai. Pag. 135. lig. 18. *lisez* Fleurence. Pag. 151. lig. 14. *lisez* Triperie. Pag. 158. lig. 18. *lisez* Saint Menoux, & non Jaligni. Pag. 170. lig. 29. *lisez* 134. Pag. 178. lig. 33. *lisez* Pau, au lieu de Paris. Pag. 184. lig. 24. *lisez* des Fossez. Pag. 206. lig. 5. *lisez* Saint, & non Sainte. Pag. 214. lig. 32. ajoutez Parlement de Rouen. Pag. 268. lig. 16. *lisez* Enduittes & non induites, lig. 17. ajoutez rues Droites. Pag. 302. lig. 30. *lisez* Auch. Pag. 318. lig. 7. *lisez* 160. au lieu de 108. Pag. 321. lig. 15. *lisez* Crotoi. Pag. 327. lig. 1. *lisez* 15000. au lieu de 1500. Pag. 327. lig. 15. *lisez* 6000. au lieu de 1200. Pag. 338. lig. 27. *lisez* 1500. au lieu de 5000. Pag. 345. lig. 35. *lisez* Noyonois.

GEOGRAPHIE

GEOGRAPHIE
PARISIENNE,
EN FORME DE DICTIONNAIRE;
CONTENANT

L'EXPLICATION DU PLAN DE PARIS, mis en Carte Geographique du Royaume de France, pour servir d'introduction à la Geographie générale.

Méthode nouvelle & facile, pour apprendre d'une maniere pratique & locale toutes les principales parties du Royaume & de Paris, enfemble & les unes par les autres, Paris placé fur l'Eglife de S. Leu, étant le point fixe de toutes les parties. Rue & quartier 9 *de S. Denis.*

ABBAYES D'HOMMES.

E fainte Geneviéve, Réguliére, & Ordre de S. Auguftin, dont l'Abbé eft Général. *Montagne fainte Geneviéve,* quartier 17. *de S. Benoît.*
De S. Germain des Prez, Commendataire,

A

Ordre de S. Benoît. Elle est la principale
Maison de la Congrégation de S. Maur, dont
le Général y réside, rue *de sainte Marguerite*
& rue *du Colombier*, qu. 20. *de saint Germain
des Prez.*

De S. Victor, Commendataire, Ordre de
S. Augustin, rue *du faub. S. Victor*, qu. 16.
de la Place Maubert.

Abbayes de Filles.

De S. Antoine des Champs, Ordre de Cîteaux, rue du faub. & qu. 15. *de saint Antoine.*

De Notre-Dame-aux-Bois, Ordre de Cîteaux, rue *de Seve*, quart. 19. *du Luxembourg.*

De Notre-Dame des Prez, ou Prieuré perpétuel, Ordre de S. Benoît, rue *de Vaugirard*, quart. 19. *au Luxembourg.*

De Notre-Dame de Paix, Chanoinesses de
l'Ordre de S. Augustin, *au Village de Chaillot*, nommé à présent le faub. *de la Conférence*, qu. 5. *du Palais Royal*, hors des Barriè-
res.

De Montmartre, Ordre de S. Benoît, faub.
& qu. 6. *de Montmartre*, hors des Barriè-
res.

De Port-Royal, Ordre de Cîteaux, rue *de
la Bourbe*, faub. S. Michel, qu. 19. *du Luxembourg.*

De Pantemont, Ordre de Cîteaux, rue *de
Grenelle*, qu. 20. *de saint Germain des Prez.*

Du Val-de-Grace, Ordre de saint Benoît,
rue *du faub. de saint Jacques*, qu. 17. *de saint
Benoît.*

Abbayes de France, 660. pour les Hommes,

& 317. tant Abbayes que Prieurés, pour les Filles.

Rue *Abbatiale*, qu. 20. *de saint Germain des Prez.* Voyez RIBEYRAT.

ABBEVILLE, rue *Thevenot*, qu. 9. *de S. Denis*, à 37. l. Nord. C'est une Ville dans la Basse Picardie, du Comté de Ponthieu, dont elle est la Capitale, à 5 l. de la Mer, Diocèse & Intendance d'Amiens, Parlement de Paris, Chef-lieu d'une Election, Siége d'un Préssidial & d'un Bailliage, avec 50000 Habitans ; Prevôté, Sénéchaussée, Maréchaussée, Maîtrise des Eaux & Forêts, Juges & Consuls, Amirauté, & Grenier à Sel.

Rue *de l'Abreuvoir*, derriére Notre-Dame, qu. 1. *de la Cité.* Voyez THISI.

Rue *de l'Abreuvoir Mâcon*, & Quay *Bignon*, qu. 18. *de S. André-des-Arcs*, au *Pont saint Michel.* Voyez ISSOIRE.

Rue *de l'Abreuvoir Marion*, Quay *de la Mégisserie*, qu. 3. *de sainte Opportune.* Voyez PARTENAY.

Rue *de l'Abreuvoir Pepin*, Quay *de la Féraille*, qu. 3. *de sainte Opportune.* Voyez BEAULIEU.

ACADÉMIES Royales dans Paris.

FRANÇOISE, pour perfectionner la Langue Françoise, *au Louvre*, même qu. 4.

DES SCIENCES, pour faire l'Anatomie, la Botanique, la Chymie, l'Astronomie, les Méchaniques, & dans toutes les autres parties de la Physique, au *Louvre*, même qu. 4.

DES MÉDAILLES & INSCRIPTIONS, au *Louvre*, même qu. 4.

D'Architecture, au l'œuvre, même qu. 4.

D'Anatomie, à l'École de Chirurgie à faint Cofme, rue *des Cordeliers*, qu. 18. *de faint André-des-Arts.*

Académies Royales de Mathématiques & de Manége en faveur des jeunes Gentilshommes, & pour leur apprendre à monter à Cheval.

De la Gariniere, rue *faint Honoré*, qu. 5. *du Palais Royal.*

Dugard, rue *de l'Université*, qu. 20. *de faint Germain des Prez.*

De Jouan, rue *des Canettes*, qu. 20. *de faint Germain des Prez.*

Acadie, ou Nouvelle Écosse, Bar. *des Champs Elifés*, qu. 5. *du Palais Royal*, à 800 l. de la France & à 910 lieues de Paris, Ouest. C'eft une Province de l'Amérique feptentrionale poffédée par les Anglois, fituée entre la Nouvelle Angleterre & le Cap-Breton, ou l'Ifle Royale, formant une prefqu'Ifle, d'environ 120. lieues de longueur.

Afrique, Barr. *de faint Michel*, rue *d'Enfer*, qu. 19. *du Luxembourg*, à 140 lieues de la France & à 300 lieues de Paris, Sud-Ouest.

C'eft une des quatre parties du Monde, & la plus méridionale de notre Continent ; elle eft plus petite que l'Afie, & beaucoup plus grande que l'Europe ; mais elle eft moins peuplée & moins tempérée que l'une & l'autre ; elle eft en forme de piramide, & au midi du Rouffillon, du Languedoc, & de la Provence, au-delà de la Mer Méditerranée.

L'Afrique eft une prefqu'Ifle la plus grande que nous connoiffions, elle n'eft attachée au

reste du continent que par une Langue de
Terre, appellée Détroit ou Ihstme de Suez,
qui peut contenir l'espace de vingt milles
d'Allemagne, & qui sépare la Mer Rouge de
la Mer Méditerranée ; elle est bornée, N. par
la Mer Méditerranée qui la sépare de la France,
& du reste de l'Europe, Ouest & Sud, par l'O-
céan Méridional ou Ethiopien, E. par le Golfe
Arabique, ou Mer Rouge & l'Isthme de Suez ;
elle n'est séparée de l'Espagne que par le Détroit de Gibraltar. La base de la pyramide,
depuis Tanger au Détroit de Gibraltar jusqu'à
l'Isthme de Suez, est d'environ 800 lieues,
& sa plus grande largeur, depuis la Pyramide ou le Cap de Bonne-Espérance jusqu'à
Bonne, au voisinage du Bastion de France, est
d'environ 1450 lieues.

Afrique (Sainte) rue *de saint Hyacinthe*,
qu. 19. *du Luxembourg*, à 145 l. Sud-Est. C'est
une Ville dans le Rouergue, Diocèse de Vabres,
Parlement de Toulouse, Intendance de Montauban, Election de Milhau, avec 3000 Hab.

Agde, rue *de S. Jacques*, qu. 17. *de saint
Benoît*, à 152 lieues Sud-Est. C'est une Ville
dans le Bas Languedoc, & un Evêché suffragant de Narbonne, Parlement de Toulouse,
Intendance de Montpellier, avec 8000 Habitans ; elle est sur la Riviere de l'Erault, à une
demi-lieue de son embouchure dans la Mer
Méditerranée.

Agen, rue *du Four*, qu. 19. *du Luxembourg*, à cent trente-six lieues Sud-Ouest.
C'est une Ville dans la Guyenne, Capitale de
l'Agenois, & un Evêché suffragant de Bourdeaux, Parlement & Intendance de Bourdeaux,
& le Chef-lieu d'une Election sur la Riviere
de la Garonne, avec 10000 Habitans.

AGNAN (Saint) rue *Planche-Mibrai* , qu.
11. *de la Grève* , à 57 lieues , Sud. C'est une
Ville & un Duché du Berri , Diocèse de Bourges , Parlement de Paris , Intendance d'Orleans , Election de Romorantin , sur la Riviere du Cher , avec 2500 Habitans.

AIGUEMORTES , rue *du Paradis* , faub. *saint*
Jacques , qu. 17. *de saint Benoît* , à 157 l. S-E.
C'est une petite Ville dans le bas Languedoc ,
Diocèse de Nimes , Parlement de Toulouse ,
Intendance de Montpellier , à 2 l. du Rhône, &
à une de la Mer , avec 2000 Habitans. Il y a un
Siége particulier d'Amirauté , une Viguerie ,
une Justice Royale, & un Bureau des Cinq gros-
ses Fermes ; la Ville est fortifiée, & c'est un Gou-
vernement particulier. S. Louis y fit son em-
barquement pour ses deux Voyages de la Terre-
Sainte. La Mer s'est retirée depuis de ce tems-là.

AIGUEPERSE , rue *des Cartaisons* , qu. 1. *de*
la Cité , à 88 l. Sud. C'est une petite Ville
d'Auvergne , le Chef-lieu du Duché de Mont-
pensier , Diocèse de Clermont , Parlement de
Paris , Intendance de Moulins , Election de
Gannat , avec 1500 Habitans.

AIRE , rue *du Vieux Colombier* , qu. 19. *du*
Luxembourg , à 155 l. Sud-Ouest. C'est une
Ville dans la Gascogne , & un Evêché suffra-
gant d'Auch , Parlement & Intendance de
Bourdeaux , Election de Lannes sur l'Adour ,
avec 1500 Habitans.

AIRE , rue *Basse Ville-neuve* , qu. 9. *de saint*
Denis , à 51 l. N. C'est une Ville dans l'Artois ,
aux Confins de la Flandre, Diocèse de S. Omer ,
Conseil Provincial d'Artois, Intendance d'A-
miens , sur la Lys , dans des Marais, qui la rendent presque inaccessible, avec 5000 Habitans.

AIX , rue *du faub. saint Martel* , qu. 16. *de*

la Place Maubert, à 163 l. Sud-Est. C'est une Ville, la Capitale de la Provence, sur la petite Riviere de l'Arq, avec 40000 Habitans ; elle est le Siége d'un Archevêque. Il y a Parlement, Chambre des Comptes & Cour des Aydes unies, Hôtel des Monnoyes, marquée par &, Généralité, Intendance, Université & Académie.

ALAIS, rue *de la Montagne*, ou *de sainte Geneviéve*, qu. 16. *de la Place Maubert*, à 140 l. S-E. C'est une Ville dans le bas Languedoc, Capitale des Cevennes, & un Evêché suffragant de Narbonne, Parlement de Toulouse, Intendance de Montpellier, sur le Gardon, avec 8000 Hab.

ALASSAC, rue *de Savoye*, qu. 18. *de saint André des Arcs*, à 115 l. Sud-Ouest. C'est un Bourg de Limosin, Diocèse de Tulles, Parlement de Bourdeaux, Intendance de Limoges, Election de Tulles, avec 1200 Habitans.

ALBENQUE, rue *Pierre Sarrasin*, qu. 18. *de saint André des Arcs*, à 130 l. Sud-Ouest. C'est une Ville du Querci, Diocèse de Cahors, Parlement de Toulouse, Intendance de Montauban, avec 1500 Habitans.

ALBI, rue *d'Enfer*, qu. 19. *du Luxembourg*, à 140 l. Sud-Ouest. C'est une Ville dans le Haut Languedoc, Capitale d'un petit Pays, qu'on appelle Albigeois, Archevêché, Parlement de Toulouse, Intendance de Montpellier, sur une hauteur, dont le pied est arrosé par la riviere de Tarn, avec 8000 Habitans.

ALBRET OU ANCRES, rue *des Deux Portes S. Sauveur*, qu. 9. *de saint Denis*, à 32 l. N-E. C'est un Bourg de Picardie, Diocèse de Noyon, Parlement de Paris, Intendance d'Amiens, Election de Peronne, avec titre de Marquisat, sur les confins de l'Artois, & avec 1000 Habitans.

ALBRET ou l'Abrit , rue *du Vieux Colombier* , qu. 19. *du Luxembourg* , à 150 l. S-O.
C'est une Ville & un Duché dans les Landes , en
Gascogne, Diocèse d'Aire , Parlement de Bourdeaux , Intendance d'Auch , Election des Lannes , au milieu des Bois , avec 4000 Habitans.

Cul-de-sac d'Albret ou Bouvart , rue *des
sept Voyes* , qu. 17. *de saint Benoît.*

ALENÇON , rue *neuve des Bons Enfans* , qu.
7. *de S. Eustache* , à 35 l. O. C'est une Ville
dans la Normandie , Diocèse de Séez , à l'ex-
ception du Faubourg , qui étant au-delà de la
Sarte , se trouve du Diocèse du Mans ; Parlement de Roüen , Siége d'un Intendant &
d'un Bureau de Trésoriers de France , & Chef-
lieu d'une Election au Confluent de la riviere
de la Sarte & de la Briante qui se joignent
sous le Pont , & qui forment dans la Ville une
petite Isle , avec 10000 Habitans. Il y a encore Présidial , Bailliage Royal , Maîtrise des
Eaux & Forêts , & Grenier à sel. C'est un Gouvernement particulier.

ALETH , rue *de l'Epée de Bois* , ou *du Champ
d'Albiac* , faub. *saint Marceau* , qu. 16. *de la
Place Maubert* , à 175 l. Sud-Ouest. C'est une
petite Ville du Languedoc & un Evêché suffragant de Narbonne , Parlement de Toulouse , Intendance de Montpellier , sur la Riviere
d'Aude , avec 1200 Habitans.

ALGER , Barr. *des Capucins* , faub. *saint
Jacques* , qu. 17. *de saint Benoît* , à 250 l. de
la France & à 360 de Paris , Sud-Ouest. C'est
une Ville & la Capitale du Royaume du même nom , en Afrique , dans la Barbarie , borné , Est , par le Royaume du Tunis , Nord ,
par la Mer Méditerranée , O , par le Royaume
de

de Maroc , & terminé en pointe vers le Midi ;
il a 150 l. de longueur fur 60 de largeur.

ALIZE , ou SAINTE REINE , rue *des Fauconniers* , qu. 12. *de faint Paul* , à 45 l. S. E. C'eſt
une Ville dans la Bourgogne , Diocèſe d'Autun , Parlement & Intendance de Dijon ,
Election de Semur en Auxois , fur une Côte
entre les deux Ruiſſeaux de l'Oſe & de l'Oſe-
rain , qui peu après ſe jettent dans la Riviere
de Breſne , avec 500 Habitans. Cette Ville eſt
plus connue ſous le nom de Sainte Reine , à
cauſe de la dévotion qu'on a pour cette Sainte , qui y a ſouffert le martire.

ALLEMAGNE , Bar. *de Montreuil* , faub.
& qu. 15. *de faint Antoine* , à 90 lieues ,
S-E. C'eſt une des grandes régions ou Pays de
l'Europe, dont elle eſt comme le centre, borné,
Eſt, par la Hongrie, la Bohême & la Pologne,
Nord, par la mer Baltique & le Dannemarck,
Oueſt, par les Pays-Bas, la France & la Suiſſe,
Sud , par les Alpes ou l'Italie. Le Pays a 240
lieues de la mer Baltique aux Alpes , & 200
depuis le Rhin , juſqu'à la Hongrie. Il commence aux Confins de la Suiſſe , de ce côté-là.

ALPES (les) Bar. *de la Rapée* , faub. &
qu. 15. *de faint Antoine* , à 175 l. Sud-Eſt.
C'eſt une chaîne des hautes Montagnes ,
qui féparent l'Italie de la France & de l'Allemagne ; elles commencent du côté de la
France , vers la mer Méditerranée au Comté
de Nice , qui étoit autrefois de la Provence ,
& ſe terminent au Golfe de Carnero qui fait
partie du Golfe de Veniſe.

ALSACE , (l') qu. 14. *du Temple* , & 15.
de S. Antoine , à 90 l. Sud-Eſt. C'eſt un Province de la France , & un Gouvernement Militaire borné, Eſt, par le Rhin, Sud, par la Suiſſe

& la Franche-Comté, Ouest, par la Lorraine,
& Nord, par le Palatinat du Rhin.

AMAND, (Saint) rue *des Fontaines*, qu. 10.
de saint Martin, à 50 l. N-E. C'est une Ville
dans la Flandre, Diocèse de Tournai, Parlement de Douay, Election de Lille, Chef-lieu d'une Recette sur la Scarpe, avec 5500
Habitans.

AMAND (Saint), rue *des Marmousets*, qu.
1. *de la Cité*, à 48 l. Sud. C'est une Ville dans
le Bourbonnois, Diocèse & Intendance de
Bourges, Parlement de Paris, Chef-lieu d'une
Election sur la Riviere du Cher, qui la divise
en deux, avec 5000 Habitans.

AMAND (Saint) rue *Zacharie*, qu. 18. *de*
saint André-des-Arcs, à 94 l. Sud-Est. C'est
un Bourg dans l'Auvergne, Diocèse de Clermont, Parlement de Paris, Intendance de
Riom, Election d'Issoire, avec 2500 Habitans.

Rue *des Amandiers*, faub. & qu. 15. *de*
saint Antoine. Voyez COLMAR SCHELESTAT.

Rue *des Amandiers*, qu. 17. *de S. Benoît*.
Voyez VIGAN.

AMBERT, rue *Boudebrie*, qu. 18. *de S. André-des-Arcs*, à 94 l. Sud-Est. C'est une Ville
dans l'Auvergne, Diocèse de S. Flour, Parlement de Paris, Intendance de Riom, Election d'Issoire sur la Riviere de Dore, avec
4000 Habitans.

AMBIERLE, rue *des Noyers*, qu. 17. *de saint*
Benoît, à 85 l. Sud-Est. C'est une petite Ville
du Forez, Frontiéres & dans le Gouvernement du Lyonnois, Diocèse & Intendance de
Lyon, Parlement de Paris, Election de Rouanne, avec 2000 Habitans.

AMBLETEUSE, rue *Notre-Dame de Bonne-*
Nouvelle, qu. 9. *de saint Denis*, à 57. l. N.

C'eſt une petite Ville & un Port de Mer dans la Picardie, Diocèſe de Boulogne, Parlement de Paris, Intendance d'Amiens, avec 600 Habitans.

AMBRIERES, rue *Traverſiere*, qu. 5. *du Palais Royal*, à 50 l. Sud-Oueſt. C'eſt une Ville, Château & Baronie dans le Maine, Diocèſe du Mans, Parlement de Paris, Intendance de Tours, Election de Mayenne, ſur la Riviere d'Engrains, avec 1800 Habitans.

AMBOISE, rue *Thibautodé*, qu. 3. *de ſainte Opportune*, a 47 l. Sud-Oueſt. C'eſt une Ville dans la Touraine, Diocèſe & Intendance de Tours, Parlement de Paris, Chef-lieu d'une Election au Confluent de la Loire & de la Maſſe, avec 15000 Habitans, tant dans la Ville que dans les Faubourgs.

Rue d'Amboiſe, *Place Maubert*, & même qu. 16. Voyez BEAUJOLOIS.

Cul-de-ſac D'AMBOISE, là-même.

AMBRES, rue *du Puits de la Ville*, faub. *ſaint Marceau*, qu. 17. *de ſaint Benoît*, à 50 l. S-E. C'eſt une Ville & Marquiſat dans le Haut Languedoc, Diocèſe de Caſtres, Parlement de Toulo   ſe, Intendance de Montpellier, avec 1500 Habitans.

AMÉRIQUE (l') Bar. *des Ballais* ou *Traverſe*, qu. 20. *de ſaint Germain des Prez*, à 650 l. de la France & 770 de Paris, Oueſt. C'eſt une des quatre Parties de la Terre connue & habitée; elle eſt la plus grande, elle fait ſeule le Continent qui eſt oppoſé à celui où nous ſommes; elle eſt quelquefois appellée le nouveau Monde, c'eſt-à-dire, le Monde nouvellement découvert; pluſieurs la nomment Indes Occidentales, parce qu'elle eſt au-deça du Cap de Bonne-Eſpérance, qui est en Afrique , pour les distinguer des Indes Orientales , qui sont au-delà du même Cap. Elle est séparée au Midi des Terres Australes & inconnues par le Détroit de Magellan ; & elle est bornée de tous côtés par l'Océan , excepté au Nord (ce qu'on n'a pû encore découvrir) où elle paroît être contigue à l'Asie , parce que la quantité de glaces & de vents furieux qui soufflent de l'Occident , ferment le passage à ceux qui voudroient pénétrer plus avant ; elle est divisée en Septentrionale & en Méridionale , par le Golfe du Méxique & par le Détroit de Panama.

AMIENS , rue & qu. 9. *de saint Denis* , à 30 l. Nord. C'est une Ville & la Capitale de Picardie , avec Evêché , Suffragant de Reims, Parlement de Paris , Siége d'un Intendant , avec titre de Vidamie , & avec 40000 Habitans ; elle est encore le Siége d'un Présidial , d'un Hôtel des Monnoyes , marquées par X , d'une Jurisdiction de Juges & Consuls , d'une Maîtrise Particuliere des Eaux & Forêts & d'une Maréchaussée , sur la Somme qui la traverse en trois canaux , & qui se réunissent au sortir de la Ville.

Rue *de saint Anastase* , qu. 12. *du Temple* , voyez Rosheim.

ANCE, Rue *des Canettes* , qu. 1. *de la Cité* , a 94 l. S. E. C'est une petite Ville dans le Lyonnois , près de la Saone , Diocèse , Intendance & Election de Lyon , Parlement de Paris , avec 800 Habitans.

ANCENIS , rue *d'Argenteuil* , qu. 5. *d u Palais Royal* , à 80 l. S. O. C'est une Ville de Bretagne , Diocèse de Nantes , Parlement de Rennes , Intendance de Nantes sur la Loire , avec 2000 Habitans.

ANCY-LE-FRANC ,

ANCY-LE-FRANC, rue *de Limoges*, qu. 14.
du Temple, à 45 l. Sud-Eft. C'eft une Ville dans
la Champagne, Diocèfe de Langres, Parlement & Intendance de Paris, Election de
Tonnerre, avec 1500 Habitans.

ANDELY, rue *Vivienne*, qu. 6. *de Montmartre*, à 20 l. Nord-Oueft. C'eft une Ville de
Normandie, Diocèfe, Parlement & Intendance de Rouen, Chef-lieu d'une Election, avec
1800 Habitans. Elle eft encore le Siége d'une
Juftice Royale, d'un Préfidial, d'un Bailliage, d'une Vicomté, d'une Maîtrife des Eaux
& Forêts, & d'un Grenier à Sel.

ANDEOL (Saint) ruë *du Paon*, qu. 16. *de
la Place Maubert*, à 134 l. Sud-Eft. C'eft une
petite Ville dans le Bas Languedoc, Diocèfe
de Viviers, Parlement de Touloufe, Intendance de Montpellier, fur le Rhône, avec
3000 Habitans.

ANDLAU ou ADLAU, rue *du Bafpincourt*,
faub. & qu. 15. *de faint Antoine*, à 96 l. Sud-
Eft. C'eft un Bourg dans la Haute Alface,
Diocèfe de Strafbourg, Confeil & Intendance
d'Alface, avec 1200 Habitans.

Rue *de faint André*, faub. & qu. 15. *de
faint Antoine*, hors des Barriéres.

Rue & qu. 18. *de faint André-des-Arts.*
Voyez LIMOGES, PÉRIGUEUX.

ANDUSE, rue *des Prêtres de S. Eftienne du-
Mont*, qu. 17. *de faint Benoît*, à 140 l. Sud-
Eft. C'eft une Ville dans le Bas Languedoc &
dans les Cévennes, Diocèfe d'Alais, Parlement de Touloufe, Intendance de Montpellier, fur le Gardon, avec 5000 Habitans.

ANGERS, rue *de faint Honoré*, qu. 5. *du Palais Royal*, à 67 l. S-O. C'eft une Ville & la
Capitale de l'Anjou, avec Evêché, Suffragant

B

de Tours, Parlement de Paris, Intendance de Tours, Chef-lieu d'une Election sur la Riviere de Mayenne, qui la traverse, avec 70000 Habitans. Elle est aussi le Siége d'un Présidial & d'un Bailliage ; il y a la Ville Haute & la Basse, Université, Académie Royale, & une pour le Manége.

Rue de l'*Anglade*, qu. 5. *du Palais Royal.* Voyez VITRAI.

ANGLETERRE, Bar. *de la Voirie*, faub. & qu. 6. *Montmartre*, à 6 l. de la France & à 70 de Paris, N-O. C'est un Royaume considérable de l'Europe, borné N. par l'Ecosse, & entouré par la Mer de tous les autres côtés, ce qui ne fait de tous les deux qu'une même Isle. Elle a environ 110 l. dans sa plus grande étendue, & 100 lieues dans sa plus grande largeur ; elle n'est séparée de la France du côté de Douvres que par le Port de Calais, qui est un détroit de 6 l. de largeur. *Londres*, en est la Capitale.

ANGLETERRE (la Nouvelle) Bar. de *l'Allée des Veuves*, au Cours la Reine, qu. 5. *du Palais Royal*, à 1125 l. de la France & à 1235 de Paris, S-O. C'est une Province & une partie de l'Amérique septentrionale, qui appartient aux Anglois ; elle est entre le Canada ou la Nouvelle-France, & la Mer septentrionale, Boston en est la ville Capitale.

Rue *des Anglois*, qu. 17. *de saint Benoît.* Voyez SAINT ÉTIENNE.

C. *des Anglois*, rue *Beaubourg*, qu. 10. *de saint Martin.*

ANGOULESME, rue *de saint Benoît*, qu. 20. *de S. Germain des Prez*, à 100 l. S-O. C'est une Ville & la Capitale de la Province d'Angoumois, avec Evêché, Suffragant de Bordeaux , Parlement de Paris , Intendance de Limoges , Chef-lieu d'une Election , située sur une Montagne , & entourée des rochers , dont la Charente baigne le pied , avec Titre de Duché,& avec 9000 Habitans. Elle est aussi le Siége d'une Prevôté , d'une Sénéchaussée , d'un Présidial , d'une Maîtrise des Eaux & Forêts , d'une Maréchaussée , & d'un Bureau des Cinq grosses Fermes.

ANGOUMOIS , qu. 20. *de S. Germain des Prez* , à 90 l. S-O. C'est une Province de France, dans le Gouvernement général de l'Orléanois , au-delà de la Loire , & qui jointe à celle de Saintonge, forme un Gouvernement, bornée , N. par le Poitou , E. par le Limosin & la Marche , S. par le Périgord , O. par la Saintonge , du Parlement de Paris , partie de la Généralité ou Intendance de Limoges , partie de celle de la Rochelle , Angoulême en est la Capitale.

Rue *d'Angoumois* ou *Charlot* , q. 14. *du Temple*. Voyez MOUZON.

ANIANE , rue *des Chiens* ou *de sainte Barbe* , qu. 17. *de saint Benoît* , à 148 l. S-E. C'est une petite Ville dans le Bas Languedoc , Diocèse de Montpellier , Parlement de Toulouse , Intendance de Montpellier , au voisinage de la Riviere de l'Erault , avec 2000 Habitans.

ANJOU , qu. 4. *du Louvre*, qu. 5. *du Palais Royal*, & qu. 7. *de S. Eustache*, à 45 l. S-O. C'est une Province & Duché de France , dont une partie joint au Saumurois , fait un Gouvernement de Province , compris dans le grand Gouvernement de l'Orléanois , au-dessus de la Loire , borné , N. par le Maine , O. par la Bretagne , S. par le Poitou , E. par la Touraine , Parlement de Paris, Intend. de Tours. Angers en est la Capitale.

Rue *d'Anjou*, faub. *saint Honoré*, qu. 5. *du Palais Royal*. Voyez MORLAIX, HENNEBONT.

Rue *d'Anjou*, qu. 14. *du Temple*. Voyez CHALONS-SUR-MARNE.

Rue *d'Anjou*, qu. 20. *de saint Germain des Prez*. Voyez S. GERMAIN.

Rue *de sainte Anne*, qu. 1. *de la Cité*. Voyez GRANDMONT.

Rue *de sainte Anne*, qu. 5. *du Palais Royal*. Voyez DOMFRONT.

Rue *de sainte Anne*, qu. 9. *de saint Denis*, vers la Nouvelle-France. Voyez ARDRES.

ANNEBOUT, rue *des Fossez Montmartre*, même qu. 6. à 30 l. N-O. C'est un Bourg de Normandie, Diocèse, Parlement & Intendance de Rouen, Election de Ponteau-de-Mer sur la Rille, avec 2000 Habitans.

ANNONAY, rue *Fromentelle*, qu. 17. *de saint Benoît*, à 112 l. S-E. C'est une Ville dans le Haut Vivarais en Languedoc, Diocèse de Viviers, Parlement de Toulouse, Intendance de Montpellier, aux confins du Velay & du Forez, à 2 l. du Rhône, avec 4000 Habitans.

ANTIBES, rue *Maguignone*, faub. S. *Marceau*, qu. 16. *de la Place Maubert*, à 177 l. Sud-Est. C'est une Ville maritime, & un Port de Mer de Provence, Diocèse de Grasse, Parlement & Intendance d'Aix, avec 2500 Habitans. Elle est fortifiée, & c'est un Gouvernement de Place, à 2 l. du Var.

ANTILLES, Bar. *de saint Dominique*, qu. 20. *de saint Germain des Prez*, à 1350 l. de la France & 1460 l. de Paris, S-O. Ce sont des Isles ainsi nommées, parce qu'elles sont comme une Barriére, disposées en forme d'arc au-devant des grandes Isles de l'Amérique. On compte jusqu'à 28 Antilles principales,

La France possède neuf des principales & meilleures, en tout ou en partie ; sçavoir, Marie Galante, la Desiderade, la Grenade, la Guadeloupe, Sainte Lucie, S. Christophe, S. Martin en partie, S. Domingue en partie, & la Martinique, qui en est la plus considérable & la plus grande.

Rue *d'Antin*, qu. *6. de Montmartre*. Voyez VALOGNES.

Rue *de saint Antoine*, même qu. 15. Voyez AUXERRE, S. PRIX, VERMANTON, DOLE.

ANTONIN (Saint) rue *du Cloître saint Benoît*, qu. 18. *de saint André-des-Arcs*, à 132 l. S-O. C'est une Ville dans le Rouergue, Diocèse de Rhodez, Parlement de Toulouse, Intendance de Montauban, Election de Ville-Franche sur l'Aveiron, avec 1200 Habitans.

ANTRAIN, rue *des Barres*, qu. 11. *de la Grêve*, à 50 l. Sud. C'est une petite Ville dans le Nivernois, Diocèse d'Auxerre, Parlement de Paris, Intendance d'Orleans, Election de Clamecy, avec 1200 Habitans.

ANTRAIN, rue *de l'Echelle* ou *Echaudé*, qu. 5. *du Palais Royal*, à 72 l. S-O. C'est une Ville de Bretagne, Diocèse & Parlement de Rennes, Intendance & Recette de Nantes, sur la Riviere de Coesnon, avec 1000 Habitans.

ANTREMES, rue *des Bons-Enfans*, qu. 7. *de saint Eustache*, à 50 l. S-O. C'est une Ville dans le Maine, Diocèse du Mans, Parlement de Paris, Intendance de Tours, Election du Mans, au Confluant de l'Avenne & de la Mayenne, avec 800 Habitans.

Rue *de sainte Apolline*, ou *Neuve S. Denis*, même qu. 9. Voyez DOUAY.

APT, rue *Censier*, faub. *saint Marceau*, qu 16. *de la Place Maubert*, à 152 l. S-E. C'est une Ville & Evêché de Provence , Suffragant d'Aix , Parlement & Intendance d'Aix , sur la Riviere de Caulon , avec 5000 Habitans.

AQUITAINE. Voyez GASCOGNE & GUYENNE.

ARAMONT , rue *des Fossez saint Victor* , qu. 16. *de la Place Maubert* , à 145 l. C'est une petite Ville , avec Titre de Baronie dans le Bas Languedoc , Diocèse d'Usez , Parlement de Toulouse , Intendance de Montpellier , auprès du Rhône , avec 2500 Habitans.

Rue *de l'Arbalétre* , faub. *saint arceau* , qu. 16. *de la Place Maubert*. Voyez MIRE-POIX.

ARBANT , rue du faub. & qu. 15. *de saint Antoine* , à 86 l. S-E. C'est une Ville dans la Bourgogne , Diocèse de Belley , Parlement & Intendance de Dijon , Bailliage & Recette de Bugey , sur les frontiéres de la Franche-Comté , avec 1000 Habitans.

ARBOIS , rue *Payenne* , q. 15. *de saint Antoine* , à 80 l. S-E. C'est une Ville dans la Franche-Comté , Diocèse, Parlement & Intendance de Besançon , avec 4000 Habitans.

Rue *de l'Arbre-sec* , qu. 4. *du Louvre*. Voyez SAINT CHISTOPHE , LUINES , CHAUMONT.

Rue *de l'Arcade* , faub. *saint Honoré* , qu. 5. *du Palais Royal* , hors des Barriéres.

ARCENAL (l') grand & petit Quay *des Célestins* , qu. 12. *de saint Paul* , Maison Royale pour les Poudres & Salpêtres , &c.

Rue *de l'Arche-Beau-Fils* , Place *aux Veaux* , qu. 12. *de saint Paul*. Voyez IRANCI.

ARCHEVÉSCHÉ , qu. 1. *de la Cité*.

ARCHEVESCHEZ du Royaume , 19. y compris Avignon, enclavé dans la Provence.

ARCIS-SUR-AUBE, rue *de Braque*, qu. 13.
de sainte Avoye, à 36 l. S-E. C'est une Ville
de Champagne, Diocèse de Troyes, Parlement de Paris, Intendance de Châlons, Election de Troyes, sur la Riviere d'Aube, avec
1200 Habitans, & un Grenier à Sel.

Rue *des Arcis*, qu. 11. *de la Grève.* Voyez
VIERZON.

ARDES, rue *de S. Severin*, qu. 18. *de S. André-
des-Arts*, à 95 l. S-E. C'est une Ville dans l'Auvergne, Diocèse de Clermont, Parlement de
Paris, Intendance de Riom, Election de
Clermont, avec deux mille cinq cens Habitans. Il sert d'entrepôt pour le Commerce
d'Auvergne.

ARDRES, rue *de sainte Anne*, vers *la Nouvelle-France*, qu. 9. *de saint Denis*, à 58 l.
N-E. C'est une Ville de Picardie, avec Titre
de Principauté, sur les frontiéres d'Artois,
Diocèse de Boulogne, Parlement de Paris,
Intendance d'Amiens, dans des Marais, avec
4000 Habitans.

C. d'*Argenson*, Vieille rue *du Temple*, qu.
15. *de saint Antoine.*

ARGENT, rue *de saint Germain l'Auxerrois*,
qu. 3. *de sainte Opportune*, à 34 l. S. C'est une
Ville & Châtellenie dans le Berri, Diocèse,
Intendance & Election de Bourges, Parlement de Paris, sur la Riviere de Soudre,
avec 2000 Habitans.

ARGENTAN, rue *de la Feuillade*, qu. 6. *de
Montmartre*, à 44 l. N-O. C'est une Ville dans
la Basse Normandie, Diocèse de Séez, Parlement de Rouen, Intendance d'Alençon,
Chef-lieu d'une Election au bord de Lorne,
avec 5000 Habitans.

ARGENTEUIL, rue *de la Chanverrerie*, qui
8. *des Halles*, à 2 l. N. C'est un Bourg &
Châtellenie dans l'Isle de France, Diocèse,
Parlement, Intendance & Election de Paris,
sur la Seine, avec 12000 Habitans.

Rue *d'Argenteuil*, qu. 5. *du Palais Royal*.
Voyez ANCENIS.

ARGENTON, rue *Martois* ou *Pourtour*, qu.
11. *de la Grêve*, à 54 l. S-O. C'est une Ville
du Berri, Diocèse & Intendance de Bourges,
Parlement de Paris, Election de la Châtre,
avec 4500 Habitans.

ARLES, rue *de Lourfine*, faub. *saint Mar-
eau*, qu. 16. *de la Place Maubert*, à 153 l.
S-E. C'est une Ville de France en Provence,
qui a son Territoire séparé du Comté de Provence, dont la Ville n'est qu'adjacente, avec
Archevêché, Parlement & Intendance d'Aix,
sur le bord du Rhône, à 2 l. de la Mer, avec
10000 Habitans. Une Sénéchaussée, une Viguerie, un Département des Classes des Ma-
telots, une Amirauté & une Académie des
Belles-Lettres, composée de 30 Gentilshommes.

ARLEUX, rue *Transnonain*, qu. 10. *de saint
Martin*, à 45 l. N-E. C'est une Ville de Flandre dans le Cambresis, Parlement & Intendance de Douay, Subdélégation de Cambrai,
sur les Confins de la Flandre Françoise, avec
800 Habitans.

ARMENTIERES, rue *des Remparts*, qu. 10.
de saint Martin, à 55 l. N-E. C'est une Ville
dans la Flandre, Diocèse de Tournai, Parlement de Douai, Intendance de Lille sur la
Lys, avec 5000 Habitans.

ARNAI-LE-DUC, rue *Masure*, qu. 12. *de
saint Paul*, à 60 l. S-E. C'est une Ville dans

la Bourgogne, Diocèse d'Autun, Parlement & Intendance de Dijon, Chef-lieu d'une Recette, & Siége d'une Justice Royale, proche la Riviere d'Aroux, avec 2000 Habitans.

ARPAJON, ci-devant, CHATRES, rue *des Cinq Diamans*, qu. 2. *de saint Jacques la Boucherie*, à 8. l. S. C'est une petite Ville dans l'Isle de France, Diocèse, Parlement, Intendance & Election de Paris, sur la Riviere d'Orge, avec 1400 Habitans.

ARQUES, rue *de saint Roch*, qu. 6. *de Montmartre*, à 28 l. N O. C'est une Ville de Normandie, Diocèse, Parlement & Intendance de Rouen, Chef-lieu d'une Election sur la petite Riviere d'Arques, avec 800 Habitans.

ARRAS, rue *de saint Denis*, même qu. 9. à 42 l. N-E. C'est la Ville Capitale du Comté d'Artois, avec Evêché, Suffragant de Cambrai, Parlement de Paris, Intendance d'Amiens, sur la Riviere de Scarpe, avec 60000 Habitans. C'est un Gouvernement particulier.

Rue *d'Arras*, faub. *saint Victor*, qu. 16. *de la Place Maubert.* Voyez USEZ.

ARTENAY, rue *de la Lingerie*, qu. 8. *des Halles*, à 14 l. S-O. C'est un Bourg dans l'Orléanois, Diocèse d'Orleans, Parlement de Paris, Intendance & Election d'Orleans, sur le grand Chemin de Paris, avec 2000 Habitans.

ARTOIS, qu. 9. *de saint Denis*, à 36 l. N-O. C'est une Province de France, avec Titre de Comté aux Pays-Bas ; elle en étoit autrefois une Province bornée, N. & E. par la Flandre, S. & O. par le Hainaut, le Cambresis & la Picardie. Elle a 25 de long, & environ la moitié de large ; elle fait partie du

Gouvernement général de la Picardie , Conſeil Provincial de Douay , Intendance d'Amiens.

ASIE (L') Bar. *des Chantiers* ou *des Sauſſayes* proche la Seine , faub. *ſaint Marceau* , qu. 16. *de la Place Maubert*, à 600 l. de la France & à 760 de Paris , S-E. C'eſt une des trois grandes Parties du Continent que nous habitons , la plus étendue & la plus remarquable : ſes bornes ſont l'Océan Oriental , la mer de Tartarie , la mer Rouge , le détroit ou Iſtme de Suez, & la mer Méditerranée.

ASTIER (Saint) rue *du Paon* , qu. 18. *de ſaint André-des-Arcs* , à 112 l. S-O. C'eſt un Bourg dans le Périgord, Diocèſe & Election de Périgueux , Parlement & Intendance de Bordeaux , ſur la Riviere de l'Iſle , avec 2500 Habitans.

AVALON , rue *Grenier-ſur-l'Eau* , qu. 11. *de la Grève* , à 50 l. S-E. C'eſt une Ville dans la Bourgogne en Auxois , Diocèſe d'Autun , Parlement & Intendance de Dijon , Chef-lieu d'une Recette ſur la Riviere de Couſin , avec 2500 Habitans, Bailliage , Prevôté Royale , & Grenier à Sel.

AVAUJOUR , rue *de Surenne à la Ville-l'Evêque* , faub. *ſaint Honoré* , qu. 5. *du Palais Royal* , à 96 l. S-O. C'eſt une Ville de Bretagne , Diocèſe de S. Brieux , Parlement de Rennes , Intendance de Nantes , avec 1000 Habitans.

AUBENAS , rue *du Mûrier* , faub. S. *Victor* , qu. 16. *de la Place Maubert*, à 132 l. S-E. C'eſt une Ville du Vivarais en Languedoc , Diocèſe de Viviers, Parlement de Touloufe, Intendance de Montpellier, ſur la Riviere d'Ardeche , avec 2000 Habitans.

AUBENTON, rue *de Clery*, qu. 9. *de saint Denis*, à 46 l. N-E. C'est une petite Ville de Picardie, Diocèse de Laon, Parlement de Paris, Intendance de Soissons, Election de Guise sur l'Aubenton, avec 1500 Habitans, & un Grenier à Sel.

AUBETERRE, rue *de Varenne*, qu. 20. *de saint Germain des Prez*, à 109 l. S-O. C'est une petite Ville dans la Saintonge aux confins du Périgord, Diocèse de Périgueux, Parlement & Intendance de Bordeaux, sur la Riviere de Drome, avec 1800 Habitans, une Election particuliere, un Juge & Sénéchal.

AUBIGNI, rue *de saint Germain l'Auxerrois*, qu. 3. *de sainte Opportune*, à 46 l. S-O. C'est une Ville dans le Berri, Diocèse, Intendance & Election de Bourges, Parlement de Paris, sur la Riviere de Verre, avec 1500 Habitans, & un Grenier à Sel.

Rue *Aubri-le-Boucher*, qu. 2. *de saint Jacques la Boucherie*. Voyez CHANTILLY.

AUBUSSON, rue *de saint Louis*, qu. 1. *de la Cité*, à 86 l. S-O. C'est la seconde Ville de la Marche, Diocèse de Limoges, Parlement de Paris, Intendance de Moulins, Election de Gueret sur la Creuse, avec 3000 Habitans.

AUCH, rue *du petit Bourbon*, qu. 19. *du Luxembourg*, à 150 l. S-O. C'est une Ville & Archevêché dans la Gascogne, Parlement de Toulouse, Siége d'une même Intendance que Pau, avec 6000 Habitans, un Présidial, Sénéchaussée, & un Bureau des Finances.

AVENAY, *rue de Touraine*, qu. 14. *du Temple*, à 34 l. N-E. C'est une petite Ville dans la Champagne, Diocèse de Reims, Parlement de Paris, Intendance de Châlons, Election d'Epernay, sur la Riviere de Marne, avec 1500 Habitans.

Rue *des Audriettes*, qu. 11. *de la Grêve.* Voyez SANCOINS.

C. *de l'Ave Maria*, rue *des Barrez*, qu. 12. *de saint Paul.*

AVESNES, rue *des Gravilliers*, qu. 10. *de saint Martin*, à 40 l. N-E. C'est une petite, mais forte Ville de Flandres, Diocèse, Intendance & Subdélégation de Cambrai, Parlement de Douay, sur la Riviere d'Hespre, avec 500 Habitans.

Rue *des Aveugles*, qu. 19. *du Luxembourg.* Voyez MONT DE MARSAN.

Rue *aux Féves*, qu. 1. *de la Cité.* Voyez VIC LE COMTE.

AVIGNON, rue *Couppeau*, faub. *saint Marceau*, qu. 16. *de la Place Maubert*, à 147 l. S-E. C'est une ville Capitale de l'Etat ou Pays du même nom, au Comtât Venaissin en Provence, avec Archevêché, sur le Rhône, & au Confluent de la Sorgue, & avec 2500 Habitans. Le Comtât appartient au Pape.

Rue d'*Avignon*, qu. 2. *de saint Jacques la Boucherie.* Voyez BAUGI.

Rue *Aulard*, qu. 8. *des Halles.* Voyez MAULE.

Rue *Aumair*, qu. 10. *de saint Martin.* Voyez CATEAU.

AUMALE, rue *du petit Carreau*, qu. 9. *de saint Denis*, à 28 l. N-O. C'est une Ville dans la Haute Normandie, au Pays de Caux, Diocèse, Parlement & Intendance de Rouen, Election de Neuf-Châtel, avec 4000 Habitans.

C. d'*Aumont*, rue *de la Mortellerie*, qu. 12. *de saint Paul.*

AUNIX,

AUNIS, (le pays d') , qu. 20. *de saint Germain des Prez*, à 92 l. S-O. C'est la plus petite Province de France , bornée, N. par le Poitou , O. par l'Océan , E. & S. par la Saintonge. C'est un Gouvernement militaire , la Rochelle en est la Capitale.

Rue *de sainte Avoye* , même qu. 13. Voyez TROYES, MEAUX.

AVRANCHES , rue *des Capucins* , qu. 5. *du Palais Royal* , à 70 l. N-O. C'est une Ville dans la Basse Normandie , avec Evêché , Suffragant de Rouen , Parlement de Rouen , Intendance de Caen , Chef-lieu d'une Election , avec 5000 Habitans.

AVRAY , rue *des Orties* , qu. 5. *du Palais Royal* , à 106 l. C'est une petite Ville & Port de Mer dans la Bretagne , Diocèse de Vannes , Parlement de Rennes , Intendance de Nantes , avec 1800 Habitans.

AURILLAC , rue *des Mathurins* , qu. 18. *de saint André-des-Arcs* , à 110 l. S. C'est une Ville de la Haute Auvergne , Diocèse de Saint Flour , Parlement de Paris , Intendance de Riom , Chef-lieu d'une Election , Siége d'un Bailliage , d'un Présidial & d'une Maréchaussée , avec 5000 Habitans.

AUTON , rue *du Jour* , qu. 7. *de saint Eustache* , à 30 l. S-O. C'est une Ville dans le Perche , Diocèse de Chartres , Parlement de Paris , Intendance d'Orleans , Election de Châteaudun , avec 1400 Habitans.

AUTUN , rue *de la Cerisaye* , qu. 12. *de saint Paul* , à 65 li. S. E. C'est une Ville dans la Bourgogne , avec Evêché suffragant de Lyon , Parlement & Intendance de Dijon , Chef-lieu d'une Election , avec 4000 Habitans.

AUVERGNE , voyez qu. 1. *de la Cité* , & qu.

18. *de saint André des Arcs*, à 72 l. S. C'est une Province de la France située au milieu du Royaume, du Gouvernement général du Lyonnois, borné, N. par le Bourbonnois, E. par le Forez & le Lyonnois, O. par le Limosin, le Querci & la Marche, S. par le Rouergue & le Languedoc.

AUXERRE, rue *de saint Antoine*, même qu. 15. à 57 l. S-E. C'est une Ville dans la Bourgogne, avec Evêché suffragant de Sens, Parlement de Paris, Intendance de Dijon, Chef-lieu d'une Election sur la riviere d'Yonne, avec 10000 Habitans, Présidial, Chancellerie, Prevôté Royale, grand Bailliage, Bailliage particulier, Maîtrise des Eaux & Forêts, Maréchaussée & Grenier à sel.

Rue *Aux Fers*, qu. 8. *des Halles*; voyez GERBEROY.

AUXONNE, rue *de Fourci*, qu. 12. *de saint Paul*, à 74 l. S-E. C'est une Ville & Place forte dans la Bourgogne, avec titre de Comté, Diocése de Châlons, Parlement & Intendance de Dijon, avec 4000 Habitans. Il y a Gouverneur particulier, Garnison, Arsenal, Bailliage particulier, & Justice Consulaire, au bord de la Saone, avec 4000 Habitans.

AY, rue *de Beauce*, qu. 14. *du Temple*, à 32 l. E. C'est une petite Ville dans la Champagne, Diocése de Rheims, Parlement de Paris, Intendance de Châlons, Election d'Epernay, avec 2000 Habitans.

AYEN OU NOAILLES, rue *Contrescarpe*, qu. 18. *de saint André des Arcs*, à 104 l. S-O. C'est une Ville & Comté dans le Limosin, Diocése de Limoges, Parlement de Bourdeaux, Intendance de Limoges, Election de Brives, avec 1500 Habitans.

B.

CUl-de-sac des Babillards, rue *des Fossez*, & qu. 9. *de saint Denis.*

Rue *de Babilone*, qu. 20. *de saint Germain des Prez.* Voyez d'Acqs.

Bacq pour passer la Riviere *à la Rapée*, faub. & qu. 15. *de saint Antoine.*

Bacq, vis-à-vis les Invalides, qu. 20. *de saint Germain des Prez.*

Bacq au Port *saint Nicolas*, qu. 5. *du Palais Royal.*

Rue *du Bacq*, qu. 20. *de saint Germain des Prez.* Voyez Bordeaux, Bazas, S. Jean d'Angeli, Saintes, S. Maixent.

Bade, ou Baden, Barr. *des Amandiers*, faub. & qu. 15. *de saint Antoine*, à 110 l. N-E. C'est une Ville d'Allemagne, Capitale de l'Etat Souverain & Marquisat du même nom. Le Pays peut avoir 10 l. d'étendue le long du Rhin qui le sépare de l'Alsace.

Bagneres, rue *de Notre-Dame des Champs*, qu. 19. *du Luxembourg*, à 173 l. S-O. C'est une Ville du Bigorre dans la Gascogne, Diocèse de Tarbes, Parlement de Toulouse, Intendance d'Auch, Recette du Comté de Bigorre, sur l'Adour, avec 4000 Habitans. Elle est fort renommée pour ses Bains & pour ses Eaux médecinales.

Rue *de Bagneux*, qu. 19. *du Luxembourg.* Voyez Tarbes.

Bagnols, rue *du Bon Puits*, faub. *saint Victor*, qu. 16. *de la Place Maubert*, à 140 l. S-E. C'est une Ville dans le Bas Languedoc, Diocèse d'Usez, Parlement de Toulouse,

Intendance de Montpellier , avec 4000 Habitans.

Rue *Baillet*, qu. 4. *du Louvre*. Voyez MONTRICHARD.

BAILLEUL, rue *Notre-Dame de Nazareth*, qu. 10. *de saint Martin*, à 56 l. N-E. C'est une Ville de Flandres , Diocèse d'Ypres , Parlement de Douay , Intendance de Lille , Chef-lieu d'une Recette & d'une Subdélégation , avec 1500 Habitans.

Rue *Bailleul* , qu. 4. *du Louvre*. Voyez SAINTE MAURE.

Rue *Baillif*, qu. 7. *de S. Eustache*. Voyez SEEZ.

BALANCIER du Roy , où se frappent toutes sortes de Médailles & de Jettons dans la Gallerie du Louvre , rue *des Orties* , qu. 5. *du Palais Royal*.

BALARUC , rue *de Rheims* , qu. 11. *de saint Benoît* , à 150 l. S-E. C'est un Village du Bas Languedoc , Diocèse de Montpellier , Parlement de Toulouse , Intendance de Montpellier , avec 500 Habitans ; il est fort renommé par ses Eaux Minérales & pour ses Bains.

BALJAC , rue *de sainte Marthe* , qu. 20. *de saint Germain des Prez* , à 98 l. S-O. C'est un Bourg dans l'Angoumois , Diocèse d'Angoulême , Parlement de Paris , Intendance de Limoges , Election d'Angoulême , avec 1000 Habitans.

Rue *des Ballets* , qu. 15. *de saint Antoine*. Voyez NUITS.

BALON , rue *des Deux-Ecus* , qu. 7. *de saint Eustache* , à 42 l. S-E. C'est une Ville dans le Maine , Diocèse & Election du Mans , Parlement de Paris , intendance de Tours , sur l'Orne , avec 2000 Habitans.

BANC (le Grand)Barr. *de la Ville-l'Evêque*.

faub. *saint Honoré*, qu. 5. *du Palais Royal*, à 650
l. de la France & à 760 de Paris, N-O. C'est une
grande Plage de la Mer du Nord, & un terrain
pierreux & sabloneux , au-devant de l'Isle de
Terre-Neuve en Amérique. C'est le long de
ce grand Banc que se fait la Pêche de la
Morue.

BANQUE & *Compagnie des Indes.* , *rue Neu-*
ve des Petits Champs , qu. 6. *de Montmartre.*

Rue *du Banquier* , faub. *saint Marceau* , qu.
16. *de la Place Maubert.* Voyez HIERES.

BAPAUME , rue *des Filles-Dieu* , qu. 9.
de saint Denis , à 31 l. N-O. C'est une Ville
dans l'Artois , Diocèse d'Arras , Parlement
de Paris , Intendance d'Amiens , avec 6000
Habitans.

BAR-LE-DUC , rue *Culture sainte Cathe-*
rine , qu. 15. *de saint Antoine* , à 56 l. E. C'est
une Ville de Lorraine , Capitale du Duché de
ce nom , Diocèse de Toul , Parlement de
Paris , Intendance de Merz , Chef-lieu d'un
Bailliage , avec 12000 Habitans.

BAR-SUR-AUBE , rue *de Vendôme* , qu.
14. *du Temple* , à 43 l. S-E. C'est une Ville
dans la Champagne , Diocèse de Langres ,
Parlement de Paris , Intendance de Châlons ,
Chef-lieu d'une Election , avec 1000 Habitans. C'est un Gouvernement particulier.

BAR-SUR-SEINE , rue *Geofroi-l'Asnier* , qu.
12. *d saint Paul* , à 46 l. S-E. C'est une Ville
dans la Bourgogne, Diocèse de Langres , Parlement & Intendance de Dijon , Chef-lieu
d'une Recette , avec 2500 Habitans.

BARBARIE , (La) Bar. *du Champ de l'A-*
louette , faub. *saint Marceau* , qu. 16. *de la*
Place Maubert , à 140 l. de la France & à 300
de Paris, S. C'est cette Côte d'Afrique , qui est

en face de l'Espagne , de la France & de l'Italie , sur la Mer Méditerranée. Elle s'étend depuis l'Egypte jusqu'au Détroit de Gibraltar , & sur l'Océan Occidental ou Atlantique , depuis le même Détroit jusqu'au Cap de Denon , au-delà des Isles Canaries.

Rue *de sainte Barbe* , qu. 9. *de saint Denis.* Voyez OYE.

Rue *de sainte Barbe* ou *des Chiens* , qu. 17. *de saint Benoît.* Voyez ANIANE.

Rue *Barbette* , qu. 15. *de saint Antoine.* Voyez JAMETS.

BARBESIEUX , rue *de Varenne* , qu. 20. *de saint Germain des Prez* , à 109 l. S-O. C'est une Ville & Marquisat dans la Saintonge , Diocèse & Election de Saintes , Parlement de Bourdeaux , Intendance de la Rochelle , avec quinze cens Habitans.

BARCELONETTE , rue *des Gobelins* , faub. *saint Marceau* , qu. 16. *de la Place Maubert* , à 150 l. S-E. C'est une petite Ville dans les Alpes Maritimes , du Gouvernement de Provence , Diocèse d'Embrun , Parlement & Intendance d'Aix , avec deux mille Habitans.

BARDOU , rue *du Cœur-Volant* , qu. 19. *du Luxembourg.* C'est un Bourg dans le Périgord , Diocèse de Périgueux , Parlement & Intendance de Bourdeaux , Election de Bergerac , avec huit cens Habitans.

Rue *Bar-du-Bec* , qu. 13. *de sainte Avoye.* Voyez CHATEAU-RENARD.

BAREJE , rue *de Notre-Dame des Champs* , qu. 19. *du Luxembourg* , à 173 l. C'est une Vallée ou petit Pays du Comté de Bigorre , dans la Gascogne , à 5 l. de Bagneres & au pied des Pirenées , fameuse par ses Bains & par ses Eaux Minérales.

Rue *de la Barillerie* , qu. 1. *de la Cité.*
Voyez BOURGANEUF.

BARJOLS , *rue de la Reine-Blanche* , faub.
S. Marceau , qu. 16. *de la Place Maubert.* C'eſt
une Ville de Provence , Dioceſe de Fréjus ,
Parlement & Intendance d'Aix , Chef-lieu
d'une Recette & Viguerie , avec trois mille
Habitans.

Rue *de la Barouillere* , qu. 19. *du Luxem-*
bourg. Voyez PONTAC.

BARRAUX , *rue Moreau* , faub. & qu. 15. *de*
ſaint Antoine , à 96 l. S-E. C'eſt un Bourg
dans le Dauphiné , Dioceſe , Parlement &
Intendance de Grenoble , avec mille Habitans. C'eſt un Gouvernement particulier.

Rue *de la Barre* , faub. *ſaint Marceau* , qu.
16. *de la Place Maubert.* Voyez SEILLANS.

Rue *des Barres* , qu. 11. *de la Grêve.* Voyez
ANTRAIN.

Rue *des Barres* , qu. 12. *de S. Paul.* Voyez
CHISSEY.

Rue *de la Barriere* , faub. *ſaint Marceau* ,
qu. 16. *de la Place Maubert.* V. MARTIGUES.

BARRIERES ou Corps de Garde du Guer ,
répandus ,

Dans la Ville ,   15.
Sur la Riviere ,   14.
Sur les Boulevards ,   8.

BARRIERES de Paris & limites du Royaume , ſur le Plan de Paris mis en Carte Géographique de la France , tout de ſuite , en
commençant par celle de ſainte Anne , qui eſt
le Nord , vers l'Oueſt ou l'Occident , ſelon
la méthode des Géographes.

De *ſainte Anne* , qu. 9. *de ſaint Denis.*
Voyez NORD , SEPTENTRION , FRANCE.

De la *Voirie* , faub. & qu. 6. *de Montmar-*

tre. Voyez Angleterre & Canal d'Angleterre.

De Montmartre, même faub. & qu. 6.
Voyez Irlande.

De la Chaussée d'Antin, qu. 6. de Montmartre. Voyez Jersey.

De la Pepiniere du Roi, qu. 6. de Montmartre. Voyez Garnesey.

De Mousseau, qu. 6. de Montmartre. Voyez
Ocean Occidental.

De la Ville-l'Evêque, faub. saint Honoré,
qu. 5. du Palais Royal. Voyez Banc de Terre-
Neuve.

Du Roulle, faub. saint Honoré, qu. 5. du
Palais Royal. Voyez Canada ou Nouvelle
France.

Des Peres de l'Oratoire, qu. 5. du Palais
Royal. Voyez Cap Breton.

Des Champs Elisées, qu. 5. du Palais Royal.
Voyez Acadie.

De l'Allée des Veuves, au Cours de la Reine,
qu. 5. du Palais Royal. Voyez Nouvelle Angleterre.

De la Conférence, qu. 5. du Palais Royal.
Voyez Nouvelle Hollande, Virginie,
Caroline.

De la Patache, sur la Riviere, qu. 20. de
saint Germain des Prez. Voyez Floride,
Louisiane.

De la Grenoüillere, le long de l'Eau, qu.
20. de S. Germain des Prez. Voyez Mexique.

Du Pré aux Clercs, qu. 20. de saint Germain des Prez. Voyez Martinique.

De saint Dominique, qu. 20. de saint Germain des Prez. Voyez Antilles.

De Grenelle, qu. 20. de saint Germain des
Prez. Voyez Cayenne.

De Varenne, qu. 20. *de saint Germain des Prez.* Voyez OUEST, TERREFERME.

Des Brodeurs, qu. 20. *de saint Germain des Prez.* Voyez BRESIL.

De Ballais, ou *de Traverse*, qu. 20. *de saint Germain des Prez.* Voyez MAGELLAN, AMÉRIQUE.

De saint Germain ou *de Seve*, qu. 20. *de saint Germain des Prez.* Voyez CANARIES, & route des INDES ORIENTALES.

Des Vieilles Tuilleries, qu. 19. *du Luxembourg.* Voyez PYRENÉES.

De Vaugirard, qu. 19. *du Luxembourg.* Voyez ESPAGNE.

Des Carmes, ou *de Notre-Dame des Champs*, qu. 19. *du Luxembourg.* Voyez PORTUGAL.

Des Moutons ou *de saint Michel*, même faub. rue *d'Enfer*, qu. 19. *du Luxembourg.* Voyez GIBRALTAR, AFRIQUE, EUROPE.

De saint Jacques, même faub. & rue, qu. 17. *de saint Benoît.* Voyez PYRENÉES.

Des Capucins, faub. *saint Jacques*, qu. 17. *de saint Benoît*, . Voyez ALGER.

De Lourcine, faub. *saint Marceau*, qu. 16. *de la Place de Maubert.* Voyez BASTION DE FRANCE.

Du Champ de l'Alouette, faub. *saint Marceau*, qu. 16. *de la Place Maubert.* Voyez BARBARIE.

De saint Marcel, faub. *saint Marceau*, qu. 16. *de la Place Maubert.* Voyez SUD-MIDI.

De la Reine-Blanche, faub. *saint Marceau*, qu. 16. *de la Place Maubert.* Voyez CAP DE BONNE-ESPÉRANCE, OCEAN MERIDIONAL & ETHIOPIEN.

De saint Victor, faub. *saint Marteau*, qu. 16. *de la Place aubert.* Voyez TUNIS.

Des Chantiers ou *Sauſſayes*, contre la Riviere, faub. *saint Marceau*, qu. 16. *de la Place Maubert.* Voyez SUEZ, ASIE.

De la Patache de la Rapée, ſur la Riviere, faub. & qu. 15. *de saint Antoine.* Voyez MER MÉDITERRANÉE, SARDAIGNE.

De la Rapée, faub. & qu. 15. *de saint Antoine.* Voyez ALPES, MONACO, ITALIE.

De Berci, faub. & qu. 15. *de S. Antoine.* Voyez PIÉMONT.

De Rambouillet, faub. & qu. 15. *de S. Antoine.* Voyez SAVOYE.

De Réuilli, faub. & qu. 15. *de S. Antoine.* Voyez GENEVE.

Du Trône ou *Picpus*, faub. & qu. 15. *de saint Antoine.* Voyez SUISSE.

De Montreuil, faub. & qu. 15. *de saint Antoine.* Voyez ALLEMAGNE.

De la Croix de Faubin, faub. & qu. 15. *de S. Antoine.* Voyez EST, ou ORIENT, OCEAN ORIENTAL.

De la Raquette, faub. & qu. 15. *de S. Antoine.* Voyez BRISGAU.

De Pincourt, faub. & qu. 15. *de S. Antoine.* Voyez PONDICHERI, INDES ORIENTALES.

Des Amandiers, ou *des Annonciades*, faub. & qu. 15. *de saint Antoine.* Voyez BADE.

De la Roulette du Pont-aux-Choux, qu. 14. *du Temple.* Voyez PALATINAT DU RHIN.

Du Marais du Temple, faub. & même qu. 14. Voyez TREVES.

De saint Louis, faub. & qu. 10. *de saint Martin.* Voyez LUXEMBOURG.

De saint Martin, faub. *de saint Laurent*,

... de saint Martin. Voyez HAI-
NAUD ...

... neuve des Vertus, faub. de saint
Laurent, qu. 10. de saint Laurent. Voyez
PAYS BAS, HOLLANDE.

De saint Denis, faub. d saint Lazare, qu.
9 de saint Denis. Voyez PAS DE CALAIS,
MER D'ALLEMAGNE, OCEAN SEPTENTRIO-
NAL & GLACIAL.

Rue de saint Barthelemi, qu. 1. de la Cité.
Voyez EVAUX.

Cul-de-sac de saint Barthelemi, rue de la
Draperie, qu. 1. de la Cité.

C. de Basfour, rue de sainte Croix de la
Bretonnerie, qu. 13. de sainte Avoye.

Rue de Pasfroy, faub. & qu. 15. de saint
Antoine. Voyez LUXEUIL, BAUME LES NONES.

Rue du Bas Pincourt, faub. & qu. 15. de
saint Antoine. Voyez ANDLAU.

Rue du Bas Reuilli, faub. & qu. 15. de saint
Antoine. Voyez S. RAMBERT.

Rue Basse Ville-Neuve, qu. 9. de S. Denis.
Voyez AIRE.

Rue Basse des Ursins, qu. 1. de la Cité. Voyez
CULANT.

BASSÉE (La) rue du Puits de Rome, qu. 10.
de saint Martin, à 36 l. N-E. C'est une Ville
de Flandres, Diocèse d'Arras, Parlement de
Douay, Intendance, Subdélégation & Recette
de Lille, avec 2000 Habitans.

BASTILLE (La) rue & qu. 15. de S. Antoine.

C. de la Bastille, rue de l'Arbre-sec, qu. 4.
du Louvre.

BASTION de France, Bar. de l'Oursine,
Faub. saint Marceau, qu. 16. de la Place Maubert, à 240 lieues de la France, & à 550
de Paris, S-E. C'est une Place d'Afrique sur la

Côte de Barbarie dans le Royaume d'Alger ; au Nord de Bonne ; il eſt ainſi nommé parce qu'il appartient à la France. C'eſt par-là que la Compagnie Françoiſe d'Afrique tire les grains & autres denrées de la Barbarie.

Rue *de Bâville* au Palais , qu. 1. *de la Cité*, voyez DORAT.

BATTEAUX ſervans au blanchiſſage le long de la riviere , 80.

Rue *du Battoir* , Faub. *ſaint Marteau* , qu. 16. *de la Place Maubert.* Voyez CAVAILLON.

Rue *du Battoir* , qu. 18. *de ſaint André des Arcs.* Voyez BRUSSAT.

BAVAY , rue *des Vertus* , qu. 10. *de ſaint Martin* , à 44 l. N-E. C'eſt une Ville de Flandres , Diocèſe de Cambray , Intendance de Haynaut , Siége d'une Prevôté & d'une Recette , avec 2500 Habitans.

C. *de la Bauderie* , rue *de la Coroyerie* , qu. 10. *de ſaint Martin.*

Rue *Baudin* aux Porcherons , Faub. & qu. 6. *de Montmartre* , hors des Barrieres.

BAUGÉ , rue *de Champfleury* , qu. 4. *du Louvre* , à 63 l. S-O. C'eſt une Ville dans l'Anjou, Diocèſe d'Angers , Parlement de Paris , Intendance de Tours , Chef-lieu d'une Election & d'une Juſtice Royale ſur le Coeſnon , avec 3500 Habitans.

BEAUGENCI , rue *des Foureurs* , qu. 3. *de ſainte Opportune* , à 32 l. S-E. C'eſt une Ville dans l'Orléanois , Diocèſe d'Orleans , Parlement de Paris , Intendance d'Orleans , Chef-lieu d'une Election ſur le bord de la Loire , avec 6000 Habitans.

BAUGI , rue *d'Avignon* , qu. 1. *de ſaint Jacques la Boucherie* , à 42 l. S. C'eſt une Ville dans le Berri , Diocèſe de Bourges , Parlement

ment de Paris, Intendance & Election de Bourges, avec 600 Habitans.

BAUME LES NONES, rue *de Passroy*, Faub. & qu. 15. *de saint Antoine*, à 73 l. S-E. C'est une Ville dans la Franche-Comté, Diocèse, Parlement & Intendance de Besançon, Chef-lieu d'un Bailliage & d'une Recette près de la rivière le Doux, avec 1500 Habitans.

BAYEUX, rue *neuve saint Augustin*, qu. 6. *de Montmartre*, à 58 l. N-O. C'est une Ville dans la Basse Normandie, avec Evéché suffragant de Rouen, Parlement de Rouen, Intendance de Caen, Chef-lieu d'une Election sur la rivière d'Aure, à une lieue de la mer, avec 8000 Habitans, un Siège de Bailliage, d'une Vicomté, d'une Maîtrise des Eaux & Forêts, & un Grenier à sel.

BAYONNE, rue *des Brodeurs*, qu. 20. *de saint Germain des Prez*, à 170 l. S-O. C'est une Ville de France, Capitale du pays de Labour dans la Gascogne, avec Evéché suffragant d'Auch, Parlement & Intendance de Pau, Chef-lieu d'une Recette, Siège d'une Sénéchaussée, d'une Amirauté, & d'un Hôtel des Monnoyes marquées par L, avec 10000 Habitans.

BAZAS, rue *du Bacq*, qu. 20. *de saint Germain des Prez*, à 138 l. S-O. C'est une petite Ville Capitale du Bazadois dans la Gascogne, avec Evéché suffragant d'Auch, Parlement & Intendance de Bourdeaux, Election de Condom, avec 2000 Habitans.

BAZOCHE, (la) rue *Pagevin*, qu. 7. *de saint Eustache*, à 28 l. S-O. C'est une Justice Royale dans le Perche, Diocèse de Seez, Parlement de Rouen, Intendance d'Alençon, Election de Mortagne, avec 1500 Habitans.

D

BEARN (le) qu. 19. *du Luxembourg*, à 195 l. S-O. C'est une Province de France, avec titre de Principauté, bornée E. par le Bigorre, S. par les Pyrenées qui la séparent de l'Aragon, O. par le pays de Soule & une partie de la basse Navarre, N. par la Gascogne, Pau en est la Ville Capitale.

BEAT (saint) rue *Cassette*, qu. 19. *du Luxembourg*, à 178 l. S-O. C'est une Ville au Comté de Comminges dans la Gascogne, Diocèse de Comminges, Parlement de Toulouse, Intendance d'Auch & de Montpellier, parce qu'elle est divisée en deux Communautez pour les droits du Roi.
Election de Verdun, avec 1000 Habitans.

Rue *Beaubourg*, qu. 10 *de saint Martin*. Voyez SOISSONS, VALOIS, LA-FERTÉ-MILON. C. de *Beaubourg*, le même.

BEAUCAIRE, rue *des Lionnois*, Faub. *saint Marceau*, qu. 17 *de saint Benoît*, à 140 l. S-E. C'est une Ville dans le bas Languedoc, Diocèse d'Arles, Parlement de Toulouse, Intendance de Montpellier, Recette de Nîmes sur le Rhône, avec 12000 Habitans. Elle est renommée par la Foire de la Madeleine.

Rue *de Beauce*, qu. 14. *du Temple*. Voyez AY.

BEAUFORT, rue *du Pelican*, qu. 7. *de saint Eustache*, à 63 l. S-O. C'est une Ville dans l'Anjou, Diocèse d'Angers, Parlement de Paris, Intendance de Tours, Election d'Angers, sur la riviere d'Authion, avec 4000 Habitans.

C. *Beaufort*, rue *Salle-au-comte*, qu. 2. *de saint Jacques de la Boucherie*.

BEAUJEU, rue *de saint Hyacinthe*, qu. 17. *de saint Benoît*, à 96 l. S-E. C'est une Ville du Beaujolois dans le Lyonnois, Diocèse de Lyon, Parlement de Paris, Intendance de

Lyon, Election de Villefranche sur la riviere d'Ardiere, avec 2000 Habitans.

BEAUJOLOIS, rue *d'Amboise*, *Place Mau-bert*, même qu. 16. C'est une petite Contrée & Province de France dans le Gouvernement du Lyonnois, entre la Saone, la Loire, le Lyonnois & la Bourgogne; qui a 10 l. de long sur 8 de large.

Rue *du Beaujolois*, qu. 14. *du Temple*. Voyez CORMICI.

BEAULIEU, rue *Jean Tison*, qu. 4. *du Lou-vre*, à 55 l. S-O. C'est une Ville dans la Tou-raine, Diocèse de Tours, Parlement de Pa-ris, Intendance de Tours, Election de Lo-ches, avec 2000 Habitans.

BEAULIEU, Quay *de la Feraille*, ou *Vallée de misère*, & rue *de l'Abreuvoir Pepin*, qu. 3. *de sainte Opportune*, à 38 l. S. C'est un Bourg dans le Berri, Diocèse & Intendance de Bour-ges, Parlement de Paris, Election de Leblanc, sur la Loire, avec 600 Habitans.

BEAUMONT-LE-ROGER, rue *de Colbert*, qu. 6. *de Montmartre*, à 26 l. N-O. C'est une Ville dans la Normandie, Diocèse d'Evreux, Parlement de Rouen, Intendance d'Alen-çon, Election de Conches, sur la Rille, avec 5000 Habitans.

BEAUMONT-SUR-OISE, rue & qu. 10. *de saint Martin*, à 9 l. N-O. C'est une Ville de Picardie, dans le Gouvernement de l'Isle de France, Diocèse, Election de Senlis, Parlement de Paris, sur l'Oise, avec 2000 Habitans.

BEAUMONT-LE-VICOMTE, rue *des Vieilles Etuves*, qu. 7. *de saint Eustache*, à 48 l. S-O. C'est une Ville dans le Maine, Diocèse du Mans, Parlement de Paris, Intendance de Tours, Election du Mans, sur la Sarte, avec deux mille Habitans., Bailliage, Grenier à Sel, & Maréchaussée.

BEAUNE, rue *Neuve*, & qu. 12. *de saint Paul*, à 65 l. S-E. C'est une Ville de Bourgogne, Diocèse d'Autun, Parlement & Intendance de Dijon, Chef-lieu d'un Bailliage & Recette, avec trois mille Habitans.

Rue *de Beaune*, qu. 20. *de saint Germain des Prez*. Voyez MIREBEAU.

BEAUPREAU, rue *Petite Matignone*, qu. 5. *du Palais Royal*, à 73 l. S-O. C'est une Ville dans l'Anjou, Diocèse & Election d'Angers, Parlement de Paris, Intendance de Tours, sur Lisere, avec 1400 Habitans.

Rue *de Beauregard*, qu. 9. *de saint Denis*. Voyez PERNES, MONTREUIL.

Rue *de Beaurepaire*, qu. 9. *de saint Denis*. Voyez S. RIQUIER.

Rue *de Beautreillis*, qu. 12. *de saint Paul*. Voyez Bellegarde.

BEAUVAIS, rue *Tiquetone*, qu. 7. *de saint Eustache*, à 17 l. N. C'est la Capitale du Beauvoisis, dans le Gouvernement de l'Isle de France, avec un Evêché, qui est Comté-Pairie, & Suffragant de Rheims, Parlement & Intendance de Paris, Chef-lieu d'une Election & Siége d'un Présidial, sur le Therain, avec 25000 Habitans.

Rue *de Beauvais*, qu. 4. *du Louvre*. Voyez YARZÉ.

BEAUVOIR-SUR-MER, rue *de Belle-Chasse*, qu. 20. *de saint Germain des Prez*, à 105 l. S-O. C'est une Ville dans le Poitou, Diocèse de Luçon, Parlement de Paris, Intendance de Poitiers, sur la Mer, avec 1800 Habitans.

BEDARIEUX, rue *Contrescarpe*, faub. *saint*

Marceau, qu. 17. *de saint Benoît*, à 148 l.
S-O. C'est une Ville du Bas Languedoc, Diocèse de Beziers, Parlement de Toulouse, Intendance de Montpellier, avec 2500 Habitans.

BEFORT, rue *de saint Louis*, qu. 14. *du
Temple*, à 92 l. S-E. C'est une petite, mais
forte Ville dans la Haute Alsace, Diocèse
de Basle, Conseil & Intendance d'Alsace,
Chef-lieu d'un Bailliage, avec 2000 Habitans.

BELIGNI, rue ou *Aîle du Pont Marie*, qu.
12. *de saint Paul.* C'est une Ville de Bourgogne, Diocèse d'Autun, Parlement & Intendance de Dijon, Bailliage, Grenier à Sel
& Recette de Beaune, sur la Riviere de Lou-
che, avec 1200 Habitans.

BELLAC, rue *de Nazareth* au Palais, qu. 1.
de la Cité, à 81 l. S-O. C'est une Ville dans
la Marche, Diocèse de Limoges, Parlement
de Paris, Intendance & Election de Limoges, avec 3000 Habitans, sur la petite Riviere d'Unicon.

Rue *de Belle-Chasse*, qu. 20. *de saint Germain des Prez.* Voyez S. GILLES VIC, BEAU-
VOIR-SUR-MER.

Rue *de Bellefond*, faub. & qu. 6. *de Montmartre*, hors des Barriéres.

BELLEGARDE, rue *de la Bourbe*, faub. *saint
Michel*, qu. 19. *du Luxembourg*, à 175 l. S-E.
C'est une Ville & Place forte dans le Roussillon, aux Confins de la Catalogne, & un Gouvernement particulier, Diocèse, Conseil &
Intendance de Perpignan, avec 1200 Habitans.

BELLEGARDE, rue *de Beautreillis*, qu. 12.
de saint Paul, à 69 l. S-E. C'est une petite

Ville de Bourgogne , Diocèfe de Châlons , Parlement & Intendance de Dijon , Election de Châlons , fur la Saone , avec 2000 Habitans.

BELLESMES , rue *Plâtriere* , qu. 7. *de faint Euftache* , à 36 l. S-O. C'eft une Ville dans le Perche , Diocèfe de Seez , Parlement de Paris , Intendance d'Alençon , Election de Mortagne , avec 1400 Habitans.

BELLAY , rue *de Charenton* , faub. & qu. 15. *de faint Antoine* , à 100 l. S-E. C'eft une Ville & la Capitale du Bugei , dans le Gouvernement de Bourgogne , avec Evêché , Suffragant de Befançon , Parlement & Intendance de Dijon , Bailliage & Chef-lieu , d'une Election & Grenier à Sel , avec 17000 Habitans.

BELLEVILLE , rue *des Trois Portes* , qu. 17. *de faint Benoît* , à 90 l. S-E. C'eft une Ville dans le Beaujolois , du Gouvernement du Lyonnois , Diocèfe de Lyon , Parlement de Paris , Intendance de Lyon , Election de Ville-Franche , fur la Saone , avec 1800 Habitans.

BELLE-ISLE , rue *de la Ville-l'Evêque* , faub. *de faint Honoré* , qu. 5. *du Palais Royal* , à 110 l. N-O. C'eft une Ifle des plus confidérables du Royaume de France , avec Titre de Marquifat , fur les Côtes de la Bretagne , à 6 l. du rivage de la Mer , Diocèfe de Vannes , Parlement de Rennes , Intendance de Nantes.

BELVER , rue *de l'Echaudé* , qu. 20. *de faint Germain des Prez* , à 124 l. S-O. C'eft un Bourg dans le Périgord , Diocèfe de Sarlat , Parlement & Intendance de Bourdeaux , Election de Sarlat , avec 2000 Habitans.

BENFELD, rue *des Douze Portes*, qu. 14. *du Temple*, à 100 l. S-E. C'est une Ville dans la Basse Alsace, Diocèse de Strasbourg, Conseil & Intendance d'Alsace, Siége d'un Bailliage, avec 1200 Habitans.

Rue *de saint Benoît*, qu. 20. *de S. Germain des Prez*. Voyez ANGOULESME.

Rue *de Berci*, qu. 11. *de la Grêve*. Voyez POUILLI.

Rue *de Berci*, faub. & qu. 15. *de saint Antoine*. Voyez GAP, BRESSE.

Rue B*rgere*, Nouvelle-France, qu. 9. *de saint Denis*. Voyez CAUX.

BERGERAC, rue *des Canettes*, qu. 19. *du Luxembourg*, à 125 l. S-O. C'est une Ville dans le Périgord, Diocèse de Périgueux, Parlement & Intendance de Bourdeaux, Election de Périgueux, sur la Dordogne, avec 8000 Habitans ; c'est l'entrepôt du Commerce de Lyon & de l'Auvergne à Bourdeaux.

BERGUES S. Vinox, rue du faub. & qu. 10. *de saint Martin*, à 60 l. N-E. C'est une petite Ville de Flandres, Diocèse d'Ypres, Parlement de Douay, Intendance de Lille, Chef-lieu d'une Recette, avec 4000 Habitans, & c'est un Gouvernement particulier.

BERNAI, rue *de Richelieu*, qu. 6. *de Montmartre*, à 30 l. N-O. C'est une Ville de Normandie, Diocèse de Lisieux, Parlement de Rouen, Intendance d'Alençon, Chef-lieu d'une Election, avec 8000 Habitans.

Rue *de S. Bernard*, faub. & qu. 15. *de saint Antoine*. Voyez PONTARLIER.

C. *de saint Bernard*, là même.

Rue *des Bernardins*, qu. 16. *de la Place Maubert*. Voyez VALENCE.

BERRI , qu. 2. *de S. Jacques de la Bouche-*
rie , 3. *de sainte Opportune* , & 11. *de la Grê-*
ve , à 32 l. S. C'est une Province de France ,
au milieu du Royaume, & un Gouvernement ,
avec Titre de Duché , borné , N. par l'Orléanois , E. par le Nivernois , S. par le Bourbonnois, O. par le Poitou, Parlement de Paris,
Intendance de Bourges , avec un Archevêché ,
& cinq Elections.

Rue *de Berri* , qu. 14. *du Temple.* Voyez
JOINVILLE.

Cul-de-sac *Bertaud* , rue *Beaubourg* , qu.
10. *de saint Martin.*

Rue *Bertin-Poirée* , qu. 3. *de sainte Oppor-*
tune. Voyez MONTBAZON.

BERTRAND (Saint) rue *du Pot-de-Fer* ,
qu. 19. *du Luxembourg* , à 175 l. S-O. C'est une
Ville de Gascogne dans le Bas Armagnac ,
Capitale du Pays de Comminges , & Siége
d'un Evêché , Suffragant d'Auch , Parlement
de Toulouse , Intendance d'Auch , Election
de Verdun , avec 800 Habitans.

BESANÇON , rue *du* faub. & qu. 15. *de*
saint Antoine , à 73 l. S-E. C'est une Ville &
la Capitale de la Franche-Comté , le Siége
d'un Archevêque , d'un Parlement , d'un
Intendant , d'un Bailliage , d'un Présidial ,
d'un Hôtel des Monnoyes , marquées par
deux C , d'une Table de Marbre , Maîtrise
Particuliere des Eaux & Forêts , d'une Université ; & c'est un Gouvernement particulier ,
avec 50000 Habitans.

BETHLÉEM , rue *de la Tisseranderie* , qu. 11.
de la Grève , à 45 l. S-E. C'est un Faubourg
de Clamecy dans le Nivernois , Diocèse d'Auxerre , où il y a un Siége Episcopal.

BETHUNE , rue *de Cleri* , qu. 9. *de S. De-*

Ais, à 48 l. N-O. C'est une Ville & Place
forte dans l'Artois, Diocèse d'Arras, Parlement de Paris, Intendance d'Amiens, sur la
Riviere de Biette, avec 5000 Habitans.

Rue *de Betizi*, qu. 3. *de sainte Opportune.*
Voyez CHINON.

Rue *Beuriere*, qu. 19. *du Luxembourg.*
Voyez MAUVESIN.

BEZIERS, rue *Bordet*, qu. 16. *de la
Place Maubert*, à 157 l. Sud-Est. C'est une
Ville dans le Bas Languedoc, avec Evêché,
Suffragant de Narbonne, Parlement de Tou-
louse, Intendance de Montpellier, sur la Ri-
viere d'Orbe, avec 15000 Habitans, une
Sénéchaussée, un Présidial & une Acadé-
mie.

BIBLIOTHÉQUES publiques

Du ROY, rue *de Richelieu*, qu. 6. *de Montmartre.*

DES AVOCATS, à l'Archevêché, qu. 1. *de
la Cité.*

DE S. CHARLES des Peres de la Doctrine
Chrétienne, faub. *saint Marceau*, qu. 16. *de
la Place Maubert.*

DU COLLÉGE DES QUATRE NATIONS, même Quay, qu. 20. *de saint Germain des
Prez.*

DES MÉDECINS.

DE S. VICTOR, rue *de saint Victor*, qu.
16. *de la Place Maubert.*

Rue *de Biévre*, qu. 16. *de la Place Maubert.* Voyez DIE.

Rue *de Biévre* ou *des Gobelins.* Voyez BAR-
CELONETTE.

BIGORRE (le) rue *du Regard*, qu. 19. *du Luxembourg*, à 165 l. S-O. C'est un Pays &
Comté dans la Gascogne, borné, N. par

l'Armagnac & l'Eſtarac , E , par le Pays de
Comminges , O. par le Bearn , S. par les
les Pyrenées. Tarbes en eſt la Capitale.

Rue *des Billettes* , qu. 13. *de ſainte Avoye.*
Voyez GIEN.

BILLI , rue *de ſaint Landri* , qu. 1. *de la
Cité* , à 76 l. S. C'eſt une Ville dans le Bourbonnois , Dioceſe de Clermont , Parlement
de Paris , Intendance & Election de Moulins ,
ſur la Riviere de l'Allier , avec 1200 Habitans.

BILLOM , rue *de la Huchette* , qu. 17. *de
ſaint André-des-Arcs* , à 88 l. S-E. C'eſt une
Ville dans l'Auvergne , Dioceſe de Clermont ,
Parlement de Paris , Intendance de Riom ,
Election de Clermont , ſur la Riviere de Ri-
chocer , avec 4200 Habitans.

BIRON , rue *Mignon* , qu. 18. *de ſaint André-des-Arcs* , à 123 l. S-O. C'eſt un Bourg
dans le Périgord , Dioceſe & Election de Périgueux , Parlement & Intendance de Bourdeaux , avec 1000 Habitans.

Rue *de Biſſi* , qu. 19. *du Luxembourg.* Voyez
ISSIGEAC.

BLANC (Le) *rue de Gêvres* , qu. 2. *de ſaint
Jacques de la Boucherie* , à 55 l. S. C'eſt une
Ville du Berri , Dioceſe & Intendance de
Bourges , Parlement de Paris , Chef-lieu
d'une Election , avec 5000 Habitans.

Rue *des Blancs-Manteaux* , qu. 13. *de ſainte
Avoye.* Voyez MONTEREAU.

BLANZAC , rue *de S. Dominique* , qu. 20.
de S. Germain des Prez, à 104. l. S-O. C'eſt une
Ville dans l'Angoumois , Dioceſe & Election
d'Angoulême , Parlement de Paris , Intendance de Limoges , ſur le Nay , avec 1200
Habitans.

BLAYE , rue *de Grenelle* , qu. 20. *de ſaint*

Germain des Prez, à 125 l. S-O. C'est une Ville du Bourdelois, en Guyenne, dans le Gouvernement de Gascogne, Parlement, Intendance & Election de Bourdeaux, sur la Gironde, vis-à-vis le Fort de Medoc, avec 3000 Habitans. C'est à la Basse Ville ou Faubourg, qui est séparé par une petite Riviere, où la Marée remonte, que demeurent les Marchands, & où sont les Magasins.

BLOIS, rue *de la Chausseterie*, qu. 3. *de sainte Opportune*, à 40 l. S-O. C'est une Ville, la Capitale du Blesois, dans le Gouvernement de l'Orléanois, avec Evêché, Suffragant de Paris, même Parlement, Intendance d'Orleans, & Chef-lieu d'une Election, sur le bord de la Loire, avec 9000 Habitans, Chambre des Comptes, Bailliage, Maréchaussée, & Grenier à Sel.

Rue *Blomet*, qu. 20. *de saint Germain des Prez*. Voyez LABOUR.

Cul-de-sac *des Bœufs* ou *Bouvart*, rue *des sept Voyes*, qu. 17. *de saint Benoît*.

Cul-de-sac *du Bœuf*, rue *Neuve saint Merri*, qu. 10. *de saint Martin*.

BOIS COMMUN, rue *des Mauvaises-Paroles*, qu. 3. *de sainte Opportune*, à 24 l. S. C'est une Ville dans l'Orléanois, Diocèse de Sens, Parlement de Paris, Intendance d'Orleans, Election de Montargis, sur la Rimarde, avec 2000 Habitans, & un Grenier à Sel.

Rue *de S. Bon*, qu. 11. *de la Grêve*. Voyez SULLI.

BONNEVAL, rue *de la Fromagerie*, qu. 8. *des Halles*, à 23 l. S-O. C'est une Ville dans l'Orléanois, Diocèse de Chartres, Parlement de Paris, Intendance d'Orleans, Election de Chateaudun, sur la Loire, avec 2500 Habitans.

BONNI , rue *Bourtibourg* , qu. 13. *de sainte
Avoye* , à 37 l. S. C'est une Ville dans le
Gâtinois , Diocèse d'Auxerre , Parlement de
Paris , Intendance d'Orleans , Election de
Gien , au Confluent de la Riviere de son nom
& de la Loire , avec 1800 Habitans , & un
Grenier à Sel.

Rue *du Bon Puits* , faub. S. *Victor* , qu. 16.
de la Place Maubert. Voyez BAGNOLS.

Rue *de la Bonne Morue* , faub. S. *Honoré* ,
qu. 5. *du Palais Royal*. Voyez ORIENT.

Rue *des Bons-Enfans* , qu. 7. *de S. Eustache*. Voyez ANTRESMES.

Rue *Bordet* , qu. 16. *de la Place Maubert*.
Voyez BEZIERS.

BOUCHAIN, rue *des Fossez saint Martin*, même
qu. 10. à 42 l. N-E. C'est une Ville de Flandres dans le Hainaut , Diocèse d'Arras , Parlement de Douai, Intendance de Lille , Chef-
lieu d'une Recette sur l'Escaut , avec 2000 Habitans , & c'est un Gouvernement particulier.

Rue *Boucherat* , qu. 14. *du Temple* , voyez
CARIGNAN.

Rue *de la Boucherie* , qu. 5. *du Palais Royal*,
voyez EURON.

Rue *des Boucheries* , qu. 19. *du Luxembourg*,
voyez MONTIGNAC.

BOUCHERIES de la Ville & Faubourgs de
Paris 52 , contenant 230 Etaux.

Rue *de la Bouclerie* , qu. 8. *de saint André
des Arts* , voyez ILLAIRE.

Rue *Boudebrie* , qu. 18. *de saint André des
Arcs* , voyez MURAT.

BOUILLON , rue *du Fret* , qu. 14. *du Temple*,
à 57 l. N-E. C'est une petite Ville & la Capitale du Duché du même nom dans le Luxembourg François, du Gouvernement de Champagne,

pagne, Diocèse de Liege, Parlement & Intendance de Mets, sur le bord de la riviere de Semois, avec 3000 Habitans.

Rue *des Boulangers*, Faub. *saint Victor*, qu. 26. *de la Place Maubert.* Voyez SOMMIERES.

Rue *des Boulets*, Faub. M qu. 15. *de saint Antoine*, hors des Barrieres.

BOULOGNE sur mer, rue *de sainte Anne*, à la nouvelle France, Faub. & qu. 9. *de saint Denis*, à 55 l. N-O. C'est une Ville Capitale du Boulonois dans la Picardie, avec Evêché suffragant de Rheims, Parlement de Paris, Intendance d'Amiens sur la Côte de la Manche ou Canal d'Angleterre, avec un Port à l'embouchure d'une petite riviere, & 12000 Habitans.

Rue *du Bouloy*, qu. 7. *de saint Eustache*, voyez MAMERS.

Rue *de la Bourbe*, Faub. *de saint Michel*, qu. 19. *du Luxembourg.* Voyez BELLEGARDE, VILLEFRANCHE.

Rue *de Bourbon*, qu. 9. *de saint Denis* Voyez LENS, SAINT VALERY.

Rue *de Bourbon*, qu. 20. *de saint Germain des Prez.* Voyez NIORT, NOIRMOITIER. FONTENAI-LE-COMTE.

BOURBON l'Anci, rue *de saint Louis*, Isle Notre-Dame, qu. 1. *de la Cité*, à 70 l. S-E. C'est une Ville dans la Bourgogne, Diocèse d'Autun, Parlement & Intendance de Dijon, Baillage & Recette d'Autun. C'est un Gouvernement particulier, avec 1800 Habitans : il y a des Eaux minérales fort légeres & fort salutaires.

BOURBON l'Archambaud, rue *de la Pelleterie*, qu. 1. *de la Cité*, à 60 l. S. C'est une Ville & Châtellenie Royale du Bourbonnois, Dio.

cèse de Bourges , Parlement de Paris , Intendance & Election de Moulins , Siége d'une Sénéchauffée , avec 1500 Habitans.

Rue *de Bourbon-le-Château* , qu. 20. *de saint Germain des Prez.* Voyez COUTRAS.

BOURBONNE les bains , rue *des Fontaines du Roi* , Faub. & qu. 14. *du Temple* , a 65 l. S-E. C'est une petite Ville dans la Champagne , sur les frontieres du Barrois , Diocèse de Langres , Parlement de Paris , Intendance de Châlons , Election de Langres , avec 2500 Habitans ; il a pris son nom des bourbes de ses Eaux minérales , excellentes pour les playes.

BOURBONNOIS , qu. 1. *de la Cité* , à 45 l. S. C'est une Province de France , avec titre de Duché , & un Gouvernement , borné , N. par le Nivernois & le Berri , O. par la haute Marche , S. par l'Auvergne , E. par la Bourgogne ; Parlement de Paris , Intendance de Moulins qui en est la Ville Capitale.

BOURBOURG , rue *des Remparts* , qu. 10. *de saint Martin* , à 50 l. N-E. C'est une Ville de Flandre , Diocèse de saint Omer , Parlement de Douay , Intendance de Lille , Chef-lieu d'une Subdélégation & d'une Recette , avec 1200 Habitans.

BOURDEAUX , rue *du Bacq* , qu. 20. *de saint Germain des Prez* , à 130 l. S-O. C'est une Ville la Capitale de la Province & du Gouvernement de Gascogne ou de Guienne , Siége d'un Archevêque , avec Parlement , Intendance , Sénéchauffée , Election , Amirauté , Bureau des Finances , Cour des Aydes , Généralité , Hôtel des Monnoyes marqué par K. Jurisdiction des Consuls , Université , Académie , 60000 Habitans , & un beau Port.

BOURDEILLES , rue *du Jardinet* , & qu.

18. *de saint André des Aarcs*, à 108 l. S-O.
C'est un Bourg dans le Perigord, Diocèse &
Election de Perigueux, Parlement & Inten-dance de Bourdeaux, sur la riviere de Coles, avec
2000 Habitans.

BOURG D'AULT, rue *Guerin Boisseau*, qu.
9. *de saint Denis*, à 32 l. N. C'est un Bourg
dans la Picardie, Diocèse d'Amiens, Parlement de Paris, Intendance & Elect. d'Amiens,
avec 3500 Habitans, Siége d'Amirauté, des
Traites, & Grenier à sel.

BOURG EN BRESSE, rue *des Filles Angloises*,
faub. & qu. 15. *de saint Antoine*, à 93 l. S-E.
C'est la Ville Capitale de la Bresse en Bourgogne, frontieres de Genève & de Savoye,
Diocèse de Lyon, Parlement & Intendance
de Dijon, sur la riviere de Resouse, avec
2700 Habitans; elle est le Siége d'un Bailliage, d'un Présidial, d'une Election, d'une
Recette, d'une Châtellenie, d'une Gruerie,
Maréchaussée, Justice des Gabelles, Traittes
& Foraines, & d'un Grenier à sel.

BOURGANEUF, rue *de la Bari lerie*, qu. 1.
de la Cité, à 70 l. S-O. C'est une Ville dans
la Marche, Diocèse & Intendance de Limoges,
Parlement de Paris, Chef-lieu d'une Election
sur la riviere de Taurion, avec 1500 Habitans.

BOURG sur mer, rue *Grenelle*, qu. 20. *de
saint Germain des Prez*, à 130 l. S-O. C'est
une Ville de Guïenne, Parlement, Intendance
& Election de Bourdeaux, au confluent de la
Dordonne & de la Garonne, avec 3000 Habitans.

BOURGES, rue *saint Denis*, qu. 1. *de saint
Jacques de la Boucherie*, à 40 l. S. C'est la Ville
Capitale de la Province de Berri, & le Siége
d'un Archevêque & d'un Intendant, Parle-

ment de Paris , avec une Election , un Bailliage , un Préſidial , une Prevôté , une Maîtriſe des Eaux & Forêts , une Maréchauſſée , une
Juriſdiction des Juges-Conſuls , un Hôtel des
Monnoyes marquées par la lettre Y , une Uni-
verſité , au confluent des rivieres d'Euron &
d'Eure , & avec 15000 Habitans.

BOURGOGNE, qu. 15. *de ſaint Antoine*, 12
de ſaint Paul, & 1 *de la Cité* , à 36 l. S-E. C'eſt
une Province de France dans la partie la plus
Orientale du Royaume , avec titre de Duché ,
& grand Gouvernement qui comprend la Breſ-
ſe , le Bugey , le Valromey & le pays de Gex ,
bornée, E. par la Franche-Comté & la Savoye ;
O. par le Bourbonnois & le Nivernois, S. par le
Lyonnois, N. par la Champagne ; elle a 30 l. de
large ſur 45 de longueur , avec un Parlement
& Intendant à Dijon qui en la Ville Capitale.

Rue *de Bourgogne*, qu. 14. *du Temple.* Voyez
VITRI-LE-FRANÇOIS.

Rue *de Bourgogne* , qu. 20. *de ſaint Germain
des Prez.* Voyez ROCHE-SUR-YON , SABLES.
d'OLONNE , SURGERES , CHARENTE.

BOURGUEIL , rue *du Chantre*, qu. 4. *du Louvre* , à 60 l. S-O. C'eſt une Ville dans l'Anjou,
Diocèſe d'Angers , Parlement de Paris , Intendance de Tours , Election de Saumur , ſur
la riviere d'Aution , avec 2000 Habitans.

Rue *des Bourguignons* , Faub. *de S. Jacques*,
qu. 17. *de ſaint Benoît.* Voyez CETTE , CANAL
ROYAL.

BOURSE (la) rue *Vivienne* , qu. 6. *de Montmartre.*

Rue *du Bout-du-monde*, qu. 7. *de ſaint Euſtache.* Voyez GOURNAY.

Rue *Bourtibourg* , qu. 13. *de ſainte Avoye.*
Voyez BONNI.

C. BOUTEILLE , rue *de Montorgueil* , qu. 9. *de saint Denis.*

BOUTTEVILLE, rue *de Grenelle* , qu. 20. *de saint Germain des Prez* , S O. à 105 l. C'est un Bourg dans l'Angoumois , Diocèse d'Angoulême , Parlement de Paris , Intendance de la Rochelle , Election de Cognac , avec 1800 Habitans.

BRANTOME, rue *Poupée* , qu. 18. *de saint André des Arcs* , à 108 l. S O. C'est un Bourg dans le Perigord , Diocèse & Election de Perigueux, Parlement & Intendance de Bourdeaux sur la Drome , avec 800 Habitans.

Rue *du Braque* , qu. 13. *de sainte Avoye.* Voyez ARCIS.

C. *de la Brasserie* , rue *Traversiere* , qu. 5 *du Palais Royal.*

Rue *du Brave* , qu. 19. *du Luxembourg.* Voyez CAUSSADE.

BRAY-SUR-SEINE , rue *de Bretagne* , qu. 14. *du Temple* , à 39 l. S-E. C'est une Ville dans la Champagne , Diocèse de Sens , Parlement & Intendance de Paris , Election de Nogentsur-Seine , avec 2000 Habitans.

BRAY-SUR-SOMME , rue *Chapon* , qu. 10. *de saint Martin* , à 30 l. N. C'est une Ville dans la Picardie , Diocèse & Intendance d'Amiens , Parlement de Paris , Election de Peronne , avec 1200 Habitans.

BRESCOU , rue *de la Santé* , faub. S. *Jacques* , qu. 17. *de saint Benoît* , à 160 l. S. C'est un Rocher & un petit Fort dans la Mer Méditerranée , à une lieue & près le Cap d'Agde , même Diocèse , Parlement de Toulouse , Intendance de Montpellier. C'est un Gouvernement particulier.

BRESIL, Bar. *des Brodeurs* , qu. 20. *de saint*

Germain des Prez, à 1500 l. de France & à 1660 de Paris, S-O. C'est un grand Pays de l'Amérique méridionale, avec Titre de Principauté affecté à l'Héritier présomptif du Royaume de Portugal. On estime qu'il occupe sur la Mer 1200 l. de long, sur environ 60 de large. SANSALVADOR, en est la Capitale.

BRESLE (La) rue *saint Pierre-aux-Bœufs*, qu. 1. *de la Cité*, a 97 l. S-E. C'est une petite Ville dans le Lyonnois, Diocèse, Intendance & Election de Lyon, Parlement de Paris, sur la Riviere de Tardive, avec 900 Habitans.

BRESSE (La) rue *de Berci*, faub. & qu. 15. *de saint Antoine*, à 90 l. S-E. C'est une petite Province de France qui fait partie du Gouvernement général de Bourgogne, & qui comprend elle-même le Bugey & le Valromey ; elle confine le Rhône, la Saone, & la Savoye. Bourg en est la Capitale.

BREST, rue *du faub. de S. Honoré*, qu. 5. *du Palais Royal*, à 129 l. O. C'est une Ville & un fameux Port de Mer dans la Basse Bretagne, Diocèse de Leon, Parlement de Rennes, Intendance de Nantes, avec 25000 Habitans. C'est un Gouvernement de Place.

BRETAGNE (La) quartier 5. *du Palais Royal*, a 341. S-O. C'est une des grandes Provinces, & un de douze grands & anciens Gouvernemens de France, avec Titre de Duché, l'Amirauté y est unie ; elle est appellée petite pour la distinguer de la Grande, qui comprend l'Isle d'Angleterre & d'Ecosse ; elle est une presqu'Isle de la Mer Oceane, qui confine du côté de la Terre, le Poitou, l'Anjou, le Maine, & la Normandie ; elle a environ 60 lieues dans sa plus grande longueur de l'E. à l'O. sur 45 dans sa plus grande largeur, depuis Nantes jusqu'à Saint-Malo. Elle a son Parlement à Rennes, sa Chambre des Comptes, Bureau des Finances, Intendance & Université à Nantes ; Rennes en est la ville Capitale.

Rue *de Bretagne*, qu. 14. *du Temple*. Voyez BRAY-SUR-SEINE.

BRETEUIL, rue *du Reposoir*, qu. 7. *de saint Eustache*, à 20. l. N-O. C'est une Ville avec Titre de Vicomté dans la Normandie, Diocèse d'Evreux, Parlement de Rouen, Intendance d'Alençon, Election de Conques, sur la Riviere d'Iton, avec 3000 Habitans.

BRIANÇON, rue *des Chantiers*, faub. & qu. 15. *de saint Antoine*, à 140 l. S-E. C'est une Ville dans le Dauphiné, Diocèse d'Embrun, Parlement & Intendance de Grenoble, Chef-lieu d'une Election, avec 3000 Habitans.

BRIARE, rue *des Coquilles*, qu. 11. *de la Grève*, à 55 l. S-E. C'est une petite Ville dans le Gâtinois, Diocèse d'Auxerre, Parlement de Paris, Intendance d'Orleans, Election de Gien, sur la Loire, avec 1200 Habitans ; elle est renommée par le Canal qui porte son nom.

BRIE, rue & qu. 14. *du Temple*. C'est un petit Pays, borné, N. par l'Isle de France & le Soissonois, E. par la Champagne S & O. par la Seine. Il a environ 22 l. de long de l'E. à l'O.

BRIE-COMTE-ROBERT, rue *des Prêcheurs*, qu. 8. *des Halles*, à 6 l. E. C'est une Ville dans l'Isle de France, Diocèse, Parlement, Intendance & Election de Paris, sur la Riviere d'Yerre , avec 2000 Habitans.

BRIEU (Saint) rue *du Luxembourg* , qu.
5. *du Palais Royal* , à 96 l. S-O. C'est une
Ville dans la Haute Bretagne , avec un Evêché , Suffragant de Tours , Parlement de
Rennes , Intendance de Nantes , avec 4000
Habitans , & un petit Port à une demi-lieue
de la Mer.

BRIGNOLES , rue *des Trois Couronnes* , faub.
saint Marceau , qu. 16. *de la Place Maubert* ,
à 170 l. S-E. C'est une Ville de Provence ,
Diocèse , Parlement & Intendance d'Aix ,
avec 4000 Habitans.

BRIOUDE , rue *du Marché Palu* , qu. 1. *de
la Cité* , à 90 l. S-E. C'est une Ville dans la
Basse Auvergne , Diocèse de S. Flour , Parlement de Paris , Intendance de Riom , Chef-
lieu d'une Election , avec 3500 Habitans.

BRISACH NEUF , rue *de Pincourt* , faub. &
qu. 15. *de saint Antoine* , à 108 l. S-E. C'est
une Ville dans la Haute Alsace , Diocèse de
Basle , Conseil Souverain & Intendance d'Alsace , avec 1000 Habitans , vis-à-vis du Vieux
Brisach. C'est une Place & un Gouvernement
particulier.

Rue *Frise-Miche* , qu. 10. *de saint Martin.*
Voyez S. FARGEAU.

BRISGAU (Le) Bar. *de la Raquette* , faub.
& qu. 15. *de saint Antoine* , à 100 l. E. C'est
un Pays d'Allemagne dans la Souabe , sur le
bord du Rhin , qui le sépare de la Province
d'Alsace. Il a 10 l. de long , & environ 6 à 7
de large. Le vieux Brisach en est la Ville Capitale.

BRIS (Saint) & non Prix , rue & qu. 15. *de
saint Antoine* , à 39 l. S-E. C'est une Ville &
Marquisat dans la Bourgogne , Diocèse &

Recette d'Auxerre , Parlement de Paris , Intendance de Dijon , fur la grande route de Bourgogne , avec 2000 Habitans.

BRISSAC , rue *de eau faint Denis*, qu. 4. *du Louvre* , à 681 l. S O. C'eſt une Ville dans l'Anjou , Diocéſe & Election d'Angers , Parlement de Paris , Intendance de Tours , fur la Riviere d'Aubence , avec 1000 Habitans.

BRIVES-LA-GAILLARDE , rue *Chriſtine* , qu. 18. *de faint André-des Acs* , à 116 l. S-O. C'eſt une Ville dans le Limoſin , Diocéſe & Intendance de Limoges , Parlement de Bourdeaux , Chef-lieu d'une Election , Siége d'un Préſidial & d'une Sénéchauſſée , fur la Coureze , avec 5000 Habitans.

Rue *des Brodeurs* , qu. 20. *de S. Germain des Prez*. Voyez BAYONNE.

BROUAGE , rue *de S. Dominique* , qu. 20. *de S. Germain des Prez* , à 108 l. S-O. C'eſt une Ville & Port de Mer dans la Saintonge , du Gouvernement du Pays d'Aunis , Diocéſe de Saintes , Parlement de Bourdeaux , Intendance de la Rochelle , Election de Marennes , avec 1800 Habitans ; & c'eſt un Gouvernement particulier. Elle eſt célébre à cauſe de ſes Salines.

BROUE , rue *Trainée* , qu. 7. *de faint Euſtache* , à 29 l. S-O. C'eſt une petite Ville dans le Perche , Diocéſe de Chartres , Parlement de Paris , Intendance d'Orleans , Election de Mortagne , avec 800 Habitans.

BRUSSAT , rue *du Battoir* , qu. 18. *de faint André des Arcs* , à 106 l. S-O. C'eſt une Ville du Périgord , Dio
céſe & Election de Périgueux , Parlement & Intendance de Bourdeaux , avec 2000 Habitans.

Rue *de la Bucherie* , qu. 17. *de S. Benoiſt*. Voyez VILLE-FRANCHE.

BUGET, rue *des Chantiers*, faub. & qu. 15. *de saint Antoine*, à 95 l. S-E. C'est un petit Pays, ou une petite Province qui fait partie de la Bresse, dans le Gouvernement de Bourgogne, aux confins de la Savoye, du Rhône & de la Franche-Comté, Belley en est la Capitale.

BUSENÇOIS, rue *des Vieilles Garnisons*, qu. 11. *de la Grêve*, à 44 l. S. C'est une Ville, Comté & Grandat d'Espagne, dans le Berri, Diocèse, Intendance de Bourges, Parlement de Paris, Election de Châteauroux, sur la Rivière d'Indre, avec 2500 Habitans.

Rue *de Buffi*, qu. 19. *du Luxembourg*. Voyez SARLAT.

BUXEUIL, rue *Pierre-aux-Poissons*, qu. 5. *de sainte Opportune*, à 46 l. S. C'est un Bourg dans le Berri, Diocèse de Blois, Parlement de Paris, Intendance d'Orleans, Election de Remorantin, avec 800 Habitans.

C.

CABINETS du Roy.
D'ANTIQUES, rue *de Colbert*, qu. 6. *de Montmartre*.

DES CURIOSITEZ, au *Jardin du Roy*, même rue, faub. *saint Marceau*, qu. 16. *de la Place Maubert*.

DES MÉDAILLES, de même que le Cabinet des Antiques.

CADILLAC, rue *du Sabot*, qu. 20. *de saint Germain des Prez*, à 130 l. S-O. C'est une Ville dans la Guienne, Diocèse, Parlement, Intendance & Election de Bourdeaux, avec 2000 Habitans.

CAEN, rue de *Lionne* ou *de sainte Anne*, qu. 6. *de Montmartre*, à 51 l. N-O. C'est une Ville & la seconde de Normandie, Diocèse de Bayeux, Parlement de Rouen, Siége d'une Intendance & d'une Election, au Confluent des Rivieres d'Orne & de Dolon, auprès de la Mer, avec 40000 Habitans. Une Gruerie, une Maitrise Particuliere des Eaux & Forêts, un Prevôt de la Maréchaussée, un Présidial, un Bailliage, une Amirauté, une Grenier à Sel, une Académie, une Université, & un Hôtel des Monnoyes, marquées par C.

CAHORS, rue des *Cordeliers*, qu. 18. *de saint André-des-Arts*, à 126 l. S-O. C'est une Ville, la Capitale du Querci, avec Evêché, Suffragant d'Albi, Parlement de Toulouse, Intendance de Montauban, Chef-lieu d'une Election, sur le Lot, avec 8000 Habitans, un Présidial & un Lieutenant de la Maréchaussée.

CAYENNE, Bat. *de Grenelle*, qu. 20. *de saint Germain des Prez*, à 1475 l. de la France & à 1585 de Paris, S-O. C'est une Ile de l'Amérique méridionale, qui peut avoir dix-huit lieues de circuit. Elle est a l'embouchure du Fleuve du même nom, qui la forme en se partageant en deux branches. Elle est possédée par les François.

CALAIS, rue *du faub. de saint Laurent*, qu. 9. *de saint Denis*, à 61 l. N-O. C'est une Ville forte, & un Port de Mer dans la Picardie, Diocèse de Boulogne, Parlement de Paris, Intendance d'Amiens, avec 5000 Habitans, un Bailliage & une Maitrise Particuliere. C'est un Gouvernement particulier, d'où dépendent 24 Paroisses, qui ne payent point le Tailles. Le Risbant, l'une des plus anciennes Forteresses qu'il y ait en France, défend l'en-

trée du Port de Calais. C'est de cette Ville qu'
tire son nom de Pas de Calais, le Détroit
de Mer qui la sépare de l'Angleterre, d'environ sept lieues.

CALAIS (Saint) rue *de Grenelle*, qu. 7. *de
saint Euslache*, à 42 l. S-O. C'est une Ville &
Baronie dans le Maine, Diocèse du Mans,
Parlement de Paris, Intendance de Tours,
Election du Château du Loir, avec 3000 Habi-
tans, & un Grenier à Sel.

Rue *de la Calandre*, qu. 1. *de la Cité.* Voyez
LESOUX.

CAMARGUE (La) rue *des Angloises*, faub.
saint Marceau, qu. 16. *de la Place Maubert*,
à 153 l. S-E. C'est une Isle très-abondante de
Provence, entre les bras du Rhône, vers ses
embouchures, aux Confins du Languedoc.
Elle a sept lieues de longueur.

CAMBRAI, rue & qu. 16. *de saint Martin*,
à 41 l. N-E. C'est une Ville & Archevêché,
Capitale du Cambresis, dans la Flandre, sur
l'Escaut, qui la partage en deux, Parlement
de Douay, Intendance de Lille, avec 14000
Habitans, & plusieurs Jurisdictions particu-
culieres. C'est une Ville fortifiée.

CANADA (Le) ou NOUVELLE FRANCE, Bar.
du Roulle, faub. *saint Honoré*, qu. 5. *du Palais Royal*, à 1000 l. de la France & à 1110
de Paris, O. C'est un grand Pays de l'Amérique septentrionale, fort entre-coupé de Bois,
de Lacs & de Rivieres, qui le rendent plus
froid que son climat ne devroit être; on l'appelle *Nouvelle France*, parce que les François
le possédent. Le Canada se divise communément en partie Orientale, qu'on nomme ordinairement Canada ou Nouvelle France, &
en partie Occidentale, que les François qui
l'ont

l'ont découverte, appellent Louisiane du nom de Louis XIV. Voyez QUEBEC, qui est la Ville Capitale du Canada.

CANAL D'ANGLETERRE, Bar. *de la Voirie*, faub. & qu. 6. *de Montmartre* à 61 l. N. C'est le bras de Mer qui sépare l'Angleterre de la France, qui va depuis le Port de Calais en Picardie, jusqu'au Cap de S. Mahé en Bretagne, on l'appelle aussi la Manche. Les Anglois l'appellent la Mer Britannique.

CANAL *ou* Pas de Calais. Voyez CALAIS.

CANAL de Briare. Voyez BRIARE.

CANAL d'Orleans. Voyez ORLEANS.

CANAL ROYAL *ou* de Languedoc (Le) rue *des Bourguignons*, faub. *de S. Jacques*, qu. 17. *de saint Benoit*, on le nomme du Languedoc, parce qu'il en traverse la Province pour la communication de la Mer Méditerranée avec l'Océan. Il dure depuis le Port de Cette qui est a la Mer Méditerranée jusqu'a Toulouse, où il se joint & entre dans la Garonne, qui a son embouchure dans l'Océan en Gascogne.

CANARIES (Les) Bar. *des Carmes* ou *de Séve*, qu. 19. *du Luxembourg*, à 850 l. de la France & à 1000 l. de Paris, S-O. Ce sont des Isles de l'Océan Occidental ou athlantique, au voisinage de l'Afrique, vis-à-vis le Royaume de Maroc, sur la route des Indes Orientales.

CANNES, rue *Creuse*, faub. *S. Marceau*, qu. 16. *de la Place Maubert*. à 177 l. S-E. C'est une petite Ville en Provence, sur le bord de la Mer, vis-à-vis & à 2 l. des Isles de Lerins, Diocèse de Grasse, Parlement & Intendance d'Aix, avec 1500 Habitans.

Rue *des Canettes*, qu. 1. *de la Cité*. V. ANCE.

Rue *des Canettes*, qu. 19. *du Luxembourg.*
Voyez BERGERAC.

Rue *du Canivet*, qu. 19. *du Luxembourg.*
Voyez GIMONT.

CAP DE BONNE-ESPERANCE, Barr. *de la Reine-Blanche*, faub. *faint Marceau*, qu. 16. *de la Place Maubert*, à 2200 l. de la France, & à 2360 de Paris, S-E. C'eft une pointe & la derniere frontiére du Continent d'Afrique, & un Promontoire qui s'avance dans la Mer, le plus long & le plus fameux qu'il y ait dans l'Univers, & qui borne les Orientales & les Occidentales.

CAP BRETON (Le) ou Ifle Royale, Barr. *des Peres de l'Oratoire à la Grille de Chaillot*, qu. 5. *du Palais Royal*, à 900 l. de la France & à 1040 de Paris, O. C'eft une Ifle de l'Amérique feptentrionale dans la Mer du Canada, à l'entrée du Golfe de S. Laurent, entre l'Ifle de Terre-Neuve & l'Acadie : le Cap Breton donne fon nom à l'Ifle, les François la poffédent.

CAPESTAN, rue *de la Contre-Scarpe*, faub. *faint Marceau*, qu. 16. *de la Place Maubert*, à 158 l. S. C'eft une Ville du Bas Languedoc, Diocèfe de Narbonne, Parlement de Touloufe, Intendance de Montpellier, fur la Riviere d'Aude, avec 1000 Habitans.

Rue *des Capucines*, qu. 5. *du Palais Royal.* Voyez AVRANCHES.

Rue *des Capucins*, faub. S. Jacques, qu. 17. *de S. Benoît.* Voyez TAU.

Rue *des Carcaifons*, qu. 1. *de la Cité.* Voyez AIGUEPERSE.

CARCASSONE, rue *Mouffetard*, faub. *faint Marceau*, qu. 16. *de la Place Maubert*, à 162 l. S-O. C'eft une Ville dans le Haut Languedoc, avec Evêché, Suffragant de Narbonne, Parlement & Généralité de Toulouse, Intendance de Montpellier, sur la Riviere d'Aude, avec 12000 Habitans, une Sénéchaussée, & un Présidial.

Rue *Cardinale*, qu. 20. *de S. Germain des Prez*. Voyez LIONS.

Carrefour *des Trois-Maries*, au *Pont-Neuf*, qu. 4. *du Louvre*.

Rue *de Carême-Prenant*, faub. & qu. 10. *de saint Martin*, hors des Barriéres.

CARENTAN, rue *de saint Joseph*, qu. 6. *de Montmartre*, à 65 l. S-O. C'est une petite Ville dans la Basse Normandie, Diocése de Coûtances, Parlement de Rouen, Intendance de Caen, Chef-lieu d'une Election, avec 2300 Habitans.

CARIGNAN *ou* YVOY, rue *Boucherat*, qu. 14. *du Temple*, à 70 l. N-E. C'est une Ville du Luxembourg François, du Gouvernement général de Champagne, Diocése, Parlement & Intendance de Metz, Chef-lieu d'une Recette, sur le Cher, avec 1500 Habitans.

Rue *des Carmes*, qu. 17. *de saint Benoît*. Voyez LE PUY.

C. *des Carmelites*, rue *du faub. saint Jacques*, qu. 17. *de saint Benoît*.

CAROLINE (La) Bar. *de la Conférence*, qu. 5. *du Palais Royal*, à 1450 l. de la France & à 1560 de Paris, S-O. C'est une Contrée de l'Amérique septentrionale, bornée, N. par la Virginie, S. par la Floride ou Nouvelle Georgie, E. par la Mer du Nord, O. par des Montagnes. Il s'y fait un grand Commerce, & les Anglois qui la possédent, y sont en grand nombre.

Rue *du Carouzel* , qu. 5. *du Palais Royal.*
Voyez PLOERMEL.

Rue *Carpentiere* , qu. 19. *du Luxembourg.*
Voyez TARTAS.

CARPENTRAS , rue *du Jardin du Roy* , vers
S. *Victor*, qu. 16. *de la Place Maubert.* C'est une
Ville du Comté Venaisin ou d'Avignon en
Provence , & un Evêché Suffragant d'Avi-
gnon , avec 10000 Habitans.

Carré *de sainte Geneviéve à la Montagne* ,
qu. 17. *de S. Benoît.*

Carré *des Trois-Maries* , qu. 4. *du Louvre.*

Carrieres *de Grenelle* , faub. & qu. 20. *de*
S. *Germain des Prez.* Voyez LANDES , ME-
DOC.

CASSEL , rue *Neuve d'Orleans* , faub. & qu.
9. *de saint Denis* , à 56 l. N. C'est une Ville
de Flandre , Diocèse d'Ypres , Parlement de
Douay , Intendance de Lille , avec 1500 Habitans.

Rue *Cassette* , qu. 19. *du Luxembourg.* Voyez
S. BEAT.

CASTELANE , rue *du Petit Moine* , faub.
saint Marceau , qu. 16. *de la Place Maubert* ,
à 164 l. S-E. C'est une Ville de Provence ,
Diocèse de Senez , Parlement & Intendance
d'Aix , sur la Riviere de Verdun , avec 2000
Habitans. Une Sénéchaussée , Viguerie &
Recette.

CASTELNAUDARY , rue *du Pot de Fer* , faub.
saint Marceau , qu. 17. *de S. Benoît* , à 157 l.
S-O. C'est une Ville dans le Haut Languedoc , Diocèse de Saint-Papoul , Parlement de
Toulouse , Intendance de Montpellier , contre le Canal Royal , avec 5000 Habitans. Une
Sénéchaussée, un Présidial & une Justice Royale.

CASTRES, rue *des Postes*, faub. *saint Marceau*, qu. 17. *de saint Benoît*, à 148 l. S-O. C'est une Ville dans le Haut Languedoc, avec un Evêché Suffragant d'Albi, Parlement de Toulouse, Intendance de Montpellier, & avec 10000 Habitans, & une Sénéchauſſée.

CATEAU, rue *Aumair*, qu. 10. *de saint Martin*, à 38 l. N-Eſt. C'est une petite Ville du Cambreſis, dans la Flandre, Diocèſe de Cambrai, Parlement de Douay, Intendance de Lille, avec 3000 Habitans.

Rue *de sainte Catherine*, faub. S. *Michel*, qu. 19. *du Luxembourg*. Voyez MONESTIER.

C. *de sainte Catherine*, là-même.

C. *de sainte Catherine*, rue & qu. 9. *de* S. *Denis*.

CAVAILLON, rue *du Battoir*, faub. *saint Marceau*, qu. 16. *de la Place Maubert*, à 150 l. S-E. C'est une petite Ville du Comtat Venaiſſin ou d'Avignon, en Provence, avec Evêché Suffragant d'Avignon, ſur la Durance, & avec 3000 Habitans.

CAUDEBEC, rue *du Mail*, qu. 6. *de Montmartre*, à 38 l. N-O. C'est une Ville dans la Normandie, Diocèſe, Parlement & Intendance de Rouen, Chef-lieu d'une Election, ſur la Seine, avec 3000 Habitans. Un Bailliage, un Préſidial, une Amirauté, une Vicomté, une Maîtriſe Particuliere, & un Grenier à Sel. Elle eſt la Capitale du Pays de Caux.

CAUSSADE, rue *du Brave*, qu. 19. *du Luxembourg*, à 130 l. S-O. C'est une Ville dans le Querci Diocèſe, Intendance & Election de Montauban, Parlement de Toulouſe, ſur la Riviere de Canada, avec 1000 Habitans.

CAUX, rue *Bergere*, vers la Nouvelle France, faub. & qu. 9. *de faint Denis*, à 28 l. N-O. C'est un Pays en Normandie, qui a 10 Villes, 30 Bourgs, & 600 Paroisses, Diocè-se, Parlement & Intendance de Rouen ; Cau-debec en est la Capitale.

Rue *Cenſier*, faub. S. *Marceau*, qu. 16. *de la Place de Maubert*. Voyez APT.

Rue *Centier*, qu. 6. *de Montmartre*. Voyez LILLEBONNE.

CERDAGNE, rue *d'Enfer*, qu. 19. *du Lu-xembourg*, à 175 l. S-O. C'est une petite Pro-vince auprès des Pyrenées, partie en Espagne dans la Catalogne, partie en France dans le Rouſſillon ; Mont-Louis en est la Capitale pour la France.

Rue *de la Ceriſaye*, qu. 12. *de faint Paul*. Voyez AUTUN.

CETTE *ou* Port de S. Louis, rue *des Boun-guignons*, faub. *de faint Jacques*, qu. 17. *de faint Benoît*, à 155 l. S-E. Cette est une nou-velle Ville Maritime, avec Port de Mer, ſur les côtez du Bas Languedoc, Diocèſe d'Ag-de, Parlement de Touloufe, Intendance de Montpellier, avec 10000 Habitans. Ce Port est le commencement du Canal Royal.

CEVENNES, rue *Clopin*, qu. 16. *de la Place Maubert*, à 136 l. S-E. Ce font des Monta-gnes qui ont donné le nom au Pays de Ce-vennes dans le Languedoc, depuis les Sour-ces de la Loire juſqu'aux Confins du Rouer-gue. La Ville d'Alais en est la Capitale.

Rue *de Chaillot*, faub. *faint Honoré*, qu. 5. *du Palais Royal*, hors des Barrieres.

Rue *de la Chaiſe*, qu. 20. *de S. Germain des Prez*. Voyez LAREOLE, CORDOUAN.

CHALAIS, rue *des Ciſeaux*, qu. 20. *de*

3. *Germain des Prez*, à 120 l. S-O. C'est un
Bourg dans le Périgord, avec Titre de Principauté, Diocèse & Election de Périgueux,
Parlement & Intendance de Bourdeaux, sur
la Riviere de Dudé, avec 1200 Habitans.

CHAALONS-SUR-MARNE, rue *d'Anjou*, qu.
14. *du Temple*, à 38 l. E. C'est une Ville dans
la Champagne, avec Evêché Suffragant de
Rheims, & avec Titre de Comté-Pairie, Parlement de Paris, Siége d'une Intendance, &
Chef-lieu d'une Election, sur la Riviere de
Marne, avec 15000 Habitans, un Présidial,
un Bailliage & un Prevôt général de la Province.

CHALONS-SUR-SAONE, rue & qu. 12. *de*
S. Paul, à 76 l. S-E. C'est une Ville dans la
Bourgogne, avec Evêché Suffragant de
Lyon, Parlement & Intendance de Dijon,
Chef-lieu d'une Election, sur la Saone, avec
8000 Habitans.

CHAMBORT, rue *des Bourdonnois*, qu. 7.
de sainte Opportune, à 40 l. S-O. C'est un
Château Royal du Blesois, dans l'Orléanois,
Diocèse & Election de Blois, Parlement de
Paris, Intendance d'Orleans. C'est un Gou-
vernement particulier.

Rue *du Champ d'Abiac* ou *de l'Epée de*
Bois, faub. *saint Marceau*, qu. 16. *de la Place*
Maubert. VOYEZ ALETH.

Rue *du Champ de l'Alouette*, faub. *saint*
Marceau, qu. 16. *de la Place Maubert*. VOYEZ
DURANCE.

Rue *de Champfleuri*, qu. 4. *du Louvre*.
VOYEZ CHATEAU-GONTIER.

CHAMPAGNE, qu. 10. *de saint Martin*,
13. *de sainte Avoye*, & 14. *du Temple*. C'est
une Province de France, & un des douze

anciens Gouvernemens , qui comprend la Brie & le Luxembourg François , d'environ 65 l. de long sur 45 de large , bornée , N. par le Hainaut ou Flandre , & le Luxembourg , E. par la Lorraine & la Franche-Comté , S. par la Bourgogne , O. par l'Isle de France , Parlement de Paris , Intendance de Châlons. Troye en est la Capitale.

CHAMPS ELISÉES , au-delà *du Jardin des Tuilleries* , qu. 5. *du Palais Royal.* BRETAGNE , à côté du Cours de la Reine.

CHANCELLERIE (La) Place *de Louis le Grand* , ou *de Vendôme* , qu. 5. *du Palais Royal.*

CHANGY, rue *de la Femme sans Tête, Isle Notre-Dame* , qu. 1. *de la Cité* , à 75 l. S. C'est un Bourg dans le Bourbonnois , Diocèse & Intendance de Lyon , Parlement de Paris , Election de Roanne , avec 2500 Habitans.

Rue *Chanoinesse* , qu. 1. *de la Cité.* Voyez MONTMARAUT.

Rue *du Chantier* , qu. 6. *de Montmartre.* Voyez EU.

Rue *des Chantiers* , faub. & qu. 15. *de saint Antoine.* Voyez BUGEY , BRIANÇON.

CHANTILLY , rue *Aubri-le-Boucher* , qu. 2. *de S. Jacques de la Boucherie* , à 7 l. N. C'est un Bourg dans l'Isle de France , Diocèse & Election de Senlis , Parlement & Intendance de Paris , avec 800 Habitans. Il est fort connu par le beau Château & Forêt , qui appartiennent à la Maison de Condé.

Rue *du Chantre* , qu. 4. *du Louvre.* Voyez BOURGUEIL.

Rue *des Chantres* , qu. 1. *de la Cité.* Voyez VEUDRES.

Rue *de la Chauverrerie* , qu. 8. *des Halles.* Voyez ARGENTEUIL.

CHAOURCE, rue *de la Corderie*, qu. 14. *du Temple*, à 40 l. S-E. C'est une Ville de Champagne, Diocèse de Langres, Parlement de Paris, Intendance de Châlons, Election de Bar-sur-Aube, près des Sources de l'Armance, avec 1200 Habitans.

CHAPELLES, qui sont dans Paris, trente-quatre ; sçavoir,

De *saint Agnan*, à l'entrée du Cloître de de Notre-Dame, rue *de la Colombe*, qu. 1. *de la Cité*.

De *sainte Anne*, à la Nouvelle France, même rue, & qu. 9. *de saint Denis*.

De *l'Archevêché*, où se font les Ordinations, qu. 1. *de la Cité*.

Des *Audriettes*, rue *de la Mortellerie*, qu. 11. *de la Grève*.

De *S. Blaise*, rue *Galande, tombée en vétusté*, qu. 17. *de saint Benoît*.

De *saint Bon*. Voyez PRIEUREZ.

Du *Cimetiere* dépendant de l'Hôtel-Dieu, rue *de la Muette*, faub. *saint Marceau*, qu. 16. *de la Place Maubert*.

Du *Cimetiere de saint Nicolas des Champs*, même rue, qu. 10. *de saint Martin*.

De *saint Clair*, rue *des Bons-Enfans*, qu. 7. *de saint Eustache*.

De *Cluni*, *Place de Sorbonne*, qu. 18. *de saint André-des-Arcs*.

De *sainte Colombe à Picpus*, faub. & qu. 15. *de saint Antoine*, hors des Barrieres.

De *l'Enfant Jesus*, rue *de Vaugirard*, qu. 19. *du Luxembourg*.

Du *S. Esprit*, rue *Neuve de Notre-Dame des Champs*, qu. 19. *du Luxembourg*.

De *Grandmont*, rue *du Battoir*, qu. 18. *de saint André-des-Arcs*.

De *l'Hôpital saint Gervais*, rüe *de la Tisse-randerie*, qu. 11. *de la Grève.*

De *saint Hubert*, au-dessus de *l'Abbaye saint Antoine*, même faub. & qu. 15. *de saint An-toine.*

De *saint Joseph*, rüe & qu. 6. *de Montmar-tre.*

De *saint Julien des Menetriers*, rüe & qu. 10. *de saint Martin.*

De *saint Julien le Pauvre*, même rüe, qu. 17. *de saint Benoît.*

De *Lorette*, rüe *des Fontaines*, qu. 10. *de saint Martin.*

De *S. Louis dans le Louvre*, même qu. 4. *du Louvre.*

De *saint Luc*, appellée *des Peintres*, rüe *du Haut-Moulin*, qu. 1. *de la Cité.*

De *sainte Marie Egyptienne*, rüe *de la Jus-sienne*, qu. 7. *de Eustache.*

De *sainte Marthe*, appellée *Scipion*, rüe *de la Barre*, faub. *saint Marceau*, qu. 16. *de la Place Maubert.*

Des *Martyrs*, au bas *de Montmartre*, même qu. 6. hors des Barrieres.

De *saint Michel*, en l'ancienne *Cour du Pa-lais*, qu. 1. *de la Cité.*

De *saint Michel*, en l'enclos *de saint Martin des Champs*, rüe & qu. 10. *de saint Martin.*

De *Notre-Dame de Bercy*, même rüe, faub. & qu. 15. *de saint Antoine*, hors des Bar-rieres.

De *Notre-Dame de Montmartre*, rüe *des Porcherons*, faub. & qu. 6. *de Montmartre*, hors des Barrieres.

De *saint Nicaise*, dans l'Enclos *des Quinze-Vingts*, rüe *de saint Honoré*, qu. 5. *du Palais Royal.*

De saint Nicolas, rue de la Savonnerie, au bout du Cours de la Reine, qu. 5. du Palais Royal, hors des Barrieres.

D'Orgemont, sous les Charniers des saints Innocens, qu. 8. des Halles.

De saint Pierre, tenant l'Abbaye de saint Antoine, même rue du faub. & qu. 15. de saint Antoine.

De sainte Valere, rue de Loursine, faub. saint Marceau, qu. 16. de la Place Maubert.

CHAPITRES:

De Notre-Dame, qui est l'Eglise Métropolitaine, au Cloître de Notre-Dame, qu. 1. de la Cité.

De saint Agnan, dans Notre-Dame, le même.

De saint Denis du Pas, dans Notre-Dame, le même.

Les quatre Chapitres suivans, sont Eglises Collégiales, & dépendent toutes de l'Eglise de Notre-Dame, & c'est pourquoi l'on les appelle vulgairement les Quatre Filles de Notre-Dame; sçavoir,

De saint Benoît, rue de saint Jacques, qu. 17. de S. Benoît.

De S. Estienne d'Egrès, rue de saint Jacques, qu. 17. de S. Benoît.

De S. Merry, rue & qu. 10. de S. Martin.

Du S. Sépulchre, rue de S. Denis, qu. 2. de S. Jacques de la Boucherie.

Les trois Chapitres suivans, sont appellés les Filles de l'Archevêque.

De S. Honoré, même rue, qu. 4. du Louvre.

De S. Marcel, rue saint Marcel, même faub. & qu. 16. de la Place Maubert.

De sainte Opportune, même Cloître, & rue *de S. Denis*, qu. 3. *de sainte Opportune*.

Autres Chapitres,

De la sainte Chapelle, dans l'ancienne *Cour du Palais*, qu. 1. *de la Cité*.

De saint Louis du Louvre, rue *de saint Thomas du Louvre*, qu. 5. *du Palais Royal*.

D. saint Jacques de l'Hopital, rue *Mauconseil*, qu. 9. *de saint Denis*.

Rue *Chapon*, qu. 10. *de S. Martin.* Voyez Bray-sur-Somme.

Rue *des Charbonniers*, faub. & qu. 15. *de saint Antoine.* Voyez Embrun, Seissel.

Rue *des Charbonniers*, faub. *de saint Marceau*, qu. 17. *de saint Benoît.* Voyez Saint Gilles.

Charente, rue *de Bourgogne*, qu. 20. *de saint Germain des Prez*, à 112. l. S-O. C'est une Riviere qui prend sa source en Poitou, aux frontiéres de Limosin, & qui se jette dans la Mer, vis-à-vis l'Isle d'Oleron, au Pays d'Aunis.

Rue *de Charenton*, faub. & qu. 15. *de saint Antoine.* Voyez S. Claude, Belley.

Charité-sur-Loire (La) rue *de la Tisseranderie*, qu. 11. *de la Gréve*, à 40 l. S-E. C'est une Ville dans le Nivernois, Diocèse d'Auxerre, Parlement de Paris, Intendance de Bourges, Chef-lieu d'une Election sur la Loire, & sur la route de Lyon, avec 4000 Habitans, & un Bailliage.

Charlemont, rue *Melai*, qu. 10. *de saint Martin*, à 55 l. N-E. C'est une Ville forte de Flandre, au Comté de Namur, Diocèse de Liége, Parlement de Douay, Intendance de Maubeuge, sur la Meuse, avec 1200 Habitans. C'est un Gouvernement particulier.

Charleville,

CHARLEVILLE , rue *de Saintonge* , qu. 14.
du Temple , à 54 l. N-E. C'est une Ville de
Champagne , dans le Rethelois , Diocèse &
Election de Rheims , Parlement de Paris , Intendance de Châlons , sur la Meuse , avec
1500 Habitans , & c'est un Gouvernement
particulier.

CHARLIEU , rue *de saint Louis* , *Isle Notre-
Dame* , qu. 1. *de la Cité* , à 99 l. S-E. C'est
une Ville du Beaujolois , dans le Lyonnois ,
Diocèse de Mâcon , Parlement de Paris , Intendance de Lyon , Election de Roanne , sur
la Riviere de Fournit , avec 2500 Habitans.

Rue *Charlot* ou d'*Angoumois* , qu. 14. *du
Temple.* Voyez MOUZON.

CHAROLLES , rue *Poultiere* , Isle Notre-Dame , qu. 1. *de la Cité* , a 85 l. S-E. C'est une
Ville de Bourgogne , Capitale du Charolois ,
Diocèse d'Autun , Parlement de Dijon , Chef-
lieu d'un Bailliage & d'une Recette , avec
1000 Habitans.

Rue *de Charonne* , faub. & qu. 15. *de saint
Antoine.* Voyez CLERVAL , MONTBELLIARD.

CHAROT , rue *de la vieille Place aux Veaux* ,
qu. 2. *de S. Jacques de la Boucherie* , à 41 l. S.
C'est une Ville & Duché dans le Berri , D. &
Intendance de Bourges , Parlement de Paris ,
Election d'Issoudun , sur la riviere d'Arnon ,
avec 1000 Habitans.

CHARROUX , rue *de Verneuil* , qu. 20. *de
saint Germain des Prez* , à 84 l. S-O. C'est une
Ville dans le Poitou , D. Intendance & Election de Poitiers , Parlement de Paris , au bord
de la Charente , avec 3000 Habitans.

CHARROUX , rue *haute des Ursins* , qu. 1. *de
la Cité* , à 79 l. S-O. C'est une Ville dans le

Bourbonnois, avec deux Paroisses, dont l'une est du Diocèse de Clermont, l'autre du Diocése de Bourges, Parlement de Paris, Intendance de Moulins, Election & Grenier a sel de Gannat, avec 1200 Habitans, & une Châtellenie Royale.

Rue *chartiere*, qu. 17. *de saint Benoît.* Voyez MARUEJOLS.

CHARTRES, rue *de la pointe saint Eustache*, qu. 8. *des Halles*, a 19 l. S-O. C'est une Ville du pays Chartrain, Capitale de la Beauce dans l'Orléanois, avec Evéché suffragant de Paris, Parlement de Paris, Intendance d'Orleans, Chef-lieu d'une Election, avec titre de Duché, & avec 10000 Habitans.

CHARTREUSE (la grande) rue *de S. Victor*, qu. 16. *de la Place Maubert*, a 122 l. S-E. C'est un Monastere, Chef de l'Ordre des Chartreux, ainsi nommé par le Fondateur, à cause de la Montagne du Dauphiné, ainsi nommée du Village de Chartreux, qui est au pied, à 4 l. de Grenoble, même Diocèse, Parlement, Intendance & Election.

Rue *du Chasse* ou *Cherche-Midi.* Voyez MIRANDE, MURET.

CHASSENEUIL, rue *de Scine*, qu. 20. *de S. Germain des Prez*, à 95 l. S-E. C'est une Ville dans l'Angoumois, Diocèse & Election d'Angoulême, Parlement de Paris, Intendance de Limoges, avec 1200 Habitans.

C. *du Chat blanc*, rue & qu. 2. *de saint Jacques de la Boucherie.*

Rue *du Chat qui pêche*, qu. 18. *de saint André-des-Arcs.* Voyez CREST.

CHATEAU-BRIANT, *rue de S. Hiacinthe*, qu. 5. *du Palais Royal*, à 78 l. S-O. C'est une Ville dans la Bretagne, Diocèse, Intendance

& Recette de Nantes , Parlement de Rennes ,
avec 1500 Habitans.

CHATEAU-CHINON , rue *Vieille du Tem-*
ple , qu. 15. *de saint Antoine* , à 65 l. S-E.
C'est une Ville & Comté dans le Nivernois ,
Diocèse de Nevers , Parlement de Paris , Intendance de Moulins , Chef-lieu d'une Election , sur la riviere d'Yonne , avec 1500 Habitans.

CHATEAU D'IF , rue *Croule-Barbe* , faub.
S. *Marceau* , qu. 16. *de la Place Maubert* , à
165 l. S-E. C'est un Château de Provence , qui
est destiné à la Garde du Port de Marseille ;
il est dans la petite Isle d'If , d'où il tire , son
nom , sur la Côte de Provence , à une lieue &
vis-à-vis le Port de Marseille , même Diocèse , Parlement & Intendance d'Aix.

CHATEAUDUN , rue *de la Grande Friperie* ,
qu. 8. *des Halles* , à 29 l. S-O. C'est une Ville
de la Beauce , dans l'Orléanois , Diocèse de
Blois , Parlement de Paris , Intendance d'Orleans , Chef-lieu d'une Election , avec 4500
Habitans , & un Bailliage , c'est un Gouvernement particulier.

CHATEAU-GONTIER , rue & c. *du Louvre* ,
à 57 l. S-O. C'est une Ville dans l'Anjou ,
Parlement de Paris , Intendance de Tours ,
& Chef-lieu d'une Election , sur la Riviere de
Mayenne , avec 7000 Habitans : il y a une
fontaine d'eaux Minérales , c'est un Gouvernement particulier.

CHATEAU DU LOIR , rue *du Four* , qu. 7.
de S. Eustace , à 39 l. S-O. C'est une Ville
dans le Maine , Diocèse du Mans , Parlement
de Paris , Intendance de Tours , Chef-lieu
d'une Election , sur le Loir , avec 2000 Habitans. Siége Royal , Maréchaussée , Maîtrise

des Eaux & Forêts ; c'est un Gouvernement particulier.

CHATEAU-MEXLLANT, rue & qu. 2. *de S. Jacques de la Boucherie*, à 45 l. S-E. C'est une Ville non-murée dans le Berri, Diocèse, Intendance & Présidial de Bourges, Parlement de Paris, Election & Grenier à Sel d'Issoudun, avec 1500 Habitans.

CHATEAU-NEUF, rue *de saint Guillaume*, qu. 20. *de S. Germain des Prez*, à 103 l. S-O. C'est une Ville dans l'Angoumois, avec Prevôté Royale & Châtellenie, Diocèse de Saintes, Parlement de Paris, Intendance de la Rochelle, Election de Cognac, sur la Charente, avec 2500 Habitans.

CHATEAU-NEUF, rue *du Coq*, qu. 4. *du Louvre*, à 69 l. S-O. C'est une Ville & Baronie dans l'Anjou, Diocèse & Election d'Angers, Parlement de Paris, Intendance de Tours, sur la Sarte, avec 3200 Habitans. Il y a des Carrieres d'Ardoise, & l'on y fait beaucoup de Lin.

CHATEAU-NEUF, rue *de la Sonnerie*, qu. 3. *de sainte Opportune*, à 43 l. S. C'est une Ville dans le Berri, Diocèse & Intendance de Bourges, Parlement de Paris, Election d'Issoudun, sur le Cher, avec 1000 Habitans.

CHATEAU-NEUF, rue *de la Harangerie*, qu. 3. *de sainte Opportune*, à 27 l. S-O. C'est un Bourg dans l'Orléanois, Diocèse, Intendance & Election d'Orleans, Parlement de Paris, au bord de la Loire, avec 3000 Habitans.

CHATEAU-NEUF, rue *de la Juffienne*, qu. 7. *de S. Euftache*, à 26 l. S-O. C'est une Ville dans le Perche, Diocèse de Chartres, Parlement de Paris, Intendance d'Alençon,

Election de Verneuil , Chef-lieu d'un Bailliage , avec 1000 Habitans , & une Maîtrise Particuliere. C'est un Gouvernement de Place.

CHATEAU-PORTIEN , rue *du Perche* , qu. 14. *du Temple* , à 40 l. N-E. C'est une Ville & Principauté dans la Champagne , Diocèse & Election de Rheims , Parlement de Paris , Intendance de Châlons , sur la riviere d'Aire , avec 2500 Habitans.

CHATEAU-RENARD , rue *Bar-du Bec* , qu. 13. *de sainte Avoye* , à 27 l. S. C'est une Ville dans le Gâtinois , Diocèse de Sens , Parlement de Paris , Intendance d'Orleans , Election de Montargis , avec 2500 Habitans , & un Siége de Châtellenie.

CHATEAU-RENAULT , rue *des Fossez saint Germain l'Auxerrois* , qu. 4. *du Louvre* , à 35 l. S-O. C'est une Ville & Marquisat dans la Touraine , Diocèse , Intendance & Election de Tours , Parlement de Paris , sur la riviere de Bransle , avec 2500 Habitans.

CHATEAU-ROUX , rue *de la Tâcherie* , qu. 11. *de la Grêve* , à 50 l. S. C'est une Ville & Duché dans le Berri , Diocèse & Intendance de Bourges , Parlement de Paris , Chef-lieu d'une Election , sur la riviere de Lindre , avec 6000 Habitans , & plusieurs Jurisdictions particulieres.

CHATEAU-THIERRY , rue *du Grand Chantier* , qu. 14. *du Temple* , à 19 l. N-E. C'est une Ville de Brie , dans la Champagne , Diocèse & Intendance de Soissons , Parlement de Paris , Chef-lieu d'une Election , sur la Marne , avec 4500 Habitans : Un Bailliage , un Présidial , une Prevôté Royale , un Grenier à Sel , une Maréchaussée & une Gruerie particuliere des Eaux & Forêts.

CRATEAU-VILAIN , rue *de la Marche* , qu.
14. *du Temple* , à 48 l. S. C'est une Ville dans
la Champagne , Diocèse de Langres , Parle-
lement de Paris , Intendance de Châlons ,
Election de Chaumont , sur l'Aujon , avec
1800 Habitans. Elle a le Titre de Duché-
Pairie.

CHATELLERAULT , rue *de la Monnoye* ,
qu. 4. *du Louvre* , à 65 l. S-O. C'est une Ville
& Marquisat dans la Touraine , Diocèse &
Intendance de Tours , Parlement de Paris ,
Chef-lieu d'une Election , sur la Vienne , avec
9000 Habitans , une Sénéchauffée Royale ,
une Maréchaussée , une Maîtrise des Eaux &
Forêts , une Justice des Traittes & dépôts de
Sel , & un Consulat pour les Marchands & le
Corps de Ville.

CHATEAUX QUI SONT DANS PARIS :
six , sçavoir ,

De la Bastille , rue & qu. 15. *de saint An-*
toine.

Du Grand Châtelet , à l'entrée de la rue *de*
saint Denis , qu. 2. *de S. Jacques de la Bou-*
cherie.

Du Petit Châtelet , au *Petit-Pont* , qu. 1. *de*
la Cité.

Du Louvre , même qu. 4.

Du Luxembourg , même qu. 19.

Des Tuilleries , qu. 5. *du Palais Royal.*

Du Palais Royal , même qu. 5.

CHATILLON-SUR-L'INDRE , rue *des Prê-*
tres , qu. 4. *du Louvre* , à 58 l. S-O. C'est une
Ville dans la Touraine , Diocèse & Intendance de Bourges , Parlement de Paris , Election de Château-Roux , sur l'Indre , avec 1800
Habitans , un Présidial & une Prevôté Royale ,

CHATILLON-SUR-LOIRE , rue *des Lom-*
bards , qu. 2. *de saint Jacques de la Boucherie* ,
à 56 l. S. C'est une Ville dans le Berri , Diocèse d'Auxerre , Parlement de Paris , Intendance d'Orleans , Election de Gien , sur la
Loire , avec 1500 Habitans.

CHATILLON-SUR-SEINE , rue *de la Mortel-*
lerie , qu. 12. *de saint Paul* , à 48 l. S-E. C'est
une Ville dans la Bourgogne , Diocèse de
Langres , Parlement & Intendance de Dijon ,
Chef-lieu d'une Election , sur la Seine , avec
2000 Habitans, un Bailliage , un Présidial ,
& autres Tribunaux particuliers.

CHATRE (La) rue *de la Savonnerie* , qu.
2. *de S. Jacques de la Boucherie*, à 45 l. S. C'est
une Ville , ancienne Baronie dans le Berri ,
Diocèse & Intendance de Bourges , Parlement
de Paris , Chef-lieu d'une Election sur l'Indre , avec 4500 Habitans , & un Grenier à
Sel.

CHAULNES , rue *du Petit Heurleur* , qu. 9.
de saint Denis , à 30 l. N-E. C'est une petite
Ville de Picardie , Diocèse de Noyon , Parlement de Paris , Intendance d'Amiens , Election de Peronne , avec 2000 Habitans.

Rue *du Chaume* , qu. 13. *de sainte Avoye.*
Voyez COULOUMIERS.

CHAUMONT (Saint) rue *des Rats* , qu. 17.
de saint Benoît , à 106 l. S-E. C'est une Ville
dans le Lyonnois , Diocèse & Intendance de
Lyon , Parlement de Paris , Election de Saint-
Estienne , avec 5000 Habitans.

CHAUMONT , rue *Comtesse d'Artois* , qu. 8.
des Halles , à 16 l. N. C'est une Ville du Vexin
François , dans l'Isle de France , Diocèse &
Intendance de Rouen , Parlement de Paris ,
Chef-lieu d'une Election, avec 2000 Habitans.

Bailliage & Maîtrise Particuliere des Eaux &
Forêts.

CHAUMONT, rue *de Périgueux*, qu. 14.
du Temp e, à 50 l. S-E. C'est une Ville dans
la Chan pagne, Diocèse de Langres, Parlement de Paris, Intendance de Châlons, Chef-
lieu d'une Election, avec 6000 Habitans, un
Présidial, une Châtellenie Royale, ou Prevôté d'un Bailliage & une Maîtrise des Eaux
& Forêts.

CHAUMONT, rue *de l'Arbre-sec*, qu. 4. *du
Louvre*, à 55 l. S-E. C'est une Ville dans la
Touraine, Diocèse & Intendance de Tours,
Parlement de Paris, Election de Loches, près
de la Loire, avec 2000 Habitans.

CHAUNI, rue *de la Cour du Maure*, qu. 10.
de saint Martin, à 27 l. N-E. C'est une Ville
dans l'Isle de France, Diocèse, Intendance
& Election de Soissons, Parlement de Paris,
au bord de l'Oise, avec 4000 Habitans. C'est
un Gouvernement particulier.

Rue *de la Chaussée de Gaillon*, faub. & qu.
6. *de Montmartre*. Voyez CHERBOURG.

Rue *de la Chausséterie*, qu. 3. *de sainte Opportune*. Voyez BLOIS.

Rue *du Chemin de la Contrescarpe*, qu. 14.
du Temple, & qu. 15. *de saint Antoine*. Voyez
SAINTE-MARIE AUX MINES, SARLOUIS.

Rue *du Chemin de saint Denis*, faub. & qu.
14. *du Temple*, hors des Barrieres.

Rue *du Chemin du Rempart*, qu. 6. *de
Montmartre*. Voyez CREANCE.

Rue *du Chemin-Vert*, faub. & qu. 15. *de
saint Antoine*. Voyez FERRETE, FORT-LOUIS.

Rue *du Chemin-Vert*, faub. *de S. Honoré*,
qu. 5. *du Palais Royal*, hors des Barrieres.

CHERBOURG, rue *de la Chaussée de Gail-*

lon , faub. & qu. 6. *de Montmartre* , à 77 l.
N-O. C'est une Ville dans la Normandie ,
Diocèse de Coûtances , Parlement de Rouen ,
Intendance de Caen , Election de Valognes ,
sur la Côte de la Mer , avec 4000 Habitans ,
une Amirauté & un Bureau des Traittes.

Rue *du Cherche-Midi* ou *Chasse-Midi* , qu.
19. *du Luxembourg.* Voyez MIRANDE, MURET.

Rue *du Cheval-Vert* , faub. *saint Marceau* ,
qu. 17. *de saint Benoît.* Voyez SAINT GUI-
LHEN.

Rue *du Chevalier du Guet* , qu. 3. *de sainte
Opportune.* Voyez CLERY.

C. *du Chevalier du Guet* , le même.

Rue *du Chevet de S. Landei* , qu. 1. *de la
Cité.* Voyez SOUVIGNI.

Rue *de Chevilli à la Ville-l'Evêque* , faub.
de saint Honoré , qu. 5. *du Palais Royal.* Voyez
ROHAN.

Rue *des Chiens* ou *de sainte Barbe* , qu. 17.
de saint Benoît. Voyez ANIANE.

Rue *de Childebert* , qu. 20. *de S. Germain
des Prez.* Voyez COGNAC.

CHIGNAN (Saint) rue *Neuve sainte Genevieve* , faub. *saint Marceau* , qu. 17. *de saint
Benoît* , à 152 l. S-E. C'est une Ville du Lan-
gue-doc , Diocèse de Saint-Pons , Parlement
de Toulouse , Intendance de Montpellier ,
avec 3000 Habitans.

CHIMAY , rue *Neuve* & qu. 9. *de saint Denis* , à 53 l. N-E. C'est une petite Ville dans
la Flandre , Diocèse de Liége , Parlement de
Douay , Intendance de Maubeuge , sur la
Blanche , avec 800 Habitans.

CHINON , rue *de Bety* , qu. 3. *de sainte
Opportune* , à 55 l. S-O. C'est une Ville dans
la Touraine , Diocèse & Intendance de Tours ,

Parlement de Paris , Chef-lieu d'une Election , fur la Vienne , avec 5000 Habitans , un Bailliage & un Grenier à Sel.

CHISSEY , rue *des Barrez* , qu. 14. *de faint Paul* , à 61 l. S E. C'eſt un Bourg dans la Bourgogne , Diocéſe d'Antun , Parlement & Intendance de Dijon , Bailliage de Saulieu , Grenier à Sel & Recette d'Autun , avec 800 Habitans.

CHOISI-LE-ROY , rue *de faint Magloire* , qu. 2. *de S. Jacques de la Boucherie* , à 2 l. S E. C'eſt un Bourg dans l'Iſle de France , Diocéſe , Parlement , Intendance & Election de Paris , fur la Seine , avec 600 Habitans , un beau Château & Parc , où le Roy va fouvent.

CHOLET , rue *des Orties du Louvre* , qu. 5. *du Palais Royal* , à 70 l. S-O. C'eſt une petite Ville d'Anjou , Diocéſe d'Angers , Parlement de Paris , Intendance de Tours , Election de Montreuil-Bellay , fur la Riviere de Mayenne , avec 2000 Habitans.

Rue *des Cholets* , qu. 17. *de faint Benoît.* Voyez GANGES.

Rue *Chriſtine* , qu. 18. *de faint André-des-Arcs.* Voyez BRIVES LA GAILLARDE.

CHRISTOPHE (Saint) rue *de l'Arbre-fec* , qu. 4. *du Louvre* , à 51 l. S-O. C'eſt une petite Ville dans la Touraine , Diocéſe , Intendance & Election de Tours , Parlement de Paris , avec 2000 Habitans.

Rue *de faint Chriſtophe* , qu. 1. *de la Cité.* Voyez TARANE.

Rue *du Cigne* , qu. 8. *des Halles.* Voyez NANTERRE.

Rue *des Cignes* , qu. 20. *de faint Germain des Prez* , hors des Barrieres.

Rue *du Cimetiere de saint André-des-Arcs*, même qu. 18. Voyez THIVIERS.

Rue *du Cimetiere de saint Benoît*, même qu. 17. Voyez POLIGNAC.

Rue *du Cimetiere* ou *Palatine*, qu. 19. *du Luxembourg.* Voyez LOURDE.

Rue *des Cinq D'amants*, qu. 2. *de saint Jacques de la Boucherie.* Voyez, ARPAJON.

CIOTAT (La) rue *des Gobelins* ou *Biévre*, faub. *saint Marceau*, qu. 16. *de la Place Maubert*, à 170 l. S-E. C'est une petite Ville maritime, & un petit Port de Mer de Provence, Diocèse de Marseille, Parlement, Intendance & Viguerie d'Aix, avec 2000 Habitans.

CIRAN (Saint) rue *de saint Germain d'Auxerrois*, qu. 3. *de sainte Opportune*, à 40 l. S. C'est un Bourg de Berri, Diocèse & Intendance de Bourges, Parlement de Paris, Election de Château-Roux, sur l'Indre, avec 600 Habitans.

Rue *des Ciseaux*, qu. 20. *de saint Germain des Prez.* Voyez CHALAIS.

CITEAUX, rue *Gerard Boquet*, qu. 12. *de saint Paul*, à 80 l. S-E. C'est une petite Ville & fameuse Abbaye, dans la Bourgogne, Diocèse de Châlons sur Saone, Parlement & Intendance de Dijon : Bailliage & Recette de Beaune, avec 800 Habitans.

CIVRAY, rue & quai *des Morfondus*, qu. 1. *de la Cité*, à 83 l. S-O. C'est une Ville dans le Poitou, Diocèse, Intendance & Election de Poitiers, Parlement de Paris, sur la Charente, avec 1800 Habitans, un Bailliage & une Justice Royale.

CLAMECY, rue *du Coq*, qu. 11. *de la Grève*, à 45 l. S-E. C'est une Ville dans le Nivernois , Diocèse d'Auxerre , Parlement de Paris , Intendance d'Orleans , Chef-lieu d'une Election , fur Yonne , au Confluent de Beuvron, avec 5000 Habitans, & un Grenier a Sel.

CLAUDE (Saint) rue *de Charenton* , faub. & qu. 15. *de faint Antoine* , a 86 l. S-E. C'eſt une Ville dans la Franche-Comté , a 5 l. de Genéve , avec Evêché , Suffragant de Lyon , Parlement & Intendance de Beſançon , Chef-lieu d'un Bailliage , fur la petite Riviere de Liſon , & avec 8000 Habitans.

Rue *de faint Claude* , qu. 14. *du Temple.* Voyez ENSISHEIM.

C. *de faint Claude* , le même.

C. *de faint Claude* , rue *de Montmartre* , qu. 7. *de faint Euſtache.*

Rue *de la Clef* , faub. *S. Marceau* , qu. 16. *de la Place Maubert.* Voyez SEYNE , VAISON.

CLERAC , rue *Petite Taranne* , qu. 20. *de faint Germain des Prez* , a 134 l. S-E. C'eſt une Ville de l'Agenois dans la Gaſcogne , Diocèſe & Election d'Agen , Parlement & Intendance de Bourdeaux , fur le Lot , avec 1500 Habitans.

CLERMONT , rue *de faint Jacques* , qu. 17. *de faint Benoît* , a 88 l. S-E. C'eſt la Ville Capitale d'Auvergne , avec Evêché , Suffragant de Bourges , Parlement de Paris , Intendance de Riom , Siége d'une Chambre des Comptes , d'un Préſidial , d'une Sénéchauſſée & d'une Election , avec 7000 Habitans.

CLERMONT DE LODEVE , rue *de faint Eſtienne d'Egrès* , qu. 17. *de faint Benoît* , à 152 l. S-E. C'eſt une Ville dans le Bas Languedoc , Diocèſe de Lodéve , Parlement de Touloufe , Intendance de Montpellier , avec

Titre

Titre de Comté, & avec 4000 Habitans.

CLERMONT, rue *Neuve S. Merri*, qu. 10. *de S. Martin*, à 15 l. N. C'est une Ville & Comté de l'Isle de France, dans le Beauvoisis, Diocèse de Beauvais, Parlement de Paris, Intendance de Soissons, Chef-lieu d'une Election, sur une hauteur, près de la riviere de Bresche, avec 2500 Habitans.

CLERVAL, rue *de Charenne*, faub. & qu. 15. *de saint Antoine*, à 73 l. S-E. C'est une Ville dans la Franche-Comté, Diocèse, Parlement & Intendance de Besançon, Bailliage & Recette de Baume les Nones, sur le Doux, avec 1200 Habitans.

CLERVAUX, rue *des Marais*, faub. & qu. 14. *du Temple*, à 45 l. S-E. C'est une Abbaye, Ordre de Citeaux, dans la Champagne, Diocèse de Langres, Parlement de Paris, Intendance de Châlons, Election de Bar-sur-Aube. Il s'est formé une petite Ville de cette Abbaye.

C. de *Clervaux*, rue & qu. 10. *de saint Martin*.

CLERY, rue *du Chevalier du Guet*, qu. 3. *de sainte Opportune*, à 31 l. S-O. C'est un Bourg dans l'Orléanois, Diocèse, Intendance & Election d'Orleans, Parlement de Paris, avec 1000 Habitans; il est remarquable par la dévotion pour Notre-Dame de Clery.

Rue *de Clery*, qu. 6. *de Montmartre*. Voyez FÉCAMP.

Rue *de Clery à la Ville-Neuve*, qu. 9. *de saint Denis*. Voyez AUBENTON, BETHUNE.

Rue *de Clichi*, faub. *saint Honoré*, qu. 5. *du Palais Royal*, hors des Barrieres.

CLISSON, rue *de Duras*, faub *saint Honoré*, qu. 5. *du Palais Royal*, à 90 l. S-O. C'est

H

une petite Ville de Bretagne , Diocèſe Intendance & Recette de Nantes , Parlement de Rennes , avec 1500 Habitans.

Rue *Cloche-Perche* , qu. 15. *de ſaint Antoine.* Voyez COULANGES.

CLOISTRES :

De ſaint Benoît , même qu. 17.

Des Bernardins , même rue , qu. 16. *de la Place Maubert.*

De ſaint Germain l'Auxerrois , rue *de l'Arbreſec* , qu. 4. *du Louvre.*

De ſaint Jean de Latran, *Place de Cambray,* qu. 17. *de ſaint Benoît.*

De ſaint Marcel, même rue , qu. 16. *de la Place Maubert.*

De ſaint Martin, même rue & même qu. 10.

De ſaint Merri, qu. 10. *de S. Martin.*

De ſaint Nicolas *du Louvre* , même qu. 4.

De Notre-Dame , rue *de ſaint Chriſtophe* , qu. 1. *de la Cité.*

De ſaint Opportune , rue *de la Tabletterie,* même qu. 3.

Rue *Clopin* , qu. 16. *de la Place Maubert.* Voyez CEVENNES.

Rue *du Clos Gergeau* , qu. 5. *du Palais Royal.* Voyez SABLÉ.

CLOUD (Saint) rue *de la Petite Truanderie* , qu. 8. *des Halles* , à 2 l. O. C'eſt un Bourg , Châtellenie & Duché-Pairie dans l'Iſle de France , Diocèſe , Parlement , Intendance & Election de Paris , au bord de la Seine , ſur le panchant d'une Montagne , avec 1800 Habitans ; & un Château , Parc & Jardin , qui eſt des plus beaux de France.

CLOYE, rue *de la Petite Friperie* , qu. 8. *des Halles* , à 31 l. S-O. C'eſt une Ville de la Beauce dans l'Orléanois , Diocèſe de Blois ,

Parlement de Paris, Intendance d'Orleans, Election de Chateaudun, avec 1500 Habitans.

CLUNI, rue *de l'Etoile*, qu. 12. *de saint Paul*, à 90 l. S-E. C'est une Ville de Bourgogne, Diocèse & Recette de Mâcon, Parlement de Paris, Intendance de Dijon, sur le Grosne, avec 2200 Habitans. Elle est fameuse par l'Abbaye la plus considérable de France, le Chef d'Ordre de toute la Régle de S. Benoît.

Rue *de Cluni*, qu. 18. *de saint André-des-Arcs*. Voyez NANT.

Rue *Cocatrix*, qu. 1. *de la Cité*. Voyez S. GALMIER.

Rue *du Cœur-Volant*, qu. 19. *du Luxembourg*. Voyez BARDOU.

COGNAC, rue *de Childebert*, qu. 20. *de saint Germain des Prez*, à 106 l. S-O. C'est une Ville dans l'Angoumois, Diocèse de Saintes, Parlement de Paris, Intendance de la Rochelle, Chef-lieu d'une Election, sur la Charente, avec 4000 Habitans. C'est un Gouvernement particulier, François I. est né dans le Château.

Rue *Colbert*, qu. 6. *de Montmartre*. Voyez BAUMONT-LE-ROGER.

COLIOURE, rue *du Faub. de saint Jacques*, qu. 17. *de saint Benoît*, à 178 l. S-E. C'est une Ville maritime & forte dans le Roussillon, Diocèse, Conseil, Intendance & Recette de Perpignan, à une demi-lieue de Vendres, avec 2000 Habitans.

COLLEGES DE L'UNIVERSITÉ, dont treize sont avec exercice.

D'Ainville, rue *des Cordeliers*, qu. 18. *de saint André des Arcs*.

D'Arras, même rue, qu. 16. *de la Place Mau-bert.*

De l'Ave Maria, au Carré *de saint Etienne du Mont, rue de la Montagne, ou de sainte Ge-nevieve,* qu. 17. *de saint Benoist.*

D'Autun, rue & qu. 18. *de S. André des Arcs.*

De Sainte Barbe, rue *de Rheims,* qu. 17. *de saint Benoist.*

De Bayeux, rue *de la Harpe,* qu. 18. *de saint André des Arcs.*

De Beauvais, avec exercice, rue *de saint Jean de Beauvais,* qu. 17. *de saint Benoist.*

De Boissi, rue *du Cimetiere,* qu. 18. *de saint André des Arcs.*

De Boncour, rue *Bordet,* qu. 16. *de la Place Maubert.*

Des Bons Enfans, même rue, qu. 7. *de saint Eustache.* Il est réuni au Séminaire de ce nom. Voyez SÉMINAIRES.

De Bourgogne, rue *des Cordeliers,* qu. 18. *de saint André des Arcs.*

Du Cardinal-le-Moine, avec exercice *,* rue *de saint Victor,* qu. 16. *de la Place Maubert.*

Des Cholets, même rue, qu. 17. *de saint Benoist.*

De Cluni, rue *Neuve de Richelieu,* Place de Sorbonne, qu. 18. *de saint André des Arcs.*

De Cornouaille, rue *du Plâtre,* qu. 17. *de saint Benoist.*

Des Ecossois, rue *des Fossez de saint Victor,* même Faub. qu. 16. *de la Place Maubert.*

Fortet, rue *des Sept-Voyes,* qu. 17. *de saint Benoist.*

De Grandmont, rue *Mignon,* qu. 18. *de S. André des Arcs.*

Des Grassins, avec exercice, rue *des Aman-diers,* qu. 17. *de saint Benoist.*

D'Harcourt , avec exercice , rue *de la Harpe* , qu. 18. *de saint André des Arcs.*

Des Jefuites, avec exercice, rue *de S. Jacques,* qu. 17. *de S. Benoiſt.*

De Juſtice , rue *de la Harpe* , qu. 18. *de S. André des Arcs.*

De Laon , rue *de la Montagne ſainte Genevieve* , qu. 16. *de la Place Maubert.*

De Liſieux , avec exercice , rue *de ſaint Etienne d'Egrès* , qu. 17. *de S. Benoiſt.*

Des Lombards , rue *des Carmes* , qu. 17. *de S. Benoiſt.*

De Maitre-Gervais , rue *du Foin* , qu. 18. *de ſaint André des Arcs.*

Du Mans , rue *d'Enfer* , qu. 19. *du Luxembourg.*

De la Marche , avec exercice , rue *de la Montagne ſainte Genevieve* , qu. 16. *de la Place Maubert.*

De Marmoutier , compris dans celui des Jéſuites , *là-même.*

De la Merci , pour les Religieux , rue *des ſept Voyes* , qu. 17. *de S. Benoît.*

De S. Michel , rue *de Biévre* , qu. 16. *de la Place Maubert.*

De Montaigu , avec exercice , rue *des Sept Voyes* , qu. 17. *de S. Benoît.*

De Narbonne , rue *de la Harpe* , qu. 18. *de ſaint André-des-Arcs.*

Des Quatre Nations ou Mazarin , avec exercice, Quai *des Quatre Nations* ou *de Conti,* qu. 20. *de S. Germain des Prez.*

De Navarre , avec exercice , rue *de la Montagne ſainte Genevieve* , qu. 16. *de la Place Maubert.*

Du Pleſſis , rue *de ſaint Jacques* , qu. 17. *de S. Benoît.*

Des Prémontrés , pour les Religieux de l'Ordre , rue *Haute-Feuille* , qu. 18. *de saint André-des-Arcs.*

De Preſle , rue *des Carmes* , qu. 17. *de saint Benoît.*

Royal , avec exercice , pour les Langues Orientales , *Place de Cambray* , qu. 17. *de S. Benoît.*

De Seez , rue *de la Harpe* , qu. 18. *de saint André-des-Arcs.*

De Tours , rue *Serpente* , qu. 18. *de saint André-des-Arcs.*

Des Tréſoriers , même rue , ou *Neuve de Richelieu* , qu. 18. *de S. André-des-Arcs.*

Des Trois Evêques, dit *Cambrai* , avec exercice pour la Faculté de Droit , *Place de Cambrai* , qu. 17. *de S. Benoît.*

COLMAR , rue *des Amandiers* , faub. & qu. 15. *de S. Antoine* , à 97 l. S-E. C'eſt une Ville dans la Haute Alſace , Diocéſe de Baſle , réſidence du Conſeil d'Alſace , Intendance de Straſbourg , Chef-lieu d'une Recette , avec 9000 Habitans.

COLOMBE (Sainte) rue *des Lavandieres* , qu. 17. de *S. Benoît* , à 104 l. S-E. C'eſt une Ville du Lyonnois , Diocèſe , Intendance & Election de Lyon , Parlement de Paris , ſur le bord du Rhône , & vis—à-vis Vienne , avec 2000 Habitans.

Rue *de la Colombe* , qu. 1. *de la Cité.* Voyez VERNEUIL.

Rue *du Colombier* , qu. 20. *de S. Germain des Prez.* Voyez RUFFEC.

COMMANDERIE DE MALTHE dans Paris: De Saint Jean de Latran , Grand-Prieuré , même rue , *Place de Cambrai* , qu. 17. *de S. Benoît.*

Du Temple, *Grand-Prieuré*, mêmes rue & qu. 14.

COMMERCY, rue *Culture S. Gervais*, qu. 14. *du Temple*, à 60 l. E. C'est une Ville & Principauté dans la Lorraine, Diocèse de Toul, Parlement & Intendance de Metz, sur la Meuse, avec 2000 Habitans.

COMMINGES, rue *Honoré Chevalier*, qu. 19. *du Luxembourg*, à 165 l. S-O. C'est un petit Pays & Comté dans la Gascogne, avec Evêché Suffragant d'Auch. Le Siége est à saint Bertrand, Capitale du Pays, Parlement de Toulouse, Intendance d'Auch, avec Séné-chaussée, ce Pays à huit lieues de long sur six de large, au voisinage des Pyrenées.

C. des *Commissaires*, rue & qu. 6. *de Mont-martre*.

COMMUNAUTEZ *ou* COUVENTS, Ré-guliers *ou* Séculiers :

De saint Antoine, Chanoines Réguliers, Ordre de S. Augustin, rue & qu. 15. *de saint Antoine*.

Des Grands Augustins, *Quai des Augus-tins*, qu. 18. *de S. André-des-Arcs*.

Des Petits Augustins, même rue, qu. 10. *de S. Germain des Prez*.

Des Augustins Déchaussés, appellés les Petits Peres, rue *de Notre-Dame des Victoi-res*, qu. 6. *de Montmartre*.

Des Barnabites, Clercs Réguliers de la Congrégation de S. Paul, rue *de la Barille-rie*, qu. 1. *de la Cité*.

Des Bénédictins Anglois, rue *du Faubourg de S. Jacques*. qu. 17. *de S. Benoît*.

Des Bernardins, Ordre de Citeaux, même rue, qu. 16. *de la Place Maubert*.

Des Blancs-Manteaux, Ordre de S. Benoît

de la Congrégation de S. Maur, rue *du Para-dis*, qu. 13. *de sainte Avoye.*

De Sainte-Croix de la Bretonnerie, même rue & qu. 13. *de sainte Avoye.*

Des Capucins, rue *du faubourg de S. Jac-ques*, qu. 17. *de S. Benoît.*

Des Capucins, dits de S. Honoré, même rue, qu. 5. *du Palais Royal.*

Des Capucins, dits du Marais, rue *d'Or-leans*, qu. 14. *du Temple.*

Des Carmes, dits de la Place Maubert, rue *de la Montagne* ou *de sainte Geneviéve*, qu. 16. *de la Place Maubert.*

Des Carmes, dits des Billetes, même rue, qu. 13. *de sainte Avoye.*

Des Carmes Déchaussés, rue *de Vaugi-rard*, qu. 19. *du Luxembourg.*

Des Célestins, Ordre de S. Benoît, Con-grégation de S. Célestin, Quai du même nom, qu. 12. *de S. Paul.*

De sainte Catherine de la Culture, dits Duval des Ecoliers, occupée par des Chanoi-nes Réguliers de l'Ordre de S. Augustin, Congrégation de France, rue *Culture sainte Catherine*, qu. 15. *de S. Antoine.*

Des nouveaux Convertis, rue *de Seine*, faub. *de S. Victor*, qu. 16. *de la Place Mau-bert.*

De S. Charles. Voyez Doctrine Chré-tiennes.

Des Chartreux, rue *d'Enfer*, faub. *de saint Michel*, qu. 19. *du Luxembourg.*

De Cluni. Voyez Colleges.

Des Cordeliers, dits du Grand Couvent, rue *de l'Observance*, qu. 19. *du Luxembourg.*

Des Cordeliers de l'Ave Maria, rue *des Barrez*, qu. 12. *de S. Paul.*

Des Cordeliers , rue *de l'Ourſine* , même rue , qu. 16. *de la Place Maubert.*

De S. Denis de la Chartre , rue *du Haut-Moulin* , qu. 1. *de la Cité.*

De la Doctrine Chrétienne , dits de ſaint Charles , rue *du même nom* , faub. *ſaint Marceau* , qu. 16. *de la Place Maubert.*

De la Doctrine Chrétienne de ſaint Julien des Menétriers , rue & qu. 10. *de ſaint Martin.*

De la Doctrine Chrétienne , à Berci , faub. & qu. 15. *de ſaint Antoine* , hors des Barrieres.

Des Feuillants , dits de S. Honoré , même rue , qu. 5. *du Palais Royal.*

Des Feuillants , dits des Anges , rue *d'Enfer* , faub. *de ſaint Michel* , qu. 19. *du Luxembourg.*

De ſaint François de Sales , pour les pauvres Prêtres , faub. *S. Marceau* , rue *du Puits de l'Hermite* , qu. 16. *de la Place Maubert.*

De Grandmont. Voyez COLLÉGES.

Des Jacobins ou Religieux de l'Ordre de S. Dominique , rue *de S. Jacques* , qu. 17. *de S. Benoît.*

Des Jacobins , dits de S. Honoré , même rue , qu. 5. *du Palais Royal.*

Des Jacobins , dits du Noviciat , rue *de S. Dominique* , qu. 20. *de ſaint Germain des Prez.*

Des Jéſuites , dits de S. Louis , ou de la maiſon Profeſſe , rue & qu. 15. *de ſaint Antoine.*

Des Jéſuites du Noviciat , rue *du Pot de Fer* , qu. 19. *du Luxembourg.*

Des Jéſuites du Collége. Voyez COLLÉGES.

Des Prêtres de l'Oratoire , rue　& qu. 43
du Louvre.

Des Prêtres de la même Congrégation ,
dits de l'Institution , rue d'Enfer , faub. de
S. Michel , qu. 19. du Luxembourg , hors des
Barrieres.

Des Prêtres de la même Congrégation ,
dits de S. Magloire. Voyez SEMINAIRES.

Des Religieux de saint Martin des Champs ,
Ordre de saint Benoît , Réformez , & Con-
grégation de Cluni , rue & qu. 10. de saint
Martin.

Des Mathurins , Ordre de la Trinité ou
de la Rédemption des Captifs , où réside le
Général , même rue , qu. 18. de saint André-
des-Arcs.

Des Religieux de la Merci , rue du Chaume,
qu. 13. de sainte Avoye.

Des Religieux de la Merci , dits du Collége. Voyez COLLÉGES.

Des Minimes , dits de la Place Royale ,
même rue , qu. 15. de S. Antoine.

Des Pénitens , dits de Nazareth , ou du
Tiers-Ordre de saint François , rue & qu. 14.
du Temple.

Des mêmes Pénitens dits de Picpus , faub.
& qu. 15. de S. Antoine , hors des Barrieres.

Des Prémontrez , dits de sainte Anne.
Voyez COLLÉGES.

Des Prémontrez de la Croix Rouge , au
Carrefour du même nom , rue du Cherche-
Midi , qu. 19. du Luxembourg.

Des Recollets , dits de S. Laurent , rue du
même fauxbourg , qu. 10. de saint Martin.

Des Theatins, Quai du même nom , qu. 20.
de S. Germain des Prez.

COMMUNAUTEZ ou COUVENTS de Filles.

De sainte Agnès , rue *Plâtriere* , qu. 7. *de S. Eustache.*

De sainte Anne de l'Union Chrétienne , dépendante des Filles de saint Chaumont, rue *de la Lune* , ou *Basse-Ville-Neuve* , qu. 9. *de saint Denis.*

De sainte Aubierge , sous le nom de la Sainte Trinité , rue *du Bas Reuilli* , faub. & qu. 15. *de saint Antoine.*

Du Bon Pasteur , rue *du Cherche* ou *Chasse-Midi* , qu. 19. *du Luxembourg.*

De saint Chaumont de l'Union Chrétienne , rue & qu. 9. *de S. Denis.*

Des Filles de la Croix , rue *de Charonne* , faub. & qu. 15. *de S. Antoine.*

Des Filles de la Croix , Cul-de-sac *de Guimenée* , rue & qu. 15. *de S. Antoine.*

Des Filles de la Croix , *rue Neuve d'Orleans* , faub. *S. Marceau* , qu. 16. *de la Place Maubert.*

Des Filles de la Croix , rue *des Barres* , qu. 11. *de la Grève.*

De sainte Genevieve , *dites* les Miramiones , rue *de la Tournelle* , qu. 16. *de la Place Maubert.*

Des Filles de saint Joseph , rue *de S. Dominique* , qu. 20. *de S. Germain des Prez.*

Des Filles de Sainte Marthe , rue *de la Muette* , Faub. & qu. 15. *de saint Antoine* , hors des Barrieres.

Des Nouvelles Converties , dites de la Croix , rue *de Lionne* , ou *de sainte Anne* , qu. 6. *de Montmartre.*

Des Filles de la Providence , rue *de l'Arbalêtre* , qu. 17. *de Benoist.*

Des Sœurs de la Charité, dont cette Maison est la principale, où réside la Générale, rue du Faub. *de Saint Lazare*, qu. 9. *de S. Denis.*

Des Filles Hospitalieres de saint Thomas de Villeneuve, rue *de Seve*, qu. 19. *du Luxembourg.*

Des Angloises de Notre-Dame de Sion, rue *des Fossez de S. Victor*, qu. 16. *de la Place Maubert.*

Des Angloises, *dites* de la Conception, Ordre de saint François, rue *des Angloises*, Faub. & qu. 15. *de saint Antoine.*

Des Annonciades célestes, ou Filles bleues, Ordre de saint Augustin, rue *de la Culture sainte Catherine.*

Des Annonciades, sous le titre de l'Immaculée Conception, *dites* Récollettes, Ordre de saint Benoît, rue *du Bacq*, qu. 20. *de saint Germain des Prez.*

De l'Assomption, Ordre de saint Augustin, rue *de S. Honoré*, qu. 5. *du Palais Royal.*

De l'Ave Maria, Ordre de saint François, rue *des Barrés*, qu. 12. *de S. Paul.*

Des Bernardines du Précieux Sang, Ordre de S. Bernard, rue *de Vaugirard*, qu. 19. *du Luxembourg.*

De Bellechasse, *dites* du Sépulchre, Ordre de saint Augustin, rue *de saint Dominique*, qu. 20. *de S. Germain des Prez.*

Des Bénédictines de Notre-Dame de Prez, rue *de Vaugirard*, qu. 19. *du Luxembour*.

Des Bénédictines de Notre-Dame de Liesse, rue *de Seve*, qu. 19. *du Luxembourg.*

Des Bénédictines, dites du Cherche ou Chasse-midi, Prieuré conventuel & perpétuel, rue *du Cherche-midi*, qu. 19. *du Luxembourg.*

Des Bénédictines Angloises, rue & Faub. *de S. Marceau,*

S. *Marceau*, rue *de Lourfine*, qu. 16. *de la Place Maubert*.

Des Bénédictines de la Ville-l'Evêque, même rue & Faub. *S. Honoré*, qu. 5. *du Palais Royal*.

Des Bénédictines de la Préfentation de Notre-Dame, Prieuré conventuel & perpétuel, rue *des Poftes*, Faub. *S. Marceau*, qu. 17. *de S. Benoift*.

De Notre-Dame de Bon Secours, Prieuré conventuel & perpétuel de l'Ordre de faint Benoît, rue *de Charonne*, Faub. & qu. 15. *de faint Antoine*.

Premier Monaftere des Bénédictines du S. Sacrement, Ordre de S. Benoît, rue *Caffette*, qu. 19. *du Luxembpurg*.

Bénédictines du faint Sacrement, Ordre de S. Benoît, rue *de S. Louis*, qu. 14. *du Temple*.

Du Calvaire, *dites* du Luxembourg, Ordre de S. Benoît, rue *de Vaugirard*, qu. 19. *du Luxembourg*.

Du Calvaire, *dites* du Marais, Ordre de S. Benoît, rue *des Filles du Calvaire*, qu. 19. *du Temple*.

Des Capucines, même rue, à la Place de Vendôme ou de Louis le Grand, qu. 5. *du Palais Royal*.

Des Carmelites, dites du Grand Couvent, rue *du faubourg S. Jacques*, qu. 17. *de faint Benoît*.

Des Carmelites, dites de la rue Chapon, rue *Tranfnonain*, qu. 10. *de S. Martin*.

Des Carmelites de fainte Thérèfe, rue *de Grenelle*, qu. 20. *de S. Germain des Prez*.

Des Chanoineffes de l'Ordre de faint Auguftin à Picpus, faubourg & quartier 15. *de saint Antoine*, hors des Barrieres.

De la Conception, Ordre de saint François, rue *de saint Honoré*, qu. 5. *du Palais Royal*.

De la Congrégation de Notre-Dame, Ordre de saint Augustin, rue *Neuve de S. Estienne*, faub. S. *Marceau*, qu. 16. *de la Place Maubert*.

Des Cordelieres, dites de saint Marcel, Ordre de saint François, rue *de Lourfine*, qu. 16. *de la Place Maubert*.

Des Religieuses, dites de la Croix, Ordre de saint Dominique, rue *de Charonne*, faub. & qu. 15. *de S. Antoine*.

De sainte Elisabeth, Ordre de saint François, rue & qu. 14. *du Temple*.

Des Feuillantines, Ordre de S. Bernard, rue *du faubourg de S. Jacques*, qu. 17. *de S. Benoît*.

Des Filles-Dieu, Ordre de Fontevrault, rue & qu. 9. *de S. Denis*.

Des Filles de saint Michel, rue *des Postes*, faub. S. *Marceau*, qu. 17. *de S. Benoît*.

Des Madelonettes. Voyez HOPITAUX.

De la Miséricorde, Ordre de saint Augustin, rue *du Vieux Colombier*, qu. 19. *du Luxembourg*.

Des Pénitentes, dites de saint Magloire, Ordre de saint Augustin, rue *de S. Denis*. qu. 2. *de saint Jacques de la Boucherie*.

Des Recollettes. Voyez ANNONCIADES.

Des Filles du S. Sacrement. Voyez BENE-DICTINES.

Des Filles du Sauveur, rue *de Vendôme*, qu. 14. *du Temple*.

Des Religieuses de saint Thomas, Ordre de saint Dominique, rue *des Filles de saint*

Thomas, qu. 6. *de Montmartre.*

De la Visitation de Sainte Marie, Ordre de saint Augustin, rue & qu. 15. *de S. Antoine.*

De la Visitation de Sainte Marie, Ordre de saint Augustin, rue *du faub. S. Jacques*, qu. 17. *de S. Benoît.*

De la Visitation de Sainte Marie, Ordre de saint Augustin, rue *du Bacq*, qu. 20. *de S. Germain des Prez.*

De la Visitation de Sainte Marie, Ordre de saint Augustin à Chaillot, appellé maintenant *le Faubourg de la Conférence*, qu. 5. *du Palais Royal*, hors des Barrieres.

Des Ursulines, dites de saint Jacques, Ordre de S. Augustin, rue *du faub. de S. Jacques*, qu. 17. *de S. Benoît.*

Des Ursulines, dites de sainte Avoye, même Ordre, rue & qu. 13. *de sainte Avoye.*

COMPAGNIE *ou* COMPTOIR DES INDES, rue *Neuve des Petits Champs*, qu. 6. *de Montmartre.*

COMPIÉGNE, rue *des Petits Champs*, qu. 10. *de S. Martin*, à 18 l. N-E. C'est une Ville de l'Isle de France, Diocèse & Intendance de Soissons, Parlement de Paris, Chef-lieu d'une Election, sur la riviere d'Oise, avec 6000 Habitans, proche la belle Forêt qui porte son nom, & avec un Château ou Maison Royale, où les Rois séjournent quelquefois, parce qu'il n'y a pas de lieu où la Chasse soit plus agréable.

Rue *Comtesse d'Artois*, qu. 8. *des Halles.* Voyez CHAUMONT.

CONCHES, rue *Vivienne*, qu. 6. *de Montmartre*, à 26 l. N-O. C'est une Ville & Marquisat dans la Normandie, Diocèse d'E-

vreux , Parlement de Rouen , Intendance
d'Alençon , Chef-lieu d'une Election , avec
3000 Habitans. Elle est aussi le Siége d'un
Bailliage , d'une Vicomté , d'une Maréchaussée , d'une Mairie de Police , & d'un Grenier à Sel. On y fait beaucoup d'épingles , &
sa Forêt est considérable.

CONCRESSAUT , rue *de la Vieille Monnoye* ,
qu. 2. *de S. Jacques de la Boucherie* , à 35 l.
S. C'est une Ville du Berri , Diocèse , Intendance & Election de Bourges , Parlement de
Paris , avec 1200 Habitans.

CONDÉ , rue *du Pont aux Biches* , qu. 10.
de S. Martin , à 51 l. N-E. C'est une Ville
forte dans la Flandre , Diocèse de Cambrai ,
Parlement de Douai , Intendance de Lille ,
au Confluent de l'Aisne & de l'Escaut , avec
3000 Habitans. C'est un Gouvernement particulier.

CONDÉ-SUR-NOIREAU , rue *du Hazard* , qu.
6. *de Montmartre* , à 50 l. N-O. C'est une Ville
& Châtellenie dans la Normandie , Diocèse
de Bayeux , Parlement de Rouen , Intendance
de Caen , Election de Vire , sur la riviere de
Noireau , avec 4000 Habitans.

CONDÉ-SUR-VIRE , rue *Neuve des Petits
Champs* , qu. 6. *de Montmartre* , à 50 l. N-O.
C'est un Bourg dans la Normandie , Diocèse
de Coutances , Parlement de Rouen , Intendance de Caen , Election de S. Lo , sur la
riviere de Vire , avec 2000 Habitans.

Rue *de Condé* , qu. 19. *du Luxembourg.*
Voyez SOUILLAC , MARTEL.

CONDOM , rue *Princesse* , qu. 19. *du Luxembourg* , à 150 l. S-O. C'est une Ville dans
la Gascogne , avec Evêché Suffragant de Bourdeaux , Parlement & Intendance de Bour-

deaux, Chef-lieu d'une Election, sur la Baise, avec 5000 Habitans, un Présidial & une
Sénéchaussée.

CONDRIEU, rue *du Plâtre*, qu. 17. *de saint
Benoît*, 107 l. S-E. C'est une petite Ville du
Forez dans le Lyonnois, Diocèse & Intendance de Lyon, Parlement de Paris, Election de S. Estienne, sur le bord du Rhône,
avec 3000 Habitans.

CONFLANS, rue *d'Enfer*, qu. 19. *du Luxembourg*, à 175 l. S-O. C'est une Vallée entourée des Pyrenées, dans le Roussillon, dont
Ville-Franche est la Ville Capitale.

CONFOULENS, rue *du Harlai*, qu. 1. *de la
Cité*, à 94 l. S-O. C'est une Ville dans la Marche, quelques-uns la mettent dans le Poitou, Diocèse & Intendance de Poitiers, Parlement de Paris, Chef-lieu d'une Election, sur
la Vienne, avec 3000 Habitans.

CONQUET (le) rue *du faub. S. Honoré*, qu.
5. *du Palais Royal*, à 134 l. S-O. C'est une
Ville dans la Bretagne, Diocèse de S. Paul de
Leon, Parlement de Rennes, Intendance de
Nantes, Recette de S. Paul, avec 500 Habitans, & un bon Port de Mer; elle est sur la
pointe la plus Occidentale de la Bretagne,
vis-à-vis les Isles d'Ouessant.

CONSERANS, rue *de Vaugirard*, qu. 19. *du
Luxembourg*, à 170 l. S-O. C'est un petit Pays
de Gascogne, avec Evêché Suffragant d'Auch,
dont le Siége est transféré à S. Lizier, dans
les Pyrenées, Parlement de Toulouse, Intendance d'Auch, Election de Cominges.

CONSULS, Cloître *de S. Merri*, qu. 10.
de S. Martin.

CONTY, rue *Bourg-l'Abbé*, qu. 9. *de saint
Denis*, à 25 l. N-O. C'est une Ville dans la

Picardie , Diocèse , Int. & Elect. d'Amiens ;
Parlement de Paris , sur la Seille , avec 800
Habitans, & Titre de Principauté. Elle donne
le nom à la seconde Branche de la Maison de
Bourbon , Princes du Sang.

CONTRES , rue *des Déchargeurs* , qu. 3. *de
sainte Opportune* , à 42 l. S-O. C'est un Bourg
du Blésois dans l'Orléanois , Diocèse & Election de Blois , Parlement de Paris , Int. d'Orléans , avec 1500 Habitans.

Rue *Contrescarpe* , qu. 18. *de S. André-des-
Arcs.* Voyez AYEN.

Rue *Contrescarpe* , faub. *S. Marceau* , qu. 16.
de la Place Maubert. Voyez CAPESTAN , &
qu. 17. *de saint Benoît* Voyez BEDA-
RIEUX.

Rue & *Chemin de la Contrescarpe* , faub. &
qu. 14. *du Temple.* Voyez SARLOUIS , faub. &
qu 15. de S. ANTOINE , voyez SAINTE MARIE
AUX MINES.

Rue *du Coq* , qu. 11. *de la Grève.* Voyez
CLAMECY.

Rue *du Coq* , qu. 4. *du Louvre.* Voyez
CHATEAU-NEUF.

Rue *du Cocq*, aux Porcherons , faub. & qu.
6. *de Montmartre* , hors des Barrieres.

C. *Coqueret* , rue *des Rosiers* , qu. 15. *de*
S. *Antoine.*

Rue *Coqueron* , qu. 8. *de S. Eustache.* Voyez
DANGEAU.

Rue *Coquilliere* , qu. 8. *de saint Eustache.*
Voyez NOGENT LE ROTROU , VIBRAIN.

Rue *des Coquilles* , qu. 11. *de la Grève.*
Voyez BRIARE.

CORBEIL , rue *de Simon le Franc* , qu. 10.
de saint Martin , à 7 l. S-E. C'est une Ville
de l'Isle de France , Diocèse , Parlement ,

Intendance & Election de Paris, sur la Seine, avec 4000 Habitans.

CORBIE, rue *du Renard*, qu. 9. *de S. Denis*, à 30 l. N-E. C'est une Ville de Picardie,
Diocèse & Intendance d'Amiens, Parlement
de Paris, Election de Doulens, sur la Somme, avec 2000 Habitans.

Rue *des Cordeliers*, qu. 18. *de S. André-
des-Arcs*. Voyez CAHORS, NEGREPELISSE,
MUCIDAN.

Rue *de la Corderie*, qu. 14. *du Temple*.
Voyez CHAOURCE.

Rue *des Cordiers*, qu. 18. *de S. André-des-
Arcs*. Voyez ROQUEFORT.

Rue *de la Cordonnerie*, qu. 8. *des Halles*.
Voyez EPERNON.

CORDOUAN, rue *de la Chaise*, qu. 20. *de
S. Germain des Prez*, à 120 l. S-O. C'est une
petite Isle ou un Rocher de la Mer de Gascogne, à l'embouchure de la Garonne, nommée Gironde, sur lequel est construit un
Phare ou Fanal fameux, pour conduire ceux
qui entrent ou sortent de la Garonne.

CORMERY, rue du *Petit Bourbon*, qu. 4. *du
Louvre*, à 54 l. S-O. C'est une Ville dans la
Touraine, Diocèse & Intendance de Tours,
Parlement de Paris, Election de Loches sur
l'Indre, avec 1200 Habitans.

CORMICI, rue *du Beaujolois*, qu. 14. *du
Temple*, à 34 l. N-E. C'est une petite Ville
dans la Champagne, Diocèse & Election de
Rheims, Parlement de Paris, Intendance de
Châlons, avec 1500 Habitans.

CORPS DE GARDE differens dans la
Ville, dans les Fauxbourgs, sur la Riviere, &
sur les Remparts & Boulevards pour la sureté
publique;

Corps de Garde Françoise, 36
Corps de Garde Suisse, 5
Corps de Garde des Invalides, 5
Corps de Garde du Guet dans la Ville ,
sur la Riviere & sur les Boulevards, 37

COSNE, rue *de la Croix Blanche*, qu. 13. *de sainte Avoye*, à 40 l. S-E. C'est une Ville dans le Nivernois, Diocèse d'Auxerre, Parlement de Paris, Intendance d'Orleans, Election de Gien, sur la Loire, avec 4500 Habitans, & un Grenier à Sel.

Rue *de la Cossonerie*, qu. 8. *des Halles.* Voyez MONLHERY.

COUCY, rue *des Etuves*, qu. 10. *de saint Martin*, à 29 l. S-E. C'est une Ville & Baronie dans l'Isle de France, Diocèse & Election de Laon, Parlement de Paris, Intendance de Soissons, avec 1200 Habitans, Bailliage Royal, Maitrise des Eaux & Forêts, & Grenier à Sel. C'est un Gouvernement particulier.

COULANGES, rue *Cloche-Perche*, qu. 15. *de S. Antoine*, à 40 l. S-E. C'est une Ville dans la Bourgogne, Diocèse, Bailliage & Recette d'Auxerre, Parlement de Paris, Intendance de Dijon, avec 1500 Habitans. Elle est appellée Vineuse, à cause de ses Vignes, & ses Vins sont fort estimés.

COULOUMIERS, rue *du Chaume*, qu. 13. *de sainte Avoye*, à 15 l. E. C'est une Ville en Brie, dans la Champagne, Parlement & Intendance de Paris, Chef-lieu d'une Election, au bord du Morin, avec 5000 Habitans.

Rue *Couppeau*, faub. *S. Marceau*, qu. 16. *de la Place Maubert.* Voyez MONTREAL, ORANGE, AVIGNON.

C. *Cour Auryl* , rue S. *Honoré* , qu. 5. *du Palais Royal.*

C. *Cour de Baviere* , rue *Bordet*, qu. 16. *de la Place Maubert.*

C. *Courbaton* , rue *de l'Arbre-sec* , qu. 4. *du Louvre.*

C. *des Miracles* , rue *Neuve* S. *Sauveur* , qu. 9. *de* S. *Denis.*

Rue *de la Cour du Maure* , qu. 10. *de saint Martin.* Voyez CHAUNI.

Cour du Palais , *au Palais* , qu. 1. *de la Cité.*

Cour de Rouen , rue *du Jardinet* , qu. 18. *de* S. *André-des-Arts.*

C. Cour du Roy François , rue & qu. 9. *de* S. *Denis.*

Rue *de la Couroyerie* , qu. 10. *de* S. *Martin.* Voyez VILLERS-COTERETS.

COURSAN , rue *des Peres de la Doctrine Chrétienue* , dits de S. Charles , qu. 16. *de la Place Maubert* , à 160 l. S. C'est un Bourg du Bas Languedoc , sur la grande Route , Diocèse de Narbonne , Parlement de Toulouse , Intendance de Montpellier , & sur la riviere d'Aude , avec 1200 Habitans.

Rue *Courtalon* , qu. 3. *de sainte Opportune.* Voyez LA LOUPPE.

Rue *Courteauvilain* , qu. 10. *de saint Martin.* Voyez RIBEMONT.

COURTENAY , rue *de Mousfi* , qu. 13. *de sainte Avoye* , à 24 l. S-E. C'est une petite Ville dans le Gâtinois , Diocèse de Sens , Parlement & Intendance de Paris , élection de Nemours , sur le Ruisseau de Clairi , avec 1500 Habitans.

COURS DE LA REINE , à côté des Champs

Elisées, au-delà du Jardin des Tuilleries, qu.
5. *du Palais Royal.*

COUTANCES, rue *de Louis le Grand*, qu.
6. *de Montmartre*, à 71 l. N-O. C'est une
Ville dans la Normandie, avec Evêché Suffragant de Rouen, Intendance de Caen, Chef-
lieu d'une Election, à une ou deux lieues de
la Mer, avec 6000 Habitans, Titre de Comté, Bailliage, Vicomté, Amirauté, Maîtrise des Eaux & Forêts, c'est un Gouvernement particulier.

Rue *de la Coutellerie*, qu. 11. *de la Grève.* Voyez SANCERGUES.

COUTRAS, rue *de Bourbon le Château*, qu.
20. *de S. Germain des Prez*, à 125 l. S-O.
C'est une Ville & Château dans le Perigord,
Diocèse de Perigueux, Parlement, Intendance & Election de Bourdeaux, au confluent
de Lille & de la Drome, avec 3000 Habitans.

CRAON, rue *Fromenteau*, qu. 4. *du Louvre*,
à 67 l. S-O. C'est une Ville & Baronnie dans
l'Anjou, Diocèse d'Angers, Parlement de
Paris, Intendance de Tours, Election de Château-Gontier, sur la riviere Doudon, avec
2000 Habitans.

CRAV (la) ruelle *des Filles Angloises.* Faub.
S. Marceau, qu. 16. *de la Place Maubert*, à
154 l. S-E. C'est un terrain situé dans la Provence, entre le Rhône & l'Etang de Barres,
à quatre lieues d'Arles, & s'étend le long de
la mer, même Diocèse, Parlement & Intendance d'Aix.

CRAVANT, rue *Tiron*, qu. 15. *de S. Antoine*, à 40 l. S-E. C'est une petite Ville dans
la Bourgogne, Diocèse & Election d'Auxerre,
Parlement de Paris, Intendance de Dijon, sur

Yonne, avec 2000 Habitans, & un entrepôt de sel.

CRÉANGE, rue *du Chemin du Rempart*, qu. 6. *de Montmartre*, à 70 l. N-O. C'est un Bourg de Normandie, Diocèse & Election de Coutances, Parlement de Rennes, Intendance de Caen, avec 2000 Habitans, & sept salines sur la petite riviere d'Ay qui y passe avec le flux de la mer.

CREIL, rue *de Venise*, qu. 2. *de S. Jacques de la Boucherie*, à 12 l. N. C'est une Ville de l'Isle de France, Diocèse & Election de Senlis, Parlement & Intendance de Paris, sur l'Oise, avec 1200 Habitans.

CRESPY, rue *des Menetriers*. qu. 10. *de S. Martin*, à 13 l. N-E. C'est la Ville Capitale du Valois, dans l'Isle de France, Diocèse & Intendance de Soissons, Parlement de Paris, Chef-lieu d'une Election, avec 3000 Habitans, un Bailliage & un Présidial.

CRESCY, rue *de S. Etienne*, qu. 9. *de S. Denis*, à 22 l. N-E. C'est un Bourg & une Châtellenie dans la Picardie, Diocèse & Intendance d'Amiens, Parlement de Paris, Election & Grenier à sel d'Abbeville, avec 2000 Habitans.

CREST (le) rue *du Chat qui pêche*, qu. 18. *de saint André des Arcs*, à 93 l. S-E. C'est une Ville dans l'Auvergne, Diocèse & Election de Clermont, Parlement de Paris, Intendance de Riom, avec 1000 Habitans.

CREST (le) rue *de la Tournelle*, qu. 16. *de la Place Maubert*, à 134 l. S-E. C'est une Ville dans le Dauphiné, Diocèse de Die, Parlement & Intendance de Grenoble, Election de Montelimart sur la Drome, avec 1800 Habitans, une Tour où l'on met quelquefois des prisonniers d'Etat, & un Gouverneur.

Rue *Creuse*, Faub. S. *Marceau*, qu. 18. *de la Place Maubert.* Voyez CANNES.

Rue *du Croissant*, qu. 6. *de Montmartre.* Voyez LIONS.

Rue *de sainte Croix*, qu. 1. *de la Cité.* Voyez VICHI.

Rue *de sainte Croix de la Bretonnerie*, qu. 13. *de sainte Avoye.* Voyez FIESMES.

Rue *de la Croix*, qu. 10. *de saint Martin.* Voyez QUENOI.

Rue *de la Croix blanche*, qu. 13. *de saint Avoye.* Voyez COSNE.

Rue *de la Croix blanche*, aux Porcherons, Faub. & qu. 6. *de Montmartre*, hors des Barrieres.

C. *de la Croix Faubin*, rue *de Charonne*, Faub. & qu. 15. *de saint Antoine.*

Rue *de la Croix des petits Champs*, qu. 7. *de saint Eustache.* Voyez MANS.

CROIX REMARQUABLES dans différens quartiers de Paris.

Du Carrefour de saint Eustache, même qu. 7. rue *du Four.*

Au bas de Chaillot, appellé le Faubourg de la Conférence, qu. 5. *du Palais Royal*, hors des Barrieres.

De Clamare, rue *du Jardin du Roi*, Faub. S. *Marceau*, qu. 16. *de la Place Maubert.*

De Faubin, rue *Charonne*, Faub. & qu. 15. *de saint Antoine.*

De l'Hostie, au Champ des Capucins, rue *des Bourguignons*, qu. 17. *de S. Benoist.*

Du Mouron, au haut du Faub. S. *Laurent*, rue du Faub. & qu. 10. *de S. Martin.*

Des petits Champs, même rue, qu. 17. *de S. Eustache.*

Rouge, rue *de Seve*, qu. 19. *du Luxem-* bourg.

Du Roulle, *Faub. S. Honoré*, qu. 15. *du Palais Royal*, hors des Barrieres.

Du Tiroir ou Trahoir, rue *de l'Arbre-sec*, qu. 4. *du Louvre*.

De la Ville-l'Evêque, Faub. *S. Honoré*, qu. 5. *du Palais Royal*.

Les Croix que l'on voit depuis la Communauté des Filles de Saint Chaumont, rue & qu. 9. *de S. Denis*, ayant été construites par les ordres de Philippe III. Roi de France, pour illustrer la pompe funébre de saint Louis son pere; elles sont appellées les sept Joyes.

Celle qui est près de Montfaucon a été construite à la sollicitation de Pierre Craon en 1396. auquel tems on donna des Confesseurs aux Patiens que l'on alloit y exécuter, qui s'arrétoient au pied de cette Croix pour les y confesser.

CROTOY (Le) rue *Tireboudin*, qu. 9. *de S. Denis*, à 42 l. N-O. C'est une Ville de Picardie, dans le Ponthieu, Diocèse & Intendance d'Amiens, Parlement de Paris, Election d'Abbeville, avec 800 Habit. & un petit Port.

Rue *Croule-Barbe*, faub. *S. Marceau*, qu. 16. *de la Place Maubert*. Voyez CHATEAU D'IF.

Rue *du Crucifix*, qu. 2. *de S. Jacques de la Boucherie*. Voyez LURI.

CULANT, rue *Basse des Ursins*, à 62 l. S-E. C'est une Ville & Baronie dans le Bourbonnois, Diocèse & Intendance de Bourges, Parlement de Paris, Election de S. Amand, avec 1200 Habit. & un Bailliage particulier.

Rue *Culture sainte Catherine*, qu. 15. *de saint Antoine*. Voyez PESMES, BAR-LE-DUC.

Rue *Culture de saint Gervais*, qu. 14. *du Temple*. Voyez COMMERCI.

CUSSET, rue *du Port-aux-Oeufs*, qu. 1. *de*

la Cité, à 75 l. S-E. C'est une Ville dans le Bourbonnois, Diocèse de Clermont, Parlement de Paris, Intendance de Moulins, Election de Gannat, avec 3000 Habitans.

CYPRIEN (Saint) rue *de Seine*, qu. 20. *de S. Germain des Prez*, à 122 l. S-O. C'est un Bourg dans le Perigord, Diocèse & Election de Sarlat, Parlement & Intendance de Bourdeaux, sur la Dordonne, avec 2000 Habitans.

CASTEL SARASIN, rue *des Postes*, qu. 17. *de S. Benoit*, à 140 l. S-O. C'est une Ville du Languedoc, Diocèse, Intendance & Election de Montauban, Parlement de Toulouse, sur la riviere d'Alin, avec 5500 Habitans.

CHATILLON-SUR-LOIR, rue *de la Verrerie*, qu. 10. *de S. Martin*, a 56 l. S-E. C'est une Ville dans le Gâtinois, Diocèse de Sens, Parlement de Paris, Int. d'Orleans, Elect. de Montargis, avec Titre de Duché-Pairie, & avec 2500 Habitans.

D.

DACQS, rue *de Babilone*, qu. 20. *de S. Germain des Prez* à 116 l. S-O. C'est une Ville de Gascogne à 5 lieues de la mer, & un Evéché suffragant d'Auch, Parlement & Intendance de Bourdeaux, Chef-lieu d'une Election, avec 4000 Habitans, en y comprenant la Banlieue ; elle est la Capitale du Pays des Landes, & sur la Frontiere d'Espagne, sur la riviere d'Adour, avec Présidial & Sénéchaussée ; c'est un Gouvernement particulier.

Rue *Daguesseau*, faub. *saint Honoré*, qu. 5. *du Palais Royal*. Voyez VILAINE.

DANGEAU, rue *Coqueron*, qu. 7. *de saint Eustache*, à 25 l. S-O. C'est un Bourg &

Marquifat dans le Perche , Diocèfe de Chartres , Parlement de Paris , Intendance d'Orléans , Election de Châteaudun , fur la Dou-
daine , avec 1500 Habitans.

C. *Daumont* , rue *de la Mortellerie* , qu.
12 *de faint Paul.*

Rue *du Dauphin* ou *de faint Vincent* , qu.
5 *du Palais Royal.* Voyez MONCONTOUR.

Rue *Dauphine* , qu. 18 *de faint André des
Arcs.* Voyez TULLE, TURENNE.

DAUPHINÉ , faub. & qu. 15. *de S. Antoine* , & qu. 16 *de la Place Maubert.* C'eft une
Province de France , & un des douze Grands
Gouvernèmens, qui comprend la Principauté d'Orange, borné, O. & N. par le Rhône, S.
par la Provence , E. par les Alpes ; Parlement
& Intendance de Grenoble , qui en eft la
Capitale. Les Rois de France n'ont donné le
titre de Dauphin qu'à leurs aînés héritiers
préfomptifs de la Couronne.

DAX , voyez DACQS.

Rue *des Déchargeurs* , qu. 3 *de faint
Opportune.* Voyez CONTRES.

DECISE , rue *des deux Portes* , qu. 11. *de
la Grêve* , à 50 l. S E. C'eft une Ville dans
le Nivernois, Diocèfe & Election de Nevers,
Parlement de Paris, Intendance de Moulins,
dans une Ifle de la Loire , à la chute de la
riviere de l'Airon, avec 800 Habitans.

Rue *du Demifaint* , qu. 4. *du Louvre.* Voyez
PREVILLI.

DENIS (Saint) rue & qu. 9. *de S. Denis* , à
2 l. N-E. C'eft une Ville & Châtellenie de
l'Ifle de France, Diocèfe , Parlement, Intendance & Election de Paris , avec 2500 Habitans. Elle eft fort connue par la fameufe
Abbaye de ce nom, qui eft depuis long-

tems la sépulture des Rois de France.

Rue *de saint Denis*, qu. 2. *de saint Jac*ques *de la Boucherie*, & qu. 9. *de saint De*nis. Voyez ROMORENTIN, BOURGES, VERSAILLES, PARIS, S. DENIS, S. QUENTIN, AMIENS, ARRAS.

Rue *de la Dentelle*, ou *de la Lanterne*, qu. 11. *de la Grêve*. Voyez MORET.

Rue *des deux Anges*, qu. 20 *de saint Germain des Prez.* Voyez YARNAC.

Rue *des deux Boules*, qu. 3 *de sainte Opportune.* Voyez NANCEY.

Rue *des deux Ecus*, qu. 7. *de saint Euf*tache. Voyez BALON, ILLIERS, VIVOIN.

Rue *de deux Hermites*, qu. 1. *de la Cité.* Voyez FEURS.

Rue *des deux Ponts* en l'Isle Notre-Dame, qu. 1. *de la Cité.* Voyez GANNAT, TRÉVOUX.

Rue *des deux Portes*, qu. 9. *de saint Denis.* Voyez ROUBAIS.

Rue *des deux Portes saint Sauveur*, qu. 9. *de saint Denis.* Voyez ALBERT.

Rue *de deux Portes*, qu. 11. *de la Grêve.* Voyez DECISE.

Rue *de deux Portes*, qu. 18. *de saint An*dré *des Arcs.* Voyez MONTPEZAT.

Rue *de deux Portes* ou *des Orfévres*, qu. 3. *de sainte Opportune.* Voyez SELLE.

DIÉ (Saint) rue *de la Poterie*, qu. 8. *des Halles*, à 36. l. S O. C'est une petite Ville dans l'Orléanois, Diocèse & Election de Blois, Parlement de Paris, Intendance d'Orléans, au bord de la Loire, avec 1500 Habitans.

DIE, rue *de Bievre*, Place Maubert, même qu. 16. à 135 l. S-E. C'est une Ville dans le Dauphiné, avec Evéché suffragant de Vienne, Parlement, Intendance de Gre

noble, Election de Montélimart, sur la Drome, & avec 6000. Habitans, & un Bailliage.

DIEPPE, rue *de saint Fiacre*, qu. 6. *de
Montmartre*, à 38 l. N-O. C'est une Ville dans
la haute Normandie, au Pays de Caux, Diocèse, Parlement & Intendance de Rouen,
Election d'Arques, sur la riviere d'Arques,
avec 20000. Habitans, & un Port long &
étroit.

DIEU, Isle, rue *de l'Université*, qu. 20. *de
Saint Germain des Prez*, à 110 l. S-O. C'est
une petite Isle de France sur la Côte, Diocèse
de Luçon, Parlement de Paris, Intendance
de Poitiers ; elle n'a que 3 l. de long, avec
2 Bourgs, elle n'est éloignée que de 3 l. de la
Côte, & un peu plus de l'Isle Noirmoitier.

DIEU (Saint) rue *Neuve sainte Catherine*,
qu. 75. *de saint Antoine*, à 75 l. S-E. C'est
une Ville, Prévôté & Duché en Lorraine,
Diocèse de Toul, Parlement & Intendance de
Merz, sur la Meurte, avec 2500 Habitans.

DIGNE, rue *du Puits de l'Hermite*, faub. S.
Marceau, qu. 16. *de la Place Maubert*, à 155
l. S-E. C'est une Ville de Provence, avec Evêché suffragant d'Embrun, Parlement & Intendance d'Aix, Chef-lieu d'une Viguerie,
sur la Mardarie, & avec 3000 Habitans.

DIJON, rue *des Nonaindieres*, qu. 12
de saint Paul, à 67 l. S-E. C'est une Ville
Capitale du Duché & du Gouvernement Militaire de la Bourgogne, avec Evêché suffragant de Lyon. Elle est le Siége d'un Parlement
& d'une Chambre de Comptes, d'une Cour
de Monnoyes marquées par la lettre S, d'un
Intendant & d'un Présidial, entre deux petites
Rivieres, avec 16000 Habitans.

DINANT, rue *des Frondeurs*, qu. 5. *du*

Palais Royal, à 83 l. S-E. C'est une Ville dans la Bretagne, Diocèse de saint Malo, Parlement de Rennes, Intendance de Nantes, auprès de la Nance, avec 4000 Habitans; c'est un Gouvernement particulier.

DIZIER (Saint) rue *des Enfans Rouges*, qu. 14 *du Temple*, à 45 l. S-E. C'est une Ville dans la Champagne, Diocèse & Intendance de Châlons, Parlement de Paris, Election de Vitry-le-François, sur la Marne, à l'endroit où elle commence a porter bateau, avec 6000 Habitans, un Bailliage Royal, une Maîtrise des Eaux & Forêts, un Grenier à Sel, une Marechaussée; c'est un Gouvernement de Place.

DOL, rue *de la Sourdiere*, qu. 5. *du Palais Royal*, à 77 l. S-O. C'est une Ville dans la Bretagne, & un Evêché suffragant de Tours, Parlement de Rennes, Intendance de Nantes, à 2 l. de la Mer, avec 5000 Habitans.

DOLE, rue & qu. 15. *de saint Antoine*, à 78 l. S-E. C'est une Ville dans la Franche-Comté, Diocèse, Parlement & Intendance de Besançon, Chef-lieu d'un Bailliage & d'une Recette, sur le Doux, avec 5000 Habitans, une Chambre des Comptes; c'est un Gouvernement particulier.

DOMBES, rue *de S. Guillaume*, en l'Isle Notre-Dame, qu. 1. *de la Cité*. C'est une petite Contrée de France, qui a neuf lieues de long, & autant de large, c'est entre la Bresse en Bourgogne, & le Beaujolois dans le Gouvernement Militaire du Lyonnois; elle a son Parlement, & Trevoux en est la Capitale.

DOMFRONT, rue *de sainte Anne*, qu. 5. *du Palais Royal*, à 50 l. S-O. C'est une

Ville dans la Normandie, Diocèse du Mans, Parlement de Rouen, Intendance d'Alençon, Chef-lieu d'une Election, avec 1800 Habitans, un Bailliage, un Vicomté, & une Maîtrise des Eaux & Forêts.

Rue *de saint Dominique*, qu. 20. *de saint Germain des Prez.* Voyez BLANSAC, TONNAY, BROUAGE, MARENS, ROCHEFORT, LA ROCHELLE.

Rue *Saint Dominique*, qu. 19. *du Luxembourg.* Voyez LAVAUR.

DOMCHERY, rue *de l'Echaudé*, qu. 14. *du Temple*, à 44 l. N-E. C'est une Ville dans la Champagne, Diocèse de Rheims, Parlement de Paris, Intendance de Châlons, Election de Rhetel, sur la Meuse, avec 2000 Habitans, & c'est un Gouvernement particulier.

DONKERQUE, voyez DUNKERQUE.

DONZI, rue *de Renault-le-Fevre*, qu. 11. *de la Grève*, à 45. l. S-E. C'est une Ville, Bailliage & Pairie dans le Nivernois, Diocèse d'Auxerre, Parlement de Paris, Intendance de Bourges, Election de la Charité, avec 1000 Habitans.

DORAT, rue *de Basville au Palais*, qu. 1. *de la Cité*, à 80 l. S-O. C'est une Ville dans la Marche, Diocèse, Intendance & Election de Limoges, Parlement de Paris, sur la Seve, avec 2000 Habitans, & le Siége des deux Sénéchauffées de la Marche.

DORMANS, rue *P flourelle*, qu. 14. *du Temple*, à 27 l. N-E. C'est une Ville dans la Champagne, Diocèse & Intendance de Châlons, Parlement de Paris, Election d'Epernay, sur la Marne, avec 2000 Habitans.

DOUANE (La) rue *du Bouloy*, qu. 7. *de saint Eustache.*

DOUAY, rue *de Vertbois*, qu. 10. *de saint Martin*, à 45 l. N-E. C'est une Ville dans la Flandre, Diocèse d'Arras, Siége d'un Parlement, Intendance de Lille, sur la Scarpe, avec 18000 Habitans. C'est un Gouvernement particulier, & une Place très-bien fortifiée.

DOURDAN, rue *Maubué*, qu. 10. *de saint Martin*, à 10 l. S-O. C'est une Ville de la Beauce, & un Gouvernement particulier dans l'Isle de France, Diocèse de Chartres, Parlement de Paris, Intendance d'Orléans, Chef-lieu d'une Election, sur la riviere d'Erge, avec 3000 Habitans, une Prevôté, un Bailliage & une Maîtrise des Eaux & Forêts.

DOURLENS ou DOULENS, rue *Pavée*, qu. 9. *de S. Denis*, à 36 l. N-E. C'est une Ville dans la Picardie, Diocèse & Intendance d'Amiens, Parlement de Paris, Chef-lieu d'une Election, sur l'Aultie, avec 2500 Hab.

Rue *des douze Portes*, qu. 14. *du Temple*. Voyez BENFELD.

Rue *du Doyenné*, qu. 5. *du Palais Royal*. Voyez PONT DE Cé.

DRAGUIGNAN, rue *de la Muette*, faubbourg *saint Marceau*, qu. 16. *de la Place Maubert*, à 180 l. S-E. C'est une Ville de Provence, Diocèse de Frejus, Parlement & Intendance d'Aix, Chef-lieu d'une Recette, avec 5000 Habitans, & une Sénéchaussée.

Rue *de la Draperie*, qu. 1. *de la Cité*. Voyez MOULINS.

DREUX, rue *Ognard*, qu. 2. *de saint Jacques de la Boucherie*, à 10 l. S-O. C'est une Ville du Vexin François, dans le Gouvernement de l'Isle de France, Diocèse de Chartres, Parlement & Intendance de Paris, Chef-lieu d'une Election, sur la petite riviere de Blaise, avec 4000 Habitans, un Bailliage, une Lieutenance de Robe courte, une Maîtrise des Eaux & Forets, une Marechauffée ; & c'est un Gouvernement particulier.

Dun-le-Roi, rue *du Mouton*, qu. 11. *de la Greve*, à 55 l. S-E. C'est une Ville dans le Berri, Diocése, Intendance & Election de Bourges, Parlement de Paris sur l'Airone, avec 1800 Habitans, & un Grenier à Sel.

Dunquerque, rue *des Recolets*, faub. *S. Laurent*, qu. 10. *de S. Martin*, à 62 l. N. C'est une Ville considérable du Comté de Flandre, Diocése d'Ypres, Parlement de Douay, Intendance de Lille, avec 18000 Habitans, & un Port de Mer.

Durance, rue *du Champ de l'Allouette*, faub. *Saint Marceau*, qu. 16. *de la Place Maubert*. C'est une Riviere qui prend sa source auprès du Mont Geneve en Dauphiné, & se jette dans le Rhône à une lieue au-dessous d'Avignon ; elle change souvent de lit, & ravage par ses débordemens fréquens les terres des environs de son lit, & elle n'est point navigable.

Rue *de Duras*, faub. *de S. Honoré*, qu. 5. *du Palais Royal*, hors des Barrieres.

E.

Eause *ou* Euse, rue *Guillemin* ou *de la Corne*, qu. 19. *du Luxembourg*, à 137 l. S-O. C'est une Ville de l'Armagnac dans la Gascogne, Diocése & Intendance d'Auch, Parlement de Toulouse, Election d'Armagnac. Cette Ville est la Capitale du Pays d'Eausan, sur la Gelise, avec 1500 Habitans.

Rue *de l'Echarpe*, qu. 15. *de S. Antoine.* Voyez GYS.

Rue *de l'Echaudé*, qu. 14. *du Temple.* Voyez DOMCHERY.

Rue *de l'Echaudé*, qu. 8. *des Halles.* Voyez MER.

Rue *de l'Echelle*, qu. 5. *du Palais Royal.* Voyez ANTRAIN.

C. *de l'Echiquier*, rue & qu. *du Temple.*
ECOLES GRANDES.

De Chirurgie & ses dépendances, rue *des Cordeliers*, qu. 18. *de saint André des Arcs.*

De Droit Canon & Civil, rue *de S. Jean de Beauvais*, qu. 17. *de saint Benoît*, & Place de Cambray, même qu. 17.

De Médecine & ses dépendances, rue *de la Bucherie*, qu. 17. *de saint Benoît.*

De Sorbonne, Place de Sorbonne, qu. 18. *de saint André des Arcs.*

Du Jardin du Roy, pour les Plantes & ses dépendances, même rue, faub. *saint Victor*, qu. 16. *de la Place Maubert.*

Rue *d'Ecosse* ou *des Ecossois*, Mont saint Hilaire, qu. 17. *de S. Benoît.* Voyez LUNEL.

Rue *des Ecouffes*, qu. 15. *de saint Antoine.* Voyez JOIGNI.

Rue *des Ecrivains*, qu. 2. *de S. Jacques de la Boucherie.* Voyez VALENÇAY.

Rue ou passage *des Ecuries*, qu. 5. *du Palais Royal.* Voyez GUERANDE.

EFFIAT, rue *du Petit-Pont*, qu. 17. *de saint Benoît*, à 82 l. S-E. C'est une Ville & Marquisat dans l'Auvergne, Parlement de Paris, Intendance de Moulins, Election de Gannat, avec 1000 Habitans.

Rue *de l'Egout*, qu. 20. *de S. Germain des Prez.* Voyez SAINTE FOY.

Rue *de l'Egout de sainte Catherine*, qu. 15. *de saint Antoine.* Voyez ORGELET.

Rue *des Egouts du Ponceau*, qu. 9. *de saint Denis.* Voyez MOREUIL.

Rue *de l'Eguillerie*, qu. 3. *de sainte Opportune.* Voyez JARGEAU.

EGUISHEIM, rue *de saint Sebastien*, faub. & qu. 15. *de saint Antoine*, à 100 l. S-E. C'est une Ville de la Haute Alsace, à une lieue de Strasbourg, Diocèse de Basle, Conseil & Intendance d'Alsace, Bailliage de Ruffach, avec 1000 Habitans.

ELBŒUF, rue *Vuide-Gousset*, qu. 6. *de Montmartre*, à 26 l. O. C'est une petite Ville & Duché-Pairie dans la Normandie, partie du Diocèse de Rouen, partie du Diocèse d'Evreux, Parlement & Intendance de Rouen, Election d'Arques, sur la Seine, avec 7000 Habitans.

ELECTIONS du Royaume, 154.

Rue *de saint Eloi*, qu. 1. *de la Cité.* Voyez THIERS.

EMBRUN, rue *des Charbonniers*, faub. & qu. 15. *de saint Antoine*, à 146 l. S-E. C'est une Ville dans le Dauphiné, & un Archevêché, Parlement & Intendance de Grenoble, Election de Gap, avec 12000 Habitans.

ENTREVAUX, rue *de l'Orangerie*, faub. *saint Marceau*, qu. 16. *de la Place Maubert*, à 170 l. S-E. C'est une Ville de Provence, Diocèse de Glaudeve, sur le Var, avec 1500 Habitans.

C. *de l'Empereur*, rue & qu. 9. *de saint Denis.*

Rue *des Enfans-Rouges*, qu. 14. *du Temple.* Voyez S. DIZIER.

Rue *d'Enfer*, qu. 1. *de la Cité.* Voyez EPINEUIL.

Rue d'*Enfer*, faub. *faint Michel*, qu. 19. du *Luxembourg*. Voyez ALBI, RIVES-ALTES, CONFLANS, MONT-LOUIS, CERDAGNE.

Rue d'*Enfer*, Faub. & qu. 6. *de Montmartre*, hors des Barrieres.

ENSISHEIM, rue *de faint Claude*, qu. 14. du *Temple*, a 99 l. S-E. C'eſt la Ville Capitale de la Haute Alſace, Dioceſe de Bâle, Conſeil ſouverain & Intendance d'Alſace., Chef-lieu d'un Bailliage, ſur le Mulbach, avec 3000 Habitans.

Rue *de l'Epée de bois*, ou *du Champ d'Albiac*, Faub. *faint Marceau*, qu. 16. *de la Place Maubert*. Voyez ALETH.

Rue *de l'Eperon*, qu. 18. *de faint André des Arcs*. Voyez EXIDEUIL.

ESPAGNE (l') Bar. *de Vaugirard*, qu. 19. du *Luxembourg*, a 170 l. S-O. C'eſt une preſqu'Iſle, une des grandes Régions, & un Royaume de l'Europe dans lequel on comprend ordinairement le Portugal, borné par les Pyrénées, du côté de la France, par la mer Méditerranée, par le Détroit de Gibraltar, & par l'Océan. Il a environ 240 l. de long ſur 200 de large. Madrid en eſt la Ville Capitale.

ESPARRE, (l'), rue *de la Varenne*, qu. 20. *de faint Germain des Préz*, à 130 l. S-O. C'eſt une petite Ville & la Capitale du pays de Medoc dans la Guyenne ou Gaſcogne, Dioceſe, Parlement, Intendance & Election de Bourdeaux, avec 1000 Habitans.

ESPERNAI, rue *des Quatre Fils*, qu. 14. du *Temple*, à 30 l. S-E. C'eſt une Ville dans la Champagne, Dioceſe de Rheims, Parlement de Paris, Intendance de Châlons, Chef-lieu d'une Election, ſur la Marne, avec 4000 Habitans.

ESPERNAI, rue *des Quatre Fils*, qu. 14. *du
Temple*, à 30 l. N-E. C'est une Ville dans la
Champagne, Diocèse de Rheims, Parlement
de Paris, Intendance de Châlons, Chef-lieu
d'une Election sur la Marne, avec 4000 Habitans. Le vin qu'on recueille dans cette Election est fort estimé.

ESPINAL, rue *de S. Gervais*, qu. 14. *du
Temple*, à 74 l. S-E. C'est une Ville de Lorraine, Diocèse de Toul, Parlement & Intendance de Mets, sur la Moselle, avec 2000
Habitans.

ESTAMPES, rue *de la Tabletterie*, qu. 3. *de
sainte Opportune*, à 13 l. S-O. C'est une Ville
de la Beauce, dans l'Orléanois, Diocèse
de Chartres, Parlement & Intendance de Paris, Chef-lieu d'une Election sur la Juine,
avec 2000 Habitans, & avec titre de Duché-
Pairie.

ESPERNON, rue *de la Cordonnerie*, qu. 8.
des Halles, à 16 l. S-O. C'est une Ville de la
Beauce dans l'Orléanois, Diocèse & Election de Chartres, Parlement de Paris, Intendance d'Orleans, sur la Guesle, avec douze
cens Habitans. Elle a le titre de Duché-
Pairie.

EST, ou ORIENT, Barr. *de la Croix
de Faubin*, faubourg & quartier 15. *de saint
Antoine*, à 77 l. N-O. C'est le nom qu'on
donne à l'Orient. On appelle vent d'Est le
vent qui souffle du côté de l'Orient. Il signifie aussi le côté de l'Horison qui regarde l'O-
rient; ainsi toutes les Villes marquées par la
lettre E, sont du côté du Faubourg saint Antoine par rapport à Paris qui est placé sur l'E-
glise de saint Leu, & c'est par ce moyen qu'on
comprendra le lieu où une Ville doit être aux

L

environs, lorſque le nombre ou la diſpoſition des rues n'aura pas permis de la mettre à celle qui conviendroit le mieux.

Rue *de l'Eſtrapade*, Faub. *ſaint Marceau*, qu. 17. *de ſaint Benoît*. Voyez S. PONS.

ESTAIN, rue *du Paſſage des Jacobins*, qu. 17. *de ſaint Benoît*, à 126 l. S-E. C'eſt une Ville du Rouergue, Diocèſe & Election de Rhodez, Parlement de Toulouſe, Intendance de Montauban, avec 1000 Habitans.

ESTIENNE en Forêt (S.) rue *des Anglois*, qu. 17. *de S. Benoît*, à 110 l. S-E. C'eſt une Ville & la Capitale du Forez dans le Lyonnois, Diocèſe & Intendance de Lyon, Parlement de Paris, Chef-lieu d'une Election & d'une Sénéchauſſée, ſur la riviere de Furens, avec 18000 Habitans.

Rue *de ſaint Eſtienne*, qu. 9. *de S. Denis.* Voyez CRESCI.

Rue *de ſaint Eſtienne d'Egrès*, qu. 17. *de S. Benoît*. Voyez CLERMONT DE LODEVE.

Rue *de l'Etoile*, qu. 12. *de S. Paul.* Voyez CLUNI.

C. *de l'Etoile*, rue *Thevenot*, qu. 9. *de S. Denis.*

Rue *des Etuves*, qu. 10. *de S. Martin.* Voyez COUCY.

C. *des Etuves*, rue *Grande Mariveau*, qu. 2. *de S. Jacques de la Boucherie.*

EU, rue *du Chantier*, qu. 6. *de Montmartre*, à 38 l. N-O. C'eſt une Ville & Comté-Pairie dans la Normandie, Diocèſe, Parlement & Intendance de Rouen, Chef-lieu d'une Election, ſur la Breſle, par laquelle la mer remonte ſon reflux, avec 4000 Habitans, un Bailliage, un Grenier à ſel, une Amirauté, & une Maîtriſe des Eaux & Forêts,

ÉVAUX , rue *de saint Barthelemi* , qu. 1. *de la Cité* , à 88 l. S-E. C'est une Ville dans l'Auvergne , Diocèse de Limoges , Parlement de Paris , Intendance de Moulins , Chef-lieu d'une Election , avec 1200 Habitans.

EVECHEZ du Royaume. Ceux du Comtat d'Avignon compris , 127.

Rue *de l'Evêché* , entre l'Archevêché & l'Hôtel-Dieu, qu. 1. *de la Cité.* Voyez SAONE.

Rue *de l'Evêque* , qu. 5. *du Palais Royal.* Voyez FOUGERES.

ÉVREUX , rue *Montmartre* , qu. 7. *de saint Eustache* , à 22 l. N-O. C'est une Ville dans la Normandie,& un Evêché suffragant de Rouen, Parlement & Intendance de Rouen, Chef-lieu d'une Election, sur l'Iton, avec 1400 Habitans; elle a titre de Comté-Pairie , un Bailliage & un Présidial.

EURON , rue *de la Boucherie* , qu. 5. *du Palais Royal* , à 48 l. S-E. C'est une petite Ville du Maine , Diocèse du Mans , Parlement de Paris , Intendance de Tours , Election de Mayenne , sur la riviere d'Eron , avec 4000 Habitans.

EUROPE (L') Bar. *de S. Michel* , qu. 19. *du Luxembourg,* à 200 l. de la France , & à 370 de Paris , S-O , depuis le Détroit de Gibraltar , qui la sépare de l'Afrique,& où elle commence de ce côté-là. C'est une des quatre parties du monde habité , bornée par l'Océan septentrional au glacial ; N , O , par l'Océan Athlantique ou Occidental ; E , par l'Asie dont elle est séparée par l'Archipel & la Méditerranée ; S , par la mer Méditerranée qui la sépare de l'Afrique ; elle a 110 lieues dans sa plus grande longueur , & 900 dans sa plus grande largeur. Elle comprend plusieurs Royaumes , dont la France est le plus considérable.

On divise l'Europe en plusieurs maniéres; mais la plus commune & la plus ordinaire, c'est de la diviser en Royaumes ou Etats de Terre ferme, & en Isles.

L'Europe contient dans la Terre ferme, le Danemarck, la Suéde, la Norvége, la Pologne, la Moscovie en partie; l'Allemagne, sous laquelle on comprend la Bohéme, la Hongrie, les Pays-Bas, les Suisses & leurs Alliés; la France; l'Espagne, qui comprend le Portugal; l'Italie; la Turquie en Europe, & plusieurs Etats & Souverainetés, qui sont compris dans ceux-là.

Les Isles de l'Europe dans l'Océan, sont les Isles Britanniques, l'Angleterre, l'Ecosse, l'Irlande, l'Islande; & dans la Mer Méditerranée, les plus considérables sont Sicile, Candie, Sardaigne, Corse, Majorque.

Les Fleuves considérables de l'Europe, sont en grand nombre, & l'on en compte vingt-sept.

L'Europe est à la verité la moins étendue des quatre Parties du Monde habité : mais les Relations les plus exactes de Voyageurs, s'accordent qu'elle est la plus considérable & la plus renommée de toutes par toute la Terre.

L'Europe l'emporte sur toutes les autres Parties du Monde, par sa fertilité & sa beauté, par le nombre de ses Habitans, par la multitude des grandes Villes qu'elle enferme, par l'étude des Belles-Lettres, qui y a été toujours florissante, par la gloire des armes & des belles actions des Européens, qui en ont donné des marques en tout tems, &

qui ont foumis à leur puiffance en divers rems, une grande Partie de la Terre habitable ; par la Conquête de la plus grande Partie de l'Amérique , & par les Colonies puiffantes qu'ils tiennent dans l'Afie & dans l'Afrique.

Ce qui rend l'Europe plus confidérable que tous les autres avantages , c'eft le Chriftianifme dont elle eft devenue comme la portion la plus précieufe , & en quelque maniére la reffource.

EXIDEUIL , rue *de l'Eperon*, qu. 18. *de faint André des Arcs* , à 104 l. S-O. C'eft une petite Ville du Perigord, Diocèfe de Perigueux, Parlement de Paris , Intendance de Limoges , Election d'Angoulême , fur la riviere de Loulour , avec 1500 Habitans.

F

RUe *Faideau* , qu. *6. de Montmartre.* Voyez LE SAP.

FALAISE , rue *neuve des Petits Champs* , qu. *6. de Montmartre* , à 46 l. N-O. C'eft une Ville de Normandie , Diocèfe de Seez , Parlement de Rouen , Intendance d'Alençon , Chef-lieu d'une Election , fur l'Anté , avec 4000 Habitans. Elle eft renommée pour la Foire qui dure quinze tours.

FARGEAU (S.) rue *Brifemiche* , à 38 l. S-E. C'eft une Ville dans le Gâtinois , Diocèfe d'Auxerre , Parlement de Paris , Intendance d'Orleans , Election de Gien, fur la riviere de Loing , avec 1500 Habitans , & un Grenier à fel.

C. S. FARON, rue *de la Tisseranderie*, qu.
11. *de la Grève*

Rue *des Fauconniers*, qu. 12. *de S. Paul.*
Voyez ALIZE.

FAUBOURGS DE PARIS.

De saint Antoine, même qu. 15.

De la Conférence a Chaillot, hors des Barrieres, qu. 15. *du Palais Royal.*

De saint Denis, même qu. 9.

De saint Honoré, qu. 5. *du Palais Royal.*

De saint Jacques, qu. 17. *de S. Benoît.*

De saint Laurent, qu. 10. *de saint Martin.*

De saint Lazare, qu. 9. *de saint Denis.*

De saint Marceau, qu. 16. *de la Place Maubert.*

De saint Martin, même qu. 10.

De saint Michel, qu. 19. *du Luxembourg.*

De saint Victor, qu. 16. *de la Place Maubert.*

De Montmartre, même qu. 6.

Du Temple, même qu. 14.

Rue du Faub. *saint Antoine*, même qu. 15.
Voyez BESANÇON, POLIGNI, ARBANT, GEX.

Rue du Faub. *saint Denis*, même qu. 9.
Voyez S. OMER.

Rue du Faub. *saint Honoré*, qu. 5. *du Palais Royal.* Voyez LEON, QUIMPER, BREST,
LE CONQUET.

Rue du Faub. *saint Jacques*, qu. 17. *de S.
Benoît.* Voyez SALSES, PERPIGNAN, CO-
LIOURE, PORTVENDRES.

Rue du Faub. *saint Laurent*, qu. 10. *de S.
Martin.* Voyez GRAVELINES, MARIEN-
BOURG.

Rue du Faub. *saint Lazare*, qu. 9. *de saint
Denis.* Voyez BOULOGNE GUINES.

Rue du Faub. *saint Marceau*, qu. 16. *de la*

Place Maubert. V. LAMBESC, AIX, MARSEILLE.

Rue du Faub. *saint Martin*, même qu. 10. Voyez BERGUES.

Rue du Faub. *de Montmartre*, même qu. 6. Voyez SEINE.

Rue du Faub. *de saint Victor*, qu. 16. *de la Place Maubert.* Voyez VIENNE, GRENOBLE, LA CHARTREUSE.

Rue du Faub. *du Temple*, même qu. 14. Voyez BOUILLON, SEDAN.

Rue *du Fer*, Faub. *saint Marceau*, qu. 16. *de la Place Maubert.* Voyez S. LAURENT.

Rue *de la Femme sans tête*, Isle Notre-Dame, qu. 1. *de la Cité.* Voyez CHANAI.

Rue *du Fer à Moulin*, Faub. *saint Marceau*, qu. 16. *de la Place Maubert.* Voyez SENEZ.

FERE (la) rue *du Grand Heurleur*, qu. 9. *de saint Denis*, à 30 l. N. C'est une Ville & Justice Royale de Picardie, Diocèse de Noyon, Parlement de Paris, Intendance de Soissons, Election de Laon, sur la Serre, proche l'Oise, avec 3000 Habitans, un Bailliage & une Maîtrise des Eaux & Forêts.

FERMES DU ROI, rue *Grenelle*, qu. 7. *de S. Eustache.*

FERRETTE, rue *du Chemin vert*, Faub. & qu. 15. *de saint Antoine*, à 118 l. S-E. C'est une Ville dans la Haute Alsace, Conseil souverain, & Intendance d'Alsace, Chef-lieu d'un Comté du même nom, & d'un Bailliage, avec 800 Habitans.

FERRIOL (S.) rue *du Noir*, Faub. S. *Marceau*, qu. 16. *de la Place Maubert*, à 155 l. S-O. C'est un Village du Haut Languedoc, Diocèse de S. Papoul, Parlement de Toulouse, Intendance de Montpellier, avec 100 Habitans. Il est fort renommé, à cause qu'il est voisin & qu'il donne son nom au fameux Réservoir d'eau, qui a 1200 toises de longueur sur 500 de largeur, au pied de la Montagne noire, & 20 toises de profondeur pour fournir de l'eau au Canal de Languedoc.

Rue *Ferrou*, qu. 19. *du Luxembourg.* Voyez S. GAUDENS.

C. *Ferrou*, là-même.

Rue *de la Feronnerie*, qu. 3. *de sainte Opportune.* Voyez ORLEANS.

FERTÉ S. AUBIN (La) rue *de la Limace*, qu. 3. *de sainte Opportune*, à 30 l. S-O. C'est une petite Ville dans l'Orléanois, Diocèse, Intendance & Election d'Orleans, Parlement de Paris, avec 1500 Habitans.

FERTÉ BERNARD (La) rue *de Richelieu*, qu. 5. *du Palais Royal*, à 33 l. S-E. C'est une Ville dans le Maine, Diocèse & Election du Mans, Parlement de Paris, Intendance de Tours, sur Lhaine, avec 3000 Habitans.

FERTÉ MILON (La) rue *de Beaubourg*, qu. 10. *de saint Martin*, à 15 l. N. E. C'est une Ville de Picardie, dans le Gouvernement de l'Isle de France, Diocèse de Senlis, Parlement de Paris, Intendance de Soissons, Election de Crespi, sur la riviere d'Arques, avec 2500 Habitans, un Bailliage & une Châtellenie.

FESCAMP, rue *de Clery*, qu. 6. *de Montmartre*, à 45 l. N-E. C'est une Ville de Normandie, Diocèse, Parlement & Intendance de Rouen, Election de Montivilliers, avec 7000 Habitans, & un petit Port de Mer.

Rue *de la Feuillade*, qu. 6. *de Montmartre.* Voyez ARGENTAN.

C. *des Feuillantines*, rue *du faubourg de S. Jacques*, qu. 17. *de saint Benoît.*

FEURS, rue *des Deux Hermites*, qu. 1. de *la Cité*, à 95 l. S-E. C'est un Bourg autrefois la Capitale du haut Forez, dans le Lyonnois, Diocèse & Intendance de Lyon, Parlement de Paris, Election de Roanne, sur la Loire, avec 800 Habitans.

Rue *de saint Fiacre*, qu. 6. *de Montmartre.* Voyez DIEPPE.

C. *de saint Fiacre*, rue de S. *Martin*, qu. 22. *de saint Jacques de la Boucherie.*

FIGEAC, rue *de Touraine* ou *Turenne*, qu. 19. *du Luxembourg*, à 128 l. S-O. C'est une Ville dans le Querci, Diocèse de Cahors, Parlement de Toulouse, Intendance de Montauban, Chef-lieu d'une Election, sur la Selle, avec 5000 Habitans.

Rue *du Figuier*, qu. 12. *de saint Paul.* Voyez MONTLUEL.

Rue *des Filles Angloises*, faub. & qu. 15. *de saint Antoine.* Voyez ORNANS, BOURG-EN-BRESSE.

Rue *des Filles Angloises*, faub. *saint Marceau*, qu. 16. *de la Place Maubert.* Voyez CAMARGUE.

Ruelle *des Filles Angloises*, faub. S. *Marceau*, qu. 16. *de la Place Maubert.* Voyez CRAU.

Rue *des Filles du Calvaire*, qu. 14. *du Temple.* Voyez SAINTE MENOU.

C. *des Filles de la Croix* ou *Guimenée*, rue & qu. 15. *de sainte Antoine.*

Rue *des Filles-Dieu*, qu. 9. *de saint Denis.* Voyez BAPAUME.

C. *des Filles-Dieu*, rue *des Fossés de saint Denis*, même qu. 9.

Rue *des Filles de saint Thomas*, qu. 6. *de*

Montmartre. Voyez MONTREUIL.

FISMES, rue *de Sainte-Croix de la Bretonnerie*, qu. 13. *de sainte Avoye*, à 28 l. N-E. C'est une Ville dans la Champagne, Diocèse & Election de Rheims, Parlement de Paris, Intendance de Châlons, sur la riviere de Vasle, avec 2000 Habitans. C'est un Gouvernement particulier.

FLANDRE (La) qu. 9. *de saint Denis*, & 10. *de saint Martin*, à 38 l. N-E. La Françoise, proprement dite, ou le Pays-Bas des François, parce qu'il appartient à la France, est entre la Lys & l'Escaut ; elle comprend le Territoire de Tournai, le Bailliage de Douay, la Châtellenie de Lille & le Hainaut François ; elle forme une Province & un Gouvernement Militaire du Royaume de France. Lille en est la Capitale.

FLAVIGNI, rue *de l'Esdiguieres*, qu. 12. *de saint Paul*, à 50 l. S-E. C'est une Ville dans la Bourgogne, Diocèse d'Autun, Parlement & Intendance de Dijon, Bailliage & Recette de Semur en Auxois, avec 1200 Habitans.

FLÉCHE (La) rue *de saint Honoré*, qu. 4. *du Leuvre*, à 60 l. S-O. C'est une Ville dans l'Anjou, Diocèse d'Angers, Parlement de Paris, Intendance de Tours, Chef-lieu d'une Election, sur le Loir, avec 2500 Habitans, & un Présidial. C'est un Gouvernement particulier.

FLEURENCE, rue *des Fossoyeurs*, qu. 19. *du Luxembourg*, à 146 l. S-O. C'est une Ville & Justice Royale, dans la Gascogne, Diocèse de Lectoure, Parlement de Toulouse, Intendance d'Auch, avec 800 Habitans.

FLEURENT (Saint) rue *du Pied du Bœuf*, qu. 2. *de saint Jacques de la Boucherie*, à 41 l. S. C'est un Bourg dans le Berri , Diocèse & Intendance de Bourges , Parlement de Paris , Election de la Charité , sur la Loire , avec 800 Habitans.

FLEURI, autrefois *Perignan* , rue *des Poulles* , faub. *saint Marceau* , qu. 17. *de saint Benoit* , à 158 l. S-E. C'est un Duché-Pairie , dans le Bas Languedoc , Diocèse de Narbonne , Parlement de Toulouse , Intendance de Montpellier , sur l'Etang de Fleuri , anciennement Vendres , avec 1200 Habitans ; il a été érigé en Duché-Pairie , sous le nom de Fleuri , en faveur du Neveu du Cardinal de ce nom , Ministre.

FLEURI , rue *du Plat d'Etain* , qu. 3. *de sainte Opportune* , à 29 l. S-O. C'est une Ville dans l'Orléanois , Diocèse , Intendance & Election d'Orleans , Parlement de Paris , au bord de la Loire , avec 1800 Habitans.

FLORENTIN (Saint) rue *Porte au Foin* , qu. 14. *du Temple* , à 32 l. S-E. C'est une Ville & Comté dans la Champagne , Diocèse de Sens , Parlement & Intendance de Paris , Chef-lieu d'une Election , proche le Confluent des rivieres d'Armance & d'Armançon , avec 1500 Habitans, un Bailliage & un Grenier à Sel.

FLOUR (S.) rue *de S. Jacques* , qu. 17. *de S. Benoît* , à 109 l. S-E. C'est une Ville dans la Haute Auvergne , & un Evêché Suffragant de Bourges , Parlement de Paris , Intendance de Riom , Chef-lieu d'une Election , avec 5000 Habitans.

Rue *du Foin* , qu. 18. *de S. André des Arts*. Voyez MAURIAC, LANGEAC.

Rue *du Foin*, qu. 15. *de S. Antoine*. Voyez MULZIA.

FOIRES de Paris.

De saint Germain, rue *de Tournon*, qu. 19. *du Luxmbourg*.

De saint Laurent, même rue & faub. qu. 10. *de S. Martin*.

FOIX, qu. 19. *du Luxembourg* à 170 l. S-O. C'est une petite Province de France, avec Titre de Comté, & un Gouvernement Militaire, entre le Languedoc, le Roussillon & les Pyrénées qui le séparent de l'Espagne, Parlement de Toulouse, Intendance de Roussillon. Foix en est la Ville Capitale ; c'est un Pays d'Etats.

FOIX, rue *de Notre-Dame des Champs*, qu. 19. *du Luxmbourg*, à 173 l. S-O. C'est une petite Ville, Capitale du Comté du même Nom, Parlement de Toulouse, Intendance de Roussillon, Recette de Pamiers, sur l'Ariege, avec 3000 Habitans.

Rue *de a Folie Maurcourt*, faub. & qu. 14. *du Templ*. Voyez MEZIERES, VAUBECOURT.

Rue *de la Folie Renault*, à la Raquette, faub. & qu. 15. *de S. Antoine*, hors des Barrieres.

FONTENAI-LE-COMTE, rue *de Bourbon*, qu. 20. *de Saint Germain des Prez*, à 118 l. S-O. C'est une Ville dans le Poitou, Diocèse de la Rochelle, Parlement de Paris, Intendance de Poitiers, Chef-lieu d'une Election, & d'un Bailliage, sur la Verdée, au voisinage de la Mer, avec 7000 Habitans, Sénéchaussée Royale, Justice des Traites, & une Maîtrise des Eaux & Forêts.

Rue *de la Fontaine*, faub. *S. Marceau*, qu. 16. *de la Place Maubert*. Voyez GUILLAUME.

FONTAINEBLEAU,

FONTAINEBLEAU, rue *de la Verrerie*, qu. 20. *de faint Martin*, à 14 l. S-E. C'eſt un Bourg dans le Gâtinois, Dioécſe de Sens, Parlement & Intendance de Paris, Election de Melun, au milieu de la grande & belle Forêt qui porte ſon nom, avec 5000 Habitans, & une Prevôté Royale, une Maîtriſe des Eaux & Forêts, & une Capitainerie Royale des Chaſſes; il eſt renommé à cauſe du Château où les Rois vont habiter en Automne pour prendre le divertiſſement de la chaſſe dans cette Forêt qui contient 26424 Arpens.

FONTAINES, publiques de Paris 50.

Rue *des Fontaines*, qu. 10. *de Saint Martin.* Voyez SAINT AMAND.

Rue *des Fontaines du Roi*, faub. & qu. 14. *du Temple.* Voyez BOURBONNE.

FONTEVRAULT, Rue *Grande Matignonne*, qu. 5. *du Palais Royal*, à 64 l. S-O. C'eſt un Bourg dans l'Anjou, Dioécſe de Poitiers, Parlement de Paris, Intendance de Tours, Election de Saumur, aux Confins de l'Anjou, Touraine & Poitou, avec 2500 Habitans, fort connu, à cauſe de l'Abbaye de 150 Filles qui lui a donné ſon nom.

FORCALQUIER, rue *Neuve d Orleans*, faub. *Saint Marceau*, qu. 16. *de la Place Maubert*, à 140 l. S-E. C'eſt une Ville de Provence, Dioécſe de Siſteron, Parlement & Intendance d'Aix, Chef-lieu d'une Viguerie, avec 4500 Habitans. Nos Rois dans les Lettres-Patentes ſe diſent Comtes de Provence & de Forcalquier.

FORCE (La) rue *du Sépulcre*, qu. 20. *de S. Germain des Prez*, à 120 l. S-O. C'eſt un

Duché-Pairie dans le Perigord, Diocése &
Election de Perigueux, Parlement & Intendance de Bourdeaux, avec 1500 Habitans.

FOREZ (Le) rue *des Noyers*, qu. 17. *de
S. Benoît*, à 80 l. S-E. C'est une petite Province dans le Lyonnois, bornée par le Beaujolois, l'Auvergne & le Vellay, traversée par la
Loire. Saint Etienne en est la Ville Capitale.

Rue *du Forez*, qu. 14. *du Temple*. Voyez
Suippe.

Forges, rue *de S. Pierre*, qu. 6. *de Montmartre*, à 25 l. N-O. C'est un Bourg de Normandie, Diocése, Parlement & Intendance
de Rouen, Election de Neuf-Châtel, avec
1200 Habitans ; il est renommé par ses
Eaux minerales.

C. *Fort-aux-Dames*, rue *de la Heaumerie*,
qu. 2. *de saint Jacques de la Boucherie*.

Fort-Louis, rue *du Chemin-Vert*, faub. &
qu. 15. *de saint Antoine*, 107 l. E. C'est une
petite Ville dans la Basse Alsace, Diocése de
Strasbourg, Conseil & Intendance d'Alsace,
Chef-lieu d'un Bailliage proche le Fort du
même nom, & dans la même Isle, avec
1800 Habitans.

C. *Fosse-aux-Chiens*, rue *des Bourdonnois*,
qu. 3. *de sainte Opportune*.

Rue *des Fossés S. Antoine*, même faub,
& même qu. 15. Voyez Givry.

Rue *des Fossés saint Bernard*, faub. *de S.
Victor*, qu. 16. *de la Place Maubert*. Voyez
Lesdiguieres, Sassenage.

Rue *des Fossés S. Denis*, même qu. 9.
Voyez S. Venant.

Rue *des Fossés S. Germain de l'Auxerois*.
Voyez Loches, Chateaurenault.

Rue *des Fossés de S. Germain des Prez*.

Voyez MIROMONT.

Rue *des Fossés de S. Jacques*, qu. 17. *de S. Benoît*. Voyez ROCOSEL.

Rue *des Fossés de S. Martin*, même qu. 10. Voyez BOUCHAIN.

Rue *des Fossés Montmartre*, même qu. 6. Voyez ANNEBOUT.

Rue *des Fossés de M. le Prince*, qu. 19. *du Luxembourg*. Voyez GOURDON, THEMINES.

Rue *des Fossés du Temple*, même faub. & qu. 14. Voyez MONTMEDI.

Rue *des Fossés des Thuilleries*, qu. 5. *du Palais Royal*. Voyez LOIRE.

Rue *des Fossés de S. Victor*, même faub. qu. 16. *de la Place Maubert*. Voyez NIMES, ARAMONT.

Rue *des Fossoyeurs*, qu. 19. *du Luxembourg*. Voyez NOGARO, FLERENCE.

Rue DU FOUARE, qu. 17. *de Saint Benoît*. Voyez S. RAMBERT.

FOUGERES, rue *de l'Evêque*, qu. 5. *du Palais Royal*, à 60 l. S-O. C'est une Ville de Bretagne, Diocèse & Parlement de Rennes, Intendance de Nantes, sur le Couesnon, avec 4000 Habitans. C'est un Gouvernement particulier.

Rue *du Four*, qu. 7. *de saint Eustache*. Voyez CHATEAU-DU-LOIR.

Rue *du Four*, qu. 17. *de S. Benoît*. Voyez FRONTIGNAN.

Rue *du Four*, qu. 19. *du Luxembourg*. Voyez SAINTE FOI, AGEN, MARMANDE.

Rue *de Fourci*, qu. 12. *de S. Paul*. Voyez Voyez AUXONE.

Rue *de Fourci* ou *Vieille Estrapade*, qu. 17. *de saint Benoît*. Voyez GIGNAC.

C. *Fourci* ou *Guepine*, rue *de Joui*, qu. 12. *de saint Paul*.   Mij

Rue *des Fourreurs*, qu. 3. *de sainte Opportune*. Voyez BEAUGENCI.

FOY (Sainte) rue *du Four*, qu. 19. *du Luxembourg*, à 130 l. S-O. C'est une Ville de l'Agenois, dans la Guyenne & dans le Gouvernement de Gascogne, Diocèse & Election d'Agen, Parlement & Intendance de Bourdeaux, sur la Dordonne, avec 2000 Habitans, & une Justice Royale.

Rue *de Sainte Foy*, qu. 9. *de saint Denis.* Voyez S. PAUL.

FRANCE (La) Barr. *de sainte Anne*, qu. 9. *de saint Denis.* C'est un grand Royaume, & le plus puissant de l'Europe, au milieu de la Zone Tempérée, borné, N. par le Canal ou Manche d'Angleterre & par les Pays-Bas, E. par l'Allemagne, les Suisses, la Savoye & les Alpes, S. par la Mer Méditerranée & par les Pyrénées, O. par l'Océan Occidental. Il a environ 240 l. de longueur de l'O. à l'E. depuis le Conquet, au Pays de Cornouaille en Bretagne, jusqu'à Strasbourg en Alsace, & 225 du S. au N. depuis Colioure en Roussillon, jusqu'à Calais en Picardie.

Il n'y a point de Pays dans le monde dont la situation soit plus belle, & le séjour plus agréable que celui de la France. On y respire un air pur & sain, sous un Ciel temperé, & on y jouit de la douceur des Saisons, sans en ressentir, comme ailleurs, les incommodités.

L'Océan baigne la France d'un côté, & la Mer Méditerranée de l'autre ; & par les deux Mers, elle a relation avec toutes les Parties du Monde.

Le Terroir de la France est agréablement diversifié ; on y voit des hautes Montagnes,

les Pyrénées , les Alpes , les Cevennes , les
Montagnes d'Auvergne , des Collines , des
belles Vallées & des Plaines , presque nulle
part des Terres incultes.

La France est arrosée par un grand nombre de Ruisseaux & de Rivieres qui la traversent , qui servent a la communication des
deux Mers. Les principales Rivieres , sont la
Seine , la Loire , la Garonne & le Rhône ; &
il y a vingt-six Villes principales , où l'on
bat Monnoye , avec leur marque particuliere.

La France abonde en grains , en légu-
mes , en fruits , en huiles , en pâturages ,
en gibiers , en chanvre , en lin , & ses Côtes
sont poissonneuses , & fournissent assez de sel
pour elle & pour ses voisins.

On trouve dans la France des Mines de
fer , de plomb , de cuivre ; il y a beaucoup
de sources d'eaux minérales , & plusieurs
Mines d'or & d'argent , qu'il n'est pas permis de travailler.

Tous les avantages que la France a reçu
de la nature , joints à l'industrie de ses Habitans , & aux soins qu'ils prennent de la
cultiver , lui attirent une bonne quantité
d'argent des autres Pays , par ses Etoffes de
soye & de laine , ses Toiles de chanvre & de
lin , & par ses Ouvrages de Fer & de Quin-
cailleries , & autres.

Toutes les Provinces de France sont bien
peuplées , & il est ordinaire d'y trouver à
toutes les heures de chemin des Bourgs ou
Villages. On prétend qu'il y a quatre ou cinq
fois plus de Peuple qu'en Espagne , & une
fois plus qu'en Allemagne , on y comptoit
aussi vingt millions d'ames du tems de Char-

les IX ; & on jugeoit il y a quelques années , qu'il y en avoit quarante millions.

Tous les Arts libéraux & méchaniques
font cultivés en France , & le Commerce y
fleurit beaucoup ; les François qui ne con-
noiffoient point les Indes , ont appris à trafiquer aux Indes Orientales & Occidentales ,
& ont établi une Compagnie des Indes , qui
porte un grand avantage aux Intéreffés & au
Royaume.

On enfeigne en France toutes les Sciences ,
avec foin & avec fuccès. Il y a dans prefque
tous les lieux , des Ecoles pour l'inftruction
de la Jeuneffe , un grand nombre de Colléges , & feize Univerfités.

La Juftice eft bien adminiftrée en France ,
chaque lieu a fon Juge en particulier , duquel on peut appeller aux Cours du Parlement , qui font au nombre de douze.

La feule Religion Catholique eft maintenant foufferte en France fous dix-huit Mé-
tropoles ou Archevêchés & 107. Evêchés , fans
compter Metz , Toul & Verdun qui font fous
la Métropole de Tréves ; celui de Strafbourg
qui eft de Mayence , ni ceux de Dijon & de
S. Claude nouvellement érigez, & fans l'Archevêché d'Avignon , & les Evêchés de Carpentras , Cavaillon & Vaifon du Comtat Ve-
naiffin ou d'Avignon , lequel appartient au
Pape , & plus de 40000 Paroiffes , fans compter un grand nombre d'Eglifes Collégiales.

Le Roy de France nomme aux Archevêchés & Evêchés , à 660 Abbayes d'Hommes ,
& à plus de 317 tant Abbayes que Prieu-
rês de Filles.

Il y a dans le Royaume de France 250
Commanderies de l'Ordre de faint Jean d

Jerusalem, dit à présent de Malthe, & autrefois de Rhodes ; sçavoir 100 pour les Chevaliers, & 50 tant pour les Chapellains que pour les Servans. Dans le nombre de ces Commanderies, il y a six grands Prieurés & quatre Bailliages, Dignitez affectées aux Grands-Croix.

Le Royaume de France peut être divisé en Provinces Ecclésiastiques ou Généralités, mais il est plus aisé de le diviser en douze grands Gouvernemens qui comprennent les autres.

Pour aider la mémoire, on range les Gouvernemens sous trois ordres, on en met quatre au Nord de la Loire, quatre autour de cette Riviere, & quatre au Midi.

Les quatre Gouvernemens du Nord, sont la Picardie, la Normandie, la Champagne & l'Isle de France. Les quatre qui touchent la Loire, sont le Duché de Bourgogne, qui comprend la Bresse, le Bugey, le Valromey ; le Lyonnois qui renferme le Beaujolois & le Forez, le Bourbonnois, l'Auvergne & la Marche : l'Orléanois, où l'on trouve le Perche, le Maine, l'Anjou, la Touraine, le Poitou, l'Angoumois & le Nivernois : & le dernier est la Bretagne. Les quatre qu'on trouve au Midi de la Loire, sont le Dauphiné, la Provence, qui comprend le Comtat d'Avignon ou Venaissin Regnicole ; le Languedoc, qui contient le Vivarais, les Cévennes, le Gevaudan, le Velay & le Comté de Foix ; la Guyenne & la Gascogne, autrefois l'Aquitaine, qui ne font qu'un Gouvernement, sous lequel on comprend encore la Saintonge, le Limosin, le Périgord, le Querci, le Rouergue & la Basse Navarre.

On ajoute à ces douze grands & anciens Gouvernemens , ceux d'Alsace & de Roussillon , de Flandre , de Franche-Comté & de Lorraine , nouvellement acquise à la France.

La ville Capitale est Paris , placé sur l'Eglise de S. Leu, rue *S. Denis*, qu. 2. *de saint Jacques de la Boucherie* , qui est un Edifice public considérable , & connu pour être le point fixe de toutes les Parties de la France , appliquées sur Paris , selon l'explication donnée par la Géographie Parisienne , & pour apprendre tout à la fois , & les unes & les autres , & leur éloignement & local ; parce que Paris n'étant pas au milieu du Royaume il doit occuper sur son Plan , le local ou à peu près qu'il occupe sur la Carte Géographique du Royaume , pour le distribuer en Provinces de même que les Royaume.

FRANCE NOUVELLE (La). Voyez CANADA , QUEBEC.

FRANCE NOUVELLE (La) quartier hors des Barrieres de Paris , entre le faub. & qu. *6. de Montmartre* , & le faub. & qu. *9. de saint Denis.*

FRANCHE-COMTÉ (La) qu. 15. *de S. Antoine*, à 70 l. S-O. La Franche-Comté, ou Comté de Bourgogne , est une Province & un Gouvernement militaire du Royaume de France , séparé du Duché de Bourgogne , parce que ces Provinces ont appartenu à différens Souverains. Elle a pour limites , N. la Lorraine , E. la Suisse , O. & S. la Bresse ; elle a environ 50 l. de long , sur 32 dans sa plus grande largeur , Parlement & Intendance de Besançon , qui en est la Capitale.

Rue *de saint François* , qu. 14. *du Temple.* Voyez NANCY.

Rue *Françoise*, qu. 9. *de S. Denis.* Voyez GOURNAI.

Rue *Françoise*, faub. *saint Marceau*, qu. 16. *de la Place Maubert.* Voyez RIEZ.

Rue *des Francs-Bourgeois*, qu. 15. *de saint Antoine.* Voyez STENAY, MIRECOURT.

Rue *des Francs-Bourgeois*, faub. *S. Marceau*, qu. 16. *de la Place Maubert.* Voyez PIGNAN.

Rue *des Francs-Bourgeois*, qu. 19. *du Luxembourg.* Voyez VABRES.

FRÉJUS, rue *Poliveau* ou *des Sauſſayes*, faub. *S. Marceau*, qu. 16. *de la Place Maubert*, à 185 l. S-E. C'eſt une Ville de Provence, avec Evêché ſuffragant d'Aix, ſur la riviere d'Argent, à une demi-lieue de la Mer, & avec 3000 Habitans.

FRENAY, rue *de Richelieu*, qu. 15. *du Palais Royal*, à 49 l. S-O. C'eſt une Ville & Baronie, dans le Maine, Dioceſe de Seez, Parlement de Paris, Intendance d'Alençon, Election de Mortagne, ſur la Sarte, avec 1800 Habitans, un Siége Royal & un Grenier à Sel.

Rue *Frepillon*, qu. 10. *de saint Martin.* Voyez VALENCIENNES.

Rue *de la Fromagerie*, qu. 8. *des Halles.* Voyez BONNEVAL.

Rue *Fromenteau*, qu. 4. *du Louvre.* Voyez CRAON LE LION D'ANGERS.

Rue *Fromentelle*, qu. 17. *de saint Benoît.* Voyez ANNONAY.

Rue *des Frondeurs*, qu. 5. *du Palais Royal.* Voyez DINANT.

FRONTIGNAN, rue *du Four*, qu. 17. *de saint Benoît*, à 156 l. S-O. C'eſt une Ville dans le Bas Languedoc , Diocèse & Intendance de Montpellier , Parlement de Toulouse , fur le bord de l'Etang , auquel il donne fon nom , avec 2500 Habitans ; fon Vin Mufcat eft fort eftimé.

Rue *du Fumier* , faub. & qu. 15. *de faint Antoine.* Voyez PONT DE VESLE.

Rue *de Fuftemberg* , qu. 20. *de faint Germain des Prez.* Voyez MARTHON.

Rue *des Fuféaux* , quai *de la Megifferie*, qu. 3. *de fainte Opportune.* Voyez LIGUEIL.

G.

GABARET , rue *des Saints Peres* , qu. 20. *de S. Germain des Prez* , à 135. l. S-O. C'eft une Ville dans la Gafcogne , Diocèfe & Intendance d'Avel , Parlement de Touloufe , Recette de Morfan , fur la Geniffe , avec 800 Habitans.

GALLIAC , rue *des Poftes* , qu. 17. *de faint Benoît* , à 141 l. S-O. C'eft une Ville dans le Haut Languedoc , Diocèfe d'Albi , Parlement de Touloufe , Intendance de Montpellier , fur le Tarn , qui commence à y être navigable , avec 8000 Habitans. Ces Vins blancs font fort eftimés & recherchés.

Rue *Galande* , qu. 17. *de S. Benoît.* Voyez LYON , S. GERMAIN-LAVAL.

GALERIES du Louvre , rue *des Orties* , qu. 5. *du Palais Royal.*

Rue *de Gallion* , qu. 6. *de Montmartre.* Voyez GRANDVILLE.

GALMIER (Saint) Rue *Cocacrix*, qu. 1. *de
la Cité*, à 101. l. S-E. C'est une Ville dans
le Forez du Gouvernement du Lyonnois,
Diocèse & Intendance de Lyon, Parlement
de Paris, Elect. de Montbrison, surlariviere
de l'Oise, avec 2500 Habitans, & une Châtellenie Royale.

GAMACHES, rue *de Notre-Dame de Recou-
vrance*, qu. 9. *de saint Denis*, à 40 l. N-O.
C'est un Bourg & Marquisat dans la Picardie, Diocèse, Intendance & Election d'A-
miens, Parlement de Paris, sur la Bresle,
avec 1200 Habitans.

GANGES, rue *des Cholets*, qu. 17. *de S.
Benoît*, à 146 l. S-E. C'est une Ville & Mar-
quisat dans le Bas Languedoc, Diocèse &
Intendance de Montpellier, Parlement de
Toulouse sur l'Erault, avec cinq mille Habi-
tans.

GANNAT, rue *des deux Ponts*, *Isle de
Notre-Dame*, qu. 1. *de la Cité*, à 80 l. S.
C'est une Ville dans le Bourbonnois, Diocèse
de Clermont, Parlement de Paris, Intendance de Moulins, Chef-lieu d'une Election,
avec 3500 Habitans.

GAP, rue *de Berci*, faub. & qu. 15. *de S.
Antoine*, à 141 l. S-E. C'est une Ville du Dauphiné, & un Evêché Suffragant d'Aix,
Parlement & Intendance de Grenoble, Chef-
lieu d'une Election, sur la Riviere d'Ebene,
avec 4000 Habitans, un Bailliage & une
Marechauffée.

Rue *Garentiere*, qu. 19. *du Luxembourg*.
Voyez LECTOURE.

GARNESEY, Bar. *de la Pepiniere du Roi*,
qu. 6. *de Moutmartre*, à 12 l. de la France,

& à 90 de Paris, N-O. C'eſt une Iſle de la Manche d'Angleterre, ou Canal de France, ſur la Côte de Normandie, dont elle étoit dépendante, lorſque les Anglois en étoient les maîtres, & Diocèſe de Coutances; elle appartient aux Anglois, & elle contient dix Paroiſſes.

GARONNE (La) rue *de Varenne*, qu.20, *de S. Germain des Prez*, à 120 l. S-O. C'eſt une grande Riviere de France, qui a ſa ſource en Catalogne, paſſe dans le Languedoc & dans la Guyenne, & ſe jette dans la mer Océane au-deſſous de Bourdeaux après s'être jointe avec la Dordogne.

La Garonne commence à être navigable au-deſſus de Touloufe, où elle reçoit les eaux & les barques du Canal du Languedoc ou Royal; elle porte de Touloufe à Bourdeaux les plus gros Bateaux, & de Bourdeaux juſqu'à la Mer les plus gros Navires Marchands, ce qui fait la jonction des deux Mers, depuis Blaye & le Village de Gironde juſqu'à la Mer; la Garonne porte le nom de Gironde, & le flux de la Mer repouſſe & fait remonter les eaux de la Garonne juſqu'à ſon embouchure.

GASCOGNE (La) qu. 19. *du Luxembourg*, & 20. *de Saint Germain des Prez*, S-O. C'eſt une grande Province de France qui fait une partie du Gouvernement Militaire de la Guyenne; il eſt difficile de la déterminer, on entend communement par Gaſcogne tout ce qui eſt entre les Pyrennées, l'Océan & la Garonne, ce qui comprend le Bourdelois, & pluſieurs autres petits Pays, Parlement, Intendance de Bourdeaux;

deaux , de Montauban , d'Auch & de Pau ,
vers les Pyrénées. Ce Gouvernement Militaire
fait partie du Duché d'Aquitaine, dont le Roi
vient de donner le Titre au deuxiéme Fils de
Monſeigneur le Dauphin. Bourdeaux en eſt
la Capitale.

GATINOIS , qu. 10. *de S. Martin*, & qu. 13.
de ſainte Avoye, à 12 l. S-E. C'eſt une Province
de France; partie du Gouvernement Militaire
de l'Iſle de France, & partie de celui de l'Orléanois ; elle ſe diviſe en Gâtinois François
& en Gâtinois Orléanois, bornée par l'Iſle de
France , l'Orléanois , le Berri , le Nivernois
& la Champagne , il a 18. l. de long ſur
12. dans ſa plus grande largeur , Parlement
& Int. de Paris , Eſtampes en eſt la Capitale.

GAUDENS (Saint) Rue *l'errou* , qu. 19. *du
Luxembourg* , à 170 l. S-O. C'eſt une Ville
& Juſtice Royale dans le Nebauſan en Gaſcogne , Diocèſe de Comminges , Parlement
de Touloue , Int. d'Auch , Recette du Nebauſan , ſur la Garonne , avec 3000 Hab. une
Maîtriſe particulier , & une Sénéchauſſée.

GAULTHIER (Saint) rue *de la Tannerie* ,
qu. 11. *de la Gréve* , à 50 l. S-E. C'eſt un
Bourg dans le Berri, Diocèſe & Intendance de
Bourges , Parlement de Paris , Election de
la Chatre , avec 800 Habitans.

GENEVE , Bar. *de Reuilli* , faub. & qu. 15.
de S. Antoine , à 95 l. S-E. C'eſt une petite
République & un petit Etat Souverain enclavé dans la Savoye , qui renferme quatre
ou cinq Villages outre ſa Capitale , dont elle
tire ſon nom , & qui eſt une Ville d'Italie ,
ſur le bord du Lac du même nom. Les principaux revenus de cette Ville viennent de la
Pêche des Truittes qui y ſont d'une bonté &

d'une grosseur extraordinaire.

Rue *de sainte Genevieve* ou *de la Monta-gne*, qu. 16. *de la Place Maubert.* Voyez VIVARAIS, ALAIS.

GENIEZ (Saint) rue *Haute-feuille*, qu. 18. *S. André des Arts*, à 135 l. S-O. C'est une Ville du Querci, Diocèse de Cahors, Parlement de Toulouse, Intendance de Montauban, Election de Villefranche, avec 4000 Habitans, & une Justice Royale.

Rue *Geofroi l'Angevin*, qu. 10. *de saint Martin.* Voyez MELUN.

Rue *Geofroy Lasnier*, qu. 12. *de S. Paul.* Voyez BAR-SUR-SEINE.

GEORGE (Saint) de Vilaine, rue *de Grenelle*, qu. 7. *de saint Eustach.*, à 50 l. S-O. C'est une Ville & un Marquisat dans le Maine, Diocèse & Election du Mans, Parlement de Paris, Intendance de Tours, avec 2500 Habitans.

Rue *de S. George*, faub. & qu. 6. *de Mont-marre*, hors des Barriéres.

Rue *Gerard Boquet*, qu. 12. *de S. Paul.* Voyez CITEAUX.

GERBEROY, rue *aux fers*, qu. 8. *des Hal-les*, à 20 l. N-E. C'est une petite Ville du Beauvoisis en Picardie, dans le Gouverne-ment de l'Isle de France, Diocèse & Elec-tion de Beauvais, Parlement de Paris, avec 1500 Habitans.

GERMAIN-EN-LAYE (Saint) rue *Verdelet*, qu. 8. *des Halles*, à 4 l. O. C'est une Ville de l'Isle de France, Diocèse, Parlement, Int. & Election de Paris, sur la Seine, avec 30000 Habitans, une Prevôté Royale, une Châ-tellenie, une Capitainerie de Chasse, une Maîtrise des Eaux & Forêts, & un Château

& Maison Royale.

GERMAIN-LAVAL (Saint) rue *Galande*, qu. 17. *de S. Benoît*, à 91 l. S-E. C'est une Ville du Forez dans le Lyonnois, Diocèse & Intendance de Lyon, Parlement de Paris, Election de Roane, avec 1800 Habitans, & un Châtellenie Royale.

GERMAIN (Saint) rue *d'Anjou*, qu. 20. *de S. Germain des Prez*. C'est une Ville du Limosin, Diocèse, Intendance & Election de Limoges, Parlement de Bourdeaux, avec 1000 Habitans.

Rue *de faint Germain l'Auxerois*, qu. 3. *de fainte Opportune*. Voyez ARGENT, AUBIGNY, SAINT CIRAN.

Rue *Gervais Laurent*, qu. 1. *de la Cité*. Voyez NERIS.

Rue *de faint Gervais*, qu. 14. *du Temple*. Voyez ESPINAL.

GEVAUDAN, rue *de S. Jacques*, qu. 17. *de S. Benoî*, à 120 l. S-O. C'est une Contrée du Bas Languedoc, borné, N. par l'Auvergne, O. par le Rouergue, S. par le Languedoc, E. par le Vivarais & le Velay, dans les Montagnes, Parlement de Toulouse, Intendance de Montpellier. C'est un Pays d'Etats & Mende en est la Ville Capitale.

Rue *de Gèvres*, qu. 2. *de faint Jacques de la Boucherit*. Voyez LEBLANC.

GEX, rue du faub. & qu. 15. *de faint Antoine*, à 90 l. S-E. C'est une Ville, Capitale d'une Seigneurie du même nom dans la Franche-Comté, au pied du Mont S. Claude, entre le Montjura, le Rhône, le Lac de Geneve & la Suisse, Diocèse, Parlement & Intendance de Besançon, sur la Louve, avec 1500 Habitans, un Bailliage & une Recette.

GIBRALTAR , Barrieres des Moutons, ou *de S. Miche* , qu. 19. *du Luxembourg* , à 200 l. de la France , & 365 de Paris , S-O. C'est une Ville d'Espagne dans l'Adalousie sur la côte Septentrionale du Détroit du même nom , qui fait la communication de l'Océan & de la Mer Méditerranée , & qui fait en même tems la séparation de la Barbarie & de l'Afrique , avec l'Espagne & l'Europe dont ce détroit fait le commencement de ce côté-là.

GIEN , rue *des Billetes* , qu. 13. *de sainte Avoye* , à 33 l. S-E. C'est une Ville dans le Gâtinois , Diocèse d'Auxerre , Parlement de Paris , Intendance d'Orléans , Chef-lieu d'une Election , sur la Loire , avec 5000 Hibitans , un Bailliage , une Prevôté , un Grenier a Sel , c'est un Gouvernement particulier.

GIGNAC , rue *de Fouci* , ou *ancienne Estrapade* , qu. 17. *de S. Benoît* , à 150 l. S-E. C'est une petite Ville du Bas Languedoc , Diocèse de Beziers , Parlement de Toulouse , Intendance de Montpellier , à un quart de lieue de la riviere de l'Erault , avec 2500 Habitans , & une Viguerie Royale.

Rue *de Giles-le-Cœur* , qu. 18. *de S. André-des-Arcs.* Voyez USSEL.

GILES-VIC. rue *de Belle-Chasse* , qu. 20. *de saint Germain des Prez* , à 102 l. S-O. C'est un Bourg , dans le Poitou , Diocèse de Luçon , Parlement de Paris , Intendance de Poitiers , Election des Sables d'Olonne , avec 1800 Habitans , & c'est un petit Port de Mer.

GILES (Saint) rue *des Charbonniers* , faub. *saint Marceau* , qu. 16. *de la Place Maubert* , à 150 l. S-E. C'est une Ville du bas Langue-

doc, Diocèse de Nîmes, Parlement de Toulouse, Intendance de Montpellier, avec 3500
Habitans, une fameuse Abbaye, qui a été
sécularisée, & un Grand-Prieuré de Malthe.

GIMONT, rue *du Canivet*, qu. 19. *du Luxembourg*, à 154 l. S-O. C'est une Ville dans
le bas Armagnac en Gascogne, Diocèse &
Intendance d'Auch, Parlement de Toulouse, Election de la Riviere-Verdun, sur la
Gimone, avec 5000 Habitans.

Rue *du Gindre*, qu. 19. *du Luxembourg*.
Voyez SAINT SEVER.

GISORS, rue *de Montorgueil*, qu. 9. *de S.
Denis*, à 16 l. N-O. C'est une Ville de Normandie, avec titre de Comté, Diocèse,
Parlement & Intendance de Rouen, Chef-
lieu de sept grands Bailliages, sur l'Epte,
& avec 5000 Habitans, une Jurisdiction de
Viconté, d'Election, de Maréchaussée &
des Eaux & Forêts.

GIVET, rue *Melay*, qu. 10. *de saint Martin*, à 54 l. N-E. C'est une Ville composée
de deux Communautés, de la Dépendance &
du Gouvernement de Charlemont, dans la
Flandre, Diocèse de Liége, Parlement de
Douay, Intendance de Maubeuge, Recette
de Charlemont, avec 2500 Habitans, une est
nommée S. Hilaire; l'autre Communauté s'appelle Givet Notre-Dame, est sur
le Mont d'or, sur la Meuse, avec 1500 Habitans.

GIVRI, rue *des Fossés de saint Antoine*, même faub. & qu. 15. *de S. Antoine*, à 72 l. S-E.
C'est un Bourg en Bourgogne, Diocèse, Election, & Grenier à Sel de Châlons, Parlement & Intendance de Dijon, sur la rivière

d'Oife , avec 1500 Habitans.

GLANDEVE , rue *neuve d'Orleans* , Faub. S. *Marceau* , qu. 16. *de la Place Maubert* , à 167 l. S-E. C'eft une Ville de Provence , & un Evêché fuffragant d'Embrun , fur la Frontiere de Provence , Parlement & Intendance d'Aix , il ne refte de cette Ville que la maifon de l'Evêque , la Cathédrale eft à Entrevaux.

Rue *Glatigni* , qu. 1. *de la Cité.* Voyez HERISSON.

C. *Gloriette* , Boucherie & rue *du Petit-Pont*, qu. 18. *de faint André des Arcs.*

Rue *des Gobelins* , Faub. S. *Marceau* , qu. 16. *de la Place Maubert.* Voyez BARCELONETTE.

GONESSE , rue *des petits Piliers des Halles*, même qu. 8. à 4 l. N-E. C'eft un Bourg dans l'Ifle de France , Diocèfe , Parlement , Intendance & Election de Paris , fur le Crou , avec 4000 Habitans. Il eft renommé pour le bon pain qu'on y fait , & qu'on porte deux fois la femaine à Paris.

Rue *de Goneffe* , qu. 19. *du Luxembourg.* Voyez VAUX.

GOURGUE (la) rue *des Marais* , qu. 10. *de S. Martin* , à 54 l. S-E. C'eft une Ville dans la Flandre , Diocèfe d'Ypres , Parlement de Douay , Intendance de Lille , fur la Lys , avec 3000 Habitans , & un Bailliage.

GOURDON , rue *des Foffez de M. le Prince*, qu. 19. *du Luxembourg* , à 112 l. S-O. C'eft une petite Ville du Querci , Diocèfe & Election de Cahors , Parlement de Touloufe , Intendance de Montauban , avec 2000 Habitans.

GOURNAI , rue *du Bout du monde* , qu. 7.

de *saint Eustache*, à 21 l. N-O. C'est une Ville de Normandie au pays de Bray, vers les frontieres du Beauvoisis, Diocèse, Parlement & Intendance de Rouen, sur la riviere d'Epte, avec 4000 Habitans, un Bailliage, une Vicomté, une Mairie & un Grenier à sel.

GOURNAI, rue *Françoise*, qu. 9. *de saint Denis*, à 3 l. E. C'est une petite Ville dans l'Isle de France, Diocèse, Parlement & Intendance & Election de Paris, sur la Marne, avec 1800 Habitans.

GOUVERNEMENS DE PROVINCE GRANDS ou petits, 32.

GRAÇAI, rue *de la Friperie*, qu. 2. *de saint Jacques de la Boucherie*, à 38 l. S. C'est une petite Ville du Berri, Diocèse, Intendance & Election de Bourges, Parlement de Paris, avec 4000 Habitans.

Rue *du Grand Chantier*, qu. 19. *du Temple*. Voyez CHATEAU-THIERRY.

Rue *du grand Hurleur*, qu. 9. *de S. Denis*. Voyez LAFERE.

Rue *grande Bretonnerie*, qu. 17. *de S. Benoît*. Voyez PEZENAS.

Rue *grande Friperie*, qu. 8. *des Halles*. Voyez CHATEAUDUN.

Rue *grande Mariveau*, qu. 2. *de S. Jacques de la Boucherie*. Voyez SANCERRE.

Rue *grande Matignon*, qu. 5. *du Palais Royal*. Voyez FONTEVRAULT.

GRANDMONT, rue *de sainte Marguerite*, faub. & qu. 15. *de saint Antoine*, à 96 l. N.E. C'est une Ville & un Prieuré, dans la Franche-Comté, Diocèse, Parlement & Intendance de Besançon, avec 1000 Habitans.

Rue *grande Truanderie*, qu. 8. *des Halles*. Voyez MAGNY, MARLI.

Rue *Grange-Bateliere*, qu. 6. *de Montmartre*. Voyez HONFLEUR.

GRANDPRÉ, rue *d'Orleans*, qu. 14. *du Temple*, à 45 l. N-E. C'est une Ville de Champagne, Diocèse de Rheims, Parlement de Paris, Intendance de Châlons, Election de sainte Menehou, sur la riviere d'Air, avec 1500 Habitans.

GRANDVILLE, rue *de Gaillon*, qu. 6. *de Montmartre*, à 75 l. N-O. C'est une Ville de la basse Normandie, Diocèse & Election de Coutances, Parlement de Rouen, Intendance de Caen, avec 3000 Habitans ; c'est un Port de Mer, un Gouvernement particulier, & une Jurisdiction de Vicomté, d'Amirauté & de Traittes.

GRASSE, rue *Poliveau ou des Sauffayes*, faub. *S. Marceau*, qu. 16. *de la Place Maubert*, à 173 l. S-E. C'est une Ville de Provence, & un Evêché Suffragant d'Embrun, Parlement & Intendance d'Aix, Chef-lieu d'une Viguerie & d'une Recette, avec 18000 Habitans.

Rue *Gratieuse*, faub. *saint Marceau*, qu. 16. *de la Place Maubert*. Voyez SORESE.

GRAVELINES, rue *du faub. saint Laurent*, qu. 10. *de saint Martin*, à 61 l. N-O. C'est une Ville de Flandre, Diocèse de S. Omer, Parlement de Douay, Intendance de Lille & Subdélégation de Bourbourg, à un quart de lieue de la Mer, avec 2000 Habitans.

Rue *des Gravilliers*, qu. 10. *de saint Martin*. Voyez AVESNES.

GRAY, rue *Neuve de sainte Catherine*, qu. 15. *de saint Antoine*, à 73 l. S-E. C'est une Ville de Franche-Comté, Diocèse, Parlement & Intendance de Besançon, sur la Saone, avec

4000 Habitans, un Présidial & un Bailliage.

Rue *de Grenelle*, qu. 20. *de saint Germain des Prez.* Voyez MARENNES, ROYAN, PONS, BOUTTEVILLE.

Rue *de Grenelle*, qu. 7. *de saint Eustache.* Voyez LUDE SAINT GEORGES, DE VILAINE, S. CALAIS.

Rue *Greneta*, qu. 9. *de S. Denis* Voyez HAM.

GRENIER A SEL, rue *de S. Germain l'Auxerrois*, qu. 3. *de sainte Opportune.*

Rue *Grenier saint Lazare*, qu. 10. *de saint Martin.* Voyez LAON.

Rue *Grenier sur-l'Eau*, qu. 11. *de la Grève.* Voyez AVALON.

GRENOBLE, rue *de saint Victor*, qu. 16. *de la Place de Maubert*, à 124 l. S-E. C'est une Ville la Capitale du Dauphiné, & un Evêché, Suffragant de Vienne, Siége d'un Parlement, d'une Intendance, d'une Election, d'une Chambre des Comptes, d'une Cour des Aides, d'un Hôtel des Monnoyes marquées par le Z, d'une Maréchauffée, d'un Bailliage & d'un Bureau des Tréforiers, fur la riviere d'Ifere, avec 18000 Habitans.

Rue *du Gril*, faub. *saint Marceau*, qu. 16. *de la Place Maubert.* Voyez LILLE.

Rue *G oniere* ou *Petite saint Martin*, qu. 8. *des Halles.* Voyez ILLIERES.

Rue *du Gros-Caillou*, faub. *saint Marceau*, qu. 16. *de la Place Maubert.* Voyez LERINS.

Rue *du Gros-Chenet*, qu. 6. *de Montmartre.* Voyez S. VALERY.

C. *Grosse-tête*, rue *des Filles-Dieu*, qu. 9. *de saint Denis.*

Rue *Guenegaud*, qu. 20. *de saint Germain des Prez.* Voyez LA SOUTERRAINE.

C. *Guepine*, rue *de Joui*, qu. 12. *de saint Paul.*

Guerande, rue & *paſſage des Ecuries*, qu. 5. *du Palais Royal*, à 100 l. S-O. C'eſt une Ville de Bretagne, Diocèſe, Recette & Intendance de Nantes, Parlement de Rennes, avec 2000 Habitans.

Gueret, rue *de Harlay*, qu. 1. *de la Cité*, à 63 l. S-O. C'eſt une Ville la Capitale de la Marche, Diocèſe de Limoges, Parlement de Paris, Intendance de Moulins, Chef-lieu d'une Election, d'une Sénéchauſſée, d'un Préſidial, & d'une Châtellenie Royale, ſur la Gartampe, avec 3000 Habitans.

Rue *Guerin-Boiſſeau*, qu. 9. *de S. Denis.* Voyez Bourg dault.

C. *du Güic'et*, rue *Bourbon-le-Château*, qu. 20. *de ſaint Germain des Prez.* Voyez Coutras.

Guyenne (La) qu. 20. *de ſaint Germain des Prez*, à 77 l. S-O. En général c'eſt une partie conſidérable du Royaume, le plus grand Gouvernement & la plus grande Province de France, nommée autrefois Aquitaine, bornée ponr le N. par le Poitou, l'Angoumois & la Marche, E. par l'Auvergne & le Languedoc, S. par les Pyrenées, O. par l'Océan; elle a 90 l. de long, ſur 80 de large. Il comprend comme Gouvernement, treize Provinces ou petits Pays, & trois Généralités. La Guyenne, Province, n'eſt qu'une petite partie du Gouvernement, dont Bourdeaux eſt le Parlement & la Capitale; & comme Province, elle eſt bornée, N. par la Saintonge, E. par l'Agenois & le Périgord, S. par le Bazadois & la Gaſcogne propre, O. par l'Océan.

Guyerche (La) rue *des Poulies*, qu. 4. *du Louvre*, à 55 l. S-O. C'eſt une Ville dans la Touraine , Diocèse & Intendance de Tours , Parlement de Paris , Election de Loches , au bord de la Creuse , avec 1200 Habitans.

Rue *de faint Guillaume* , qu. 20. *de faint Germain des Prez.* Voyez CHATEAU-NEUF.

Rue *de faint Guillaume* , Ifle Notre-Dame , qu. 11. *de la Cité.* Voyez DOMBES.

GUILLAUME , rue *de la Fontaine* , faub. *faint Marceau* , qu. 16. *de la Place Maubert* , à 166 l. S-E. C'eft une Ville dans la Provence , Diocèfe de Glandeve , Parlement & Intendance d'Aix , Chef-lieu d'une Viguerie , d'un Bailliage & d'une Recette , avec 4000 Habitans.

Rue *Guillemin* ou *de la Corne* , qu. 19. *du Luxembourg.* Voyez EAUSE.

GUILESTRE , rue *de Rambouillet* , faub. & qu. 15. *de faint Antoine* , à 77 l. S-E. C'eft une Ville du Dauphiné , Diocèfe d'Embrun , Parlement & Intendance de Grenoble , Election & Recette de Gap , avec 2000 Habitans.

GUILHEN-LE-DESERT (Saint) rue *du Cheval-Vert* , faub. *faint Marceau* , qu. 17. *de faint Benoît* , à 147 l. S-E. C'eft une petite Ville du bas Languedoc , Diocèfe de Lodeve , Parlement de Touloufe , Intendance de Montpellier , fur le bord de l'Erault , avec 1000 Habitans.

GUIMGAMP , rue *Neuve de faint Roch* , qu. 5. *du Palais Royal* , à 104 l. S-O. C'eft une Ville de Bretagne , Diocèfe de Treguier , Parlement de Rennes , Intendance de Nantes , avec 3000 Habitans. C'eft un Gouvernement particulier.

C. *Guimené* ou *des Filles de la Croix* ,

faubourg & qu. 15. *de saint Antoine.*

L. GUINES, rue *du faubourg saint Lazare*, qu. 9. *de saint Denis*, à 50 l. N-O. C'est une Ville & Comté, dans le Boulenois en Picardie, Diocèse de Boulogne, Parlement de Paris, Intendance d'Amiens, à 2 l. de la Mer, avec 5000 Habitans.

Rue *Guisarde*, qu. 19. *du Luxembourg.* Voyez NERAC.

GUISE, rue *de S. Sauveur*, qu. 9. *de saint Denis*, à 38 l. N-E. C'est une Ville & Duché-Pairie de Picardie, Diocèse de Laon, Parlement de Paris, Intendance de Soissons, Chef-lieu d'une Élection, avec 1000 Habitans. C'est un Gouvernement particulier.

GYS, rue *de l'Écharpe*, qu. 15. *de saint Antoine*, à 76 l. S-E. C'est une Ville dans la Franche-Comté, Diocèse, Parlement & Intendance de Besançon, Bailliage & Recette de Gray, avec 3000 Habitans.

H.

HAGUENAU, rue *de saint Sebastien*, faub. & qu. 15. *de saint Antoine*, à 102 l. E. C'est une Ville dans la basse Alsace, Diocèse de Spire, Conseil Souverain & Intendance d'Alsace, à 2 l. du Rhin, sur le Motter, avec 3000 Habitans, un Bailliage, une Prévôté Royale & une Maîtrise des Eaux & Forêts.

HAINAUT (Le) Barr. *de S. Laurent*, rue *des Vinaigriers*, qu. 10. *de S. Martin*, à 77 l. N-E. C'est une Province des Pays-Bas Catholiques, entre la Flandre, la Picardie, le Cambresis,

le

le Comté de Namur & le Brabant. On le divise en Hainaut Autrichien, dont la Capitale est Mons ; & en Hainaut François, dont la Capitale est Valenciennes.

HALLES.

Au Blé,
Appellée le Carreau,
Aux Cuirs,
Aux Draps,
A la Marée, qu. 8. *des Halles.*
Aux Poirées,
Aux Poissons d'eau douce,
A la Saline,
Aux Toiles,

Aux Vins, Port saint Bernard, qu. 16. *de la Place Maubert.*

HAM, rue *Greneta*, qu. 9. *de S. Denis*, à 29 l. N-E. C'est une Ville dans la Picardie, Diocèse & Election de Noyon, Parlement de Paris, Intendance de Soissons, sur la Somme, avec 2000 Hab. & le Siége d'un Bailliage & d'une Justice non ressortissante.

Rue *de la Harangerie*, qu. 3. *de sainte Opportune.* Voyez CHATEAU-NEUF.

HARCOURT, rue *des Petits Peres*, qu. 6. *de Montmartre*, à 56 l. N-O. C'est un Duché-Pairie en Normandie, Diocèse de Bayeux, Parlement de Rouen, Intendance d'Alençon, Election de Falaise, sur la riviere d'Orne, avec 1000 Habitans.

HARFLEUR, rue & qu. 6. *de Montmartre*, à 44 l. N-O. C'est une Ville de Normandie, au Pays de Caux, vis-à-vis d'Honfleur, à l'embouchure de la Seine, Diocèse, Parlement & Intendance de Rouen, Election de Montivilliers, sur la Lezarde, avec 3000 Habitans, un Siége de Vicomté, d'Amiraug té, un Grenier à Sel, & un Bureau des Fermes.

Rue *de Harlay* , qu. 1. *de la Cité.* Voyez GUERET , CONFOULENS.

Rue *de Harlay* , qu. 14. *du Temple.* Voyez LANDAU.

Rue *de la Harpe* , qu. 18. *de saint André des Arcs.* Voy. PONTDU CHATEAU, RHODEZ.

HAVRE-DE-GRACE , rue & qu. 6. *de Montmartre* , à 45 l. N-O. C'est une Ville dans la Normandie , au Pays de Caux , Diocèse , Parlement & Intendance de Rouen , Election de Montivilliers , à l'embouchure de la Seine , avec 3000 Habitans , un bon Port de Mer , une Intendance de Marine , un Vicomté , une Justice Royale , un Grenier à Sel & une Amirauté.

Rue *du Haut Moulin* , qu. 1. *de la Cité.* Voyez JALIGNI.

Rue *des hauts Fossés de saint Marcel* , même faub. qu. 16. *de la Place Maubert.* Voyez TOULON.

Rue *Hautefeuille* , qu. 18. *de saint André des Arcs.* Voyez S. GENIEZ , MONTRICOUX.

C. *Hautefort,* rue *des Bourguignons* , faub. *saint Marceau* , qu. 17. *de saint Benoît.*

Rue *haute des Ursins* , qu. 1. *de la Cité.* Voyez CHARROUX.

HAYE (La) rue *Tire-Chappe* , qu. 3. *de sainte Opportune* , à 58 l. S-O. C'est une petite Ville dans la Touraine , Diocèse & Intendance de Tours , Parlement de Paris , Election de Chinon , sur la Creuse , avec 1200 Habitans.

Rue *du Hazard* , qu. 5. *du Palais Royal.* Voyez CONDÉ-SUR-NOIREAU.

Rue *de la Heaumerie* , qu. 2. *de S. Jacques de la Boucherie.* Voyez HENRICHEMONT.

HENNEBONT, rue *d'Anjou* , faub. S. Honoré, qu. 5. *du Palais Roy l*, à 110 l. S-O. C'est une Ville dans la Bretagne, Diocèse & Recette de Vannes, Parlement de Rennes, Intendance de Nantes, sur la riviere de Blavet, avec un petit Port de Mer, & 2500 Habitans; c'est un Gouvernement particulier.

HENRICHEMONT, rue *de la Heaume ie*, qu. 2. *de saint Jacques de la Boucherie*, à 35 l. S. C'est une Ville & P incipauté dans le Berri, Diocèse & Intendance de Bourges, Parlement de Paris, sur la Soudre, avec 8000 Habitans, en comprenant plusieurs Bourgs & Villages qui en sont.

HERICOURT, rue *de la Raquette*, faub. & qu. 15. *de saint Antoine*, à 83 l. S-E. C'est une Ville dans la Franche-Comté, Diocèse, Parlement & Intendance de Besançon, du Comté de Montbeliard, avec 1500 Hab.

HERISSON, rue *de Glatigni*, qu. 1. *de la Cité*, à 67 l. S. C'est une Ville & Justice Royale, dans le Bourbonois, Diocèse de Bourges, Parlement de Paris, Intendance de Moulins, Election de Montluçon, sur la riviere Doeuil, avec 6000 Habitans, & une Châtellenie Royale.

HESDEN, rue *de saint Claude* à la Ville-Neuve, qu. 9. *de saint Denis*, à 40 l. N-O. C'est une Ville dans l'Artois, Diocèse d'Arras, Parlement de Paris, Intendance d'Amiens, Chef-lieu d'une Recette, sur la Conche, avec 4000 Habitans, un Bailliage & une Maîtrise des Eaux & Forêts; c'est un Gouvernement particulier.

HIERES, rue *du Banquier*, faub. S. *Marceau*, qu. 16. *de la Place Maubert*, à 170 l. S-E. C'est une Ville dans la Provence, Diocèse de Toulon, Parlement & Intendance d'Aix , Chef-lieu d'une Sénéchaussée , d'une Viguerie & d'une Recette , à une lieue de la Mer, avec 2000 Habitans vis-à-vis : & à deux lieues de la Ville sont les sept Isles d'Hieres.

Rue *de saint Hilaire* , qu. 17. *de saint Be-noît.* Voyez MENDE.

Rue *Hilerin-Bertin* , qu. 20. *de saint Ger-main des Prez.* Voyez TAILLEBOURG.

Rue *de saint Hypolite* , faub. *S. Marceau* , qu. 16. *de la Place Maubert.* Voyez SALON.

Rue *de l'Hirondelle* , qu. 18. *de S. André des Arcs.* Voyez VENTADOUR.

HOLLANDE (La) Barr. *des Vertus* , faub. *S. Laureut* , qu. 10. *de S. Martin* , à 70 l. N-O. C'est la plus considérable partie du Pays-Bas , érigée en République , & Gouv. par les Etats Généraux. Amsterdam en est la Capitale.

HOLLANDE-NOUVELLE (La) Bar. *de la Conférence.* qu. 5. *du Palais Royal* , à 1240 l. de France , & à 1350 de Paris, S-O. On l'appelle aussi nouveau Pays 60 l. On a donné ce nom à un Pays de l'Amérique septentrionale sur la côte Orientale au Sud de la Nouvelle Angleter-re , & à d'autres qui ne sont pas en Amérique.

Rue *de l Homme armé* , qu. 13. *de sainte Avoye.* Voyez VILLENEUVE-LE ROY.

HONFLEUR , rue *Grange-Batelire* , faub. & qu. 6. *de Montmartre* , à 42 l. N-O. C'est une Ville & un port de Mer en Normandie , Diocèse de Lisieux , Parlement & Inten-dance de Rouen , Election du Pont-l'Evêque proche l'embouchure, & sur la rive gauche de la Seine , vis-à-vis Harfleur , avec 1200 Hab.

Rue *de S. Honoré* , qu. 4. *du Louvre* , & qu. 5. *du Palais Royal.* Voyez MORTAGNE, MAYENNES, LA FLECHE, SAUMUR, ANGER, RENNES, SAINT MALO, NANTES, VANNES.

Rue *Honoré-Chevalier*, qu. 19. *du Luxembourg*. Voyez COMMINGES.

Rue *de l'Hôpital S. Louis*, faub. *S. Laurent*, qu. 10. *de S. Martin*, hors des Barrieres.

C. *des Hospitalieres du Parc Royal*, qu. 15. *de S. Antoine*.

HOSPITAUX.

De sainte Anne, dit la Santé, sur le chemin de Gentilly, qu. 16. *de la Place Maubert*, hors des Barrieres.

De saint Antoine, ou de la Miséricorde, rue *le fer*, faub. *saint Marceau*, qu. 10. *de la Place Maubert*.

De sainte Basilisse & de saint Julien, appellé Miséricorde de Jesus, administré par des Religieuses de l'Ordre de saint Augustin, rue *Mouffetard*, faub. *saint Marceau*, qu. 16. *de la Place Maubert*.

De Bissêtre pour recevoir les Mendians, hors des Barrieres, du faub. *de saint Marceau*.

De sainte Catherine, administré par des Chanoinesses de l'Ordre de saint Augustin, pour recevoir pendant trois jours des pauvres Filles & Femmes sans condition, en attendant qu'elles en ayent, rue *Saint Denis*, qu. 2. *de saint Jacques de la Boucherie*.

De la Charité pour les Hommes malades, deservi par les Freres de la Charité de l'Institution de saint Jean de Dieu, rue *Jacob*. qu. 20. *de saint German des Prez*.

Des Convalescens qui dépend de la Charité, & est deservi par les mêmes, rue *du Bac*, qu. 20. *de saint German des Prez*.

De l'Enfant Jesus pour 15. vieux hommes & 15. vieilles femmes hors d'état de gagner leur vie, deservi par les Sœurs de la

Charité, rue du faub. *de Saint Laurent*, qu. 10. *de saint Martin.*

Des Enfans Rouges, pour les Orphelins du Diocèse de Paris, rue *Portefoin*, qu. 14. *du Temple.*

Des Enfans Teigneux, rue *de la Chaise*, qu. 20. *de Saint Germain des Prez.*

Des Enfans Trouvés, & entrepôt pour être transferés en leur Maison rue du faub. & qu. 15. *de saint Antoine*, deservi par les Sœurs de la Charité, rue Neuve *de Notre-Dame*, qu. 1. *de la C.*

Des Enfans Trouvés, pour être élevés en fortant des mains de leur Nourice jufqu'à ce qu'ils foient mis à l'Hôpital Général, defervi par les Sœurs de la Charité, rue du faub. & qu. 15. *de S. Antoin.*

Du faint Efprit, pour les Orphelins natifs de Paris, Place & qu. 11. *d la Grève*

De faint Gervais, & de faint Anaftafe, *Vieille rue du Temple*, qu. 15. *de faint Antoine.*

De l'Hôtel-Dieu, pour toutes fortes de Malades des deux fexes, defervi par des Religieufes de l'Ordre de faint Auguftin, rue *Neuve de Notre-Dame*, qu. 1. *de la Cité.*

De faint Jacques. Voyez CHAPITRES.

Des Incurables, de l'un & de l'autre fexe, defervi par les Sœurs de la Charité, rue *de Sève*, qu. 19. *du Luxembourg.*

Des Invalides, defervi par les Prêtres de faint Lazare, ou de la Miffion, & par les Sœurs de la Charité, rue *de Grenelle*, qu. 20. *de faint Germain des Prez*, hors des Barrieres.

De faint Louis, pour les Peftiferés dépendant de l'Hôtel-Dieu, faub. *de faint Lau-*

rent, qu. 10. *de saint Martin*, hors des Barrieres.

Du Nom de Jesus. Voyez l'ENFANT JESUS.

De la Madelaine, dite des Madelonettes, pour servir aux femmes & aux filles pénitentes, gouvernées par des Religieuses de saint Michel, rue *des Fontaines*, qu. 10. *de Ma tin*.

De sainte Marthe appellé Scipion. Voyez SCIPION.

Des Petites Maisons, pour des personnes insensées, foibles d'esprit ou même caduques, deservi par les Sœurs de la Charité, rue *de Seve*, qu. 19. *d Luxem ourg*.

De la Pitié, dépendant de l'Hôpital Général pour les jeunes Enfants, rue *Coupeau*, qu. 6. *de a Pla e Maubert*.

De sainte Pélagie ou du Refuge, dépendant de l'Hôpital Général pour y recevoir des femmes & des filles dont la conduite cause du scandale, rue *de Puits do l'Hermite*, faub. *de saint Marceau*, qu. 16. *de la Place Maubert*.

Des Hospitalieres de la Place Royale, pour des femmes & les filles malades, traitées & saignées par des Chanoinesses de l'Ordre de saint Augustin, C. *de la rue du Foin*, qu. 15. *de saint Antoine*.

De la Raquette ou Rouquette sous le nom de saint Joseph pour des femmes & des filles malades, administrés par des Chanoinesses du même Ordre de saint Augustin, rue *de la Raquette*, faub. & qu. 15. *de saint Antoine*.

Des Quinze-Vingts, pour 300 Aveugles de l'un & de l'autre sexe, rue *de S. Honoré*, qu. 5. *du Palais Royal*.

De Scipion ou de sainte Marthe , où se fait le pain, & où se distribue toute la viande néceffaire pour les Maifons de l'Hôpital Général qui font la Pitié , la Salpêtriere & Billêtre , rue *du Fer-au-Moulin* , faub. *de S. Marceau* , qu. 16. *de la Place Maubert.*

La Salpêtriere, la principale Maifon de toutes celles qui dépendent de l'Hôpital Général pour exercer l'hofpitalité , non-feulement envers les Mendians , mais auffi envers les jeunes filles dénuées de tout fecours, les femmes ou les filles paralytiques ou infirmes , les fcorbutiques , les Teigneufes , les pauvres ménages, y ayant des dortoirs particuliers pour chaques efpece d'hofpitalité , rue *Poliveau ou des Saffayee* , faub. *de fains Marean* , qu. 16. *de la Place Maubert.*

De la Trinité, pour les Enfans des pauvres artifans où on leur apprend un Métier, & le Maître qui les a enfeignés acquiert par ce moyen fa Maîtrife , rue *Greneta* , qu. 9. *de S. Denis.*

HOTEL-DE-VILLE , Place & qu. 11. *de la Grêve.*

Rue *de la Huchette* , qu. 18. *de faint André des Arcs.* VOYEZ BILLOM.

HUNINGUE, rue *des Minimes* , qu. 15. *de S. Antoine* , à 100 l. S-E C'eft une Ville forte dans la Haute-Alface, Diocèfe le Bâle, Confeil Souverain, & Intendance d'Alface, fur le Rhin, avec 500 Habitans.

Rue *Huepoix* , qu. 18. *de faint André des Arcs.* Voyez S. LEONARD.

Rue *de faint Hyacinte* , qu. 5. *du Palais Royal.* Voyez CHATEAU-BRIANT.

Rue *de S. Hiacinte* , qu. 19. *du Luxembourg.* Voyez STE AFRIQUE.

I.

RUe *Jacinthe* , qu. 17. *de faint Benoît.* Voyez BEAUJEU.

Rue *Jacob* , qu. 20. *de faint Germain des Prez.* Voyez VERTEUIL.

JALIGNI , rue *Moyenne des Urfins* , qu. 1. *de la Cité* , à 70 l. S. C'eft une Ville dans le Bourbonnois , Diocèfe de Clermont , Parlement de Paris , Intendance & Election de Moulins , fur la riviere de Befvre , avec 800 Habitans.

JAMETS , rue *Barbette* , qu. 15. *de faint Antoine* , à 56 l. N-E. C'eft une petite Ville du Barrois en Lorraine , Diocèfe de Verdun , Parlement & Intendance de Metz , avec 2000 Habitans.

JAMETS (Saint) rue *Royale* , qu. 5. *du Palais Royal* , à 67 l. S-O. C'eft une petite Ville dans la Normandie , Diocèfe & Election d'Avranches , Parlement de Rouen , Intendance de Caen , avec 2500 Habitans , un Siége de Vicomté & un Bureau des Finances.

Rue & *Paffage des Jacobins* , qu. 18. *de faint André des Arcs.* Voyez ESTAIN.

Rue *de faint Jacques* , qu. 17. *de S. Benoît.* CLERMONT , MARINGUES , S. FLOUR , GEVAUDAN , LODEVE , AGDE.

Rue *de faint Jacques de la Boucherie* , même qu. 2. Voyez CHATEAU-MEILLANT.

JARDINS & Promenades publiques :

Des Apoticaires , rue *de l'Arbalètre* , qu. 17. *de faint Benoît.*

De l'Arsenal , quai *des Célestins* , qu. 12. *de saint Paul.*

Du Luxembourg , même qu. 19.

Du Palais Royal , Place & même qu. 5.

De la Reine , au Vieux Louvre , même qu. 4.

Du Roy , rue *du Jardin du Roy* , faub. *saint Marceau* , qu. 16. *de la Place Maubert.*

Du Temple , rue & même qu. 14.

Des Tuilleries , rue *de saint Vincent* ou *du Dauphin* , qu. 5. *du Palais Royal.*

Rue *du Jardin du Roy* , faub. *saint Marceau* , qu. 16. *de la Place Maubert.* Voyez SISTERON , CARPENTRAS.

C. *du Jardin du Roi* , rue *de Seine* , Faub. S. *Marceau* , qu. 16. *de la Place Maubert.*

Rue *des Jardins* , qu. 12. *de S. Paul.* Voyez S. JEAN DE LOSNE.

JARGEAU , rue *de l'Eguillerie* , qu. 5. *de sainte Opportune* , à 28 l. S-O. C'est une Ville dans l'Orléanois , Diocèse , Intendance & Election d'Orleans , Parlement de Paris , sur la Loire , avec 2000 Habitans , un fameux Pont , sur la Loire , & une Eglise Collégiale.

JARNAC , rue *des deux Anges* , qu. 20. *de* S. *Germain des Prez* , à 104 l. S-O. C'est un Bourg dans l'Angoumois , Diocèse d'Angoulême , Parlement de Paris , Intendance de la Rochelle , Election de Cognac , sur la Charente , avec 1500 Habitans.

JARZÉ , rue *de Beauvais* , qu. 4. *du Louvre* , à 64 l. S-O. C'est un Marquisat dans l'Anjou , Diocèse d'Angers , Parlement de Paris , Intendance de Tours , Election de Baugé , sur un Etang , avec 2000 Habitans.

JEAN D'ANGELI (S.) rue *du Bac*, qu. 20. *de S. Germain des Prez*, à 92 l. S-O. C'eſt une Ville dans la Saintonge, Diocèſe de Saintes, Parlement de Bourdeaux, Intendance de la Rochelle, Chef-lieu d'une Election & Siége d'une Juſtice Royale, ſur la Boutone, avec 5500 Habitans.

Rue *e Jean-Beauſire*, qu. 15. *de ſaint Antoine.* Voyez MONTMOROT.

Rue *de Jean-Beauſſe*, qu. 8. *des Halles.* Voyez PATTAI.

Rue *de S. Jean de Beauvais*, qu. 17. *de ſaint Benoît.* Voyez VELAY.

Rue *de ſaint Jean Denis*, qu. 4. *du Louvre.* Voyez BRISSAC.

C. *de Camb ay*, rue *de Seine*, faub. *S. Marceau*, qu. 16. *de la Place Maubert.*

Rue *de Jean de l'Epine*, qu. 11. *de la Greve.* Voyez RESAY.

Rue *de Jean Lantier*, qu. 3. *de ſainte Opportune.* Voyez VOUZON.

Rue *de ſaint Jean de Latran*, Place de Cambray, qu. 17. *de ſaint Benoît.* Voyez TOURNON.

Rue *J an-pain-mollet*, qu. 11. *de la Gre e.* Voyez SULLY-SUR-LOIRE

Rue *Jean-Robert*, qu. 10. *de ſaint Martin.* Voyez LANDRECIE.

Rue *Jean-Tiſon*, qu. 4. *du Louvre.* Voyez BEAULIEU.

JEAN DE LOSNE ou LAUSE (S.) rue *des Jardins*, qu. 12. *de S. Paul*, à 62 l. S-O. C'eſt une Ville dans la Bourgogne, Parlement, Intendance, Bailliage & Recette de Dijon, ſur la Saone, avec 2000 Habitans.

JEAN DE LUZ (S.) rue *de Traverſe* qu. 20. *de S. Germain des Prez*, a 174 l. S-O. C'eſt une Ville de Gaſcogne, la ſeconde du pays de Labour, & la derniere du côté de l'Eſpagne, avec un Port de mer, Dioceſe & Recette de Bayonne, Parlement de Bourdeaux, Intendance d'Auch, au bord de la mer, avec 4000 Habitans.

JEAN-DE-PIED-DE-PORT (S.) rue *Rouſſelet*, qu. 20. *de S. Germain des Prez*, à 176 l. S-O. C'eſt une Ville dans la Gaſcogne, Capitale de la Navarre Françoiſe, Dioceſe de Bayonne, Parlement de Pau, ſur la Nive, à une lieue des Frontieres d'Eſpagne, avec 1200 Habitans. C'eſt un Gouvernement particulier.

JERSEY, Barr. *de la Chauſſée d'Antin*, qu. *6. de Montmartre*, à 6 l. de la France, & 76 l. de Paris, N-O. C'eſt une Iſle de la mer ou de la Manche d'Angleterre, ſur la côté & à 6 l. de la Normandie, qui appartient aux Anglois, de l'Evêché de Coutances, elle a ſept lieues de circuit, & elle contient douze Paroiſſes.

C. *des Jeſuites*, rue & qu. 12. *de S. Paul*.

Rue *des Jeux neufs*, qu. 6. *de Montmartre*. Voyéz MONTIVILLIERS.

ILLIERES, rue *Groniere*, qu. 8. *des Halles*, à 22 l. S-O. C'eſt un Bourg dans l'Orléanois, Dioceſe & Election de Chartres, Parlement de Paris, Intendance d'Orleans, avec 2500 Habitans & une Châtellenie.

ILLIERS, rue *des deux Ecus*, qu. 7. *de ſaint Euſtache*, à 25 l. S-O. C'eſt un Bourg dans le Perche, Dioceſe de Chartres, Parlement de Paris, Intendance d'Alençon, Election de Verneuil, au bord du Loir, avec 800 Habitans.

IMPRIMERIE ROYALE, aux Galleries du Louvre, rue *des Orthies*, qu. 5. *du Palais Royal*.

INDES

INDES ORIENTALES , Barr. *de Pincourt* , Faub. & qu. 15. *de saint Antoine* , à 1875 l. de la France , & 1980 de Paris , E.

L'Inde en général est la plus grande & la plus considérable des parties qui composent l'Asie ; elle prend son nom de l'Inde qui est une de ses plus fameuses rivieres. L'Inde & le Gange en sont les principales.

Le nom des Indes Orientales a été donné à divers pays bien différens , tant par leur position , que par leur étendue ; mais à proprement parler , c'est le pays situé aux environs du grand Fleuve Indus en Asie. On appelle communément Indes Orientales ce qui est à l'Orient au-delà du Cap de Bonne-Esperance en Afrique , par rapport à la France , & Indes Occidentales ce qui est à l'Occident en deçà de ce Cap par rapport encore à la France. On a ensuite étendu ce nom d'Indes Occidentales à toute l'Amérique. Lorsqu'il n'est question que du commerce des Indes ou des interêts des Compagnies établies en Europe pour le trafic des Indes , on entend proprement les Indes qui sont au-delà de Meliapour Ville de l'Inde au-deçà du Gange , sur la côte de Coromandel au Royaume de Carnate. La Compagnie Françoise des Indes y possede plusieurs Comptoirs ou Habitations dont Pondicheri est la principale.

INGRANDE , rue *de S. Louis* , qu. 5. *du Palais Royal* , à 70 l. S-O. C'est une Ville & Baronie dans l'Anjou , Diocèse & Election d'Angers , Parlement de Paris , Intendance de Tours , au bord Septentrional de la Loire , avec 1000 Habitans.

INTENDANCES des Généralités & Provinces du Royaume, 51.

INVALIDES, Voyez HOPITAUX.

JOIGNI, rue *des Ecouffes*, qu. 15. *de saint Antoine*, a 311 l. S-E. C'eſt une Ville de Champagne, Dioceſe de Sens, Parlement & Intendance de Paris, Chef-lieu d'une Election, u bord de l'Yonne, avec 3000 Habitans, une Prevôté, un Bailliage, un Grenier a Sel, & une Maréchauſſée.

JOINVILLE, rue *de Berri*, qu. 14. *du Temple*, a 50 S E. C'eſt une Ville dans la Champagne, Dioceſe & Intendance de Châlons, Parlement de Paris, Chef-lieu d'une Election, ſur la Marne, avec 3000 Habitans, un Bailliage, un Grenier a Sel, & une Maréchauſſée.

Rue *Jolivet*, qu. 6. *de Montmartre*. Voyez QUILLY BŒUF.

Rue *Joquelet*, qu. 6. *de Montmartre*. Voyez NEUFCHATEL.

Rue *de ſaint Joſeph*, qu. 6. *de Montmartre*. Voyez CARENTAN.

Rue *de la Jouaillerie*, qu. 2. *de ſaint Jacques de la Boucherie*. Voyez MASSAY.

Rue *de Joui*, qu. 12. *de ſaint Paul*. Voyez SEMUR EN AUXOIS, MONT S. VINCENT.

Rue *du Jour*, qu. 7. *de S. Euſtache*. Voyez AUTON.

JOYEUSE, rue *de S. Nicolas du Chardonet*, qu. 17. *de la Place Maubert*, a 334 l. S-E. C'eſt une Ville du Vivarais, dans le Languedoc, Dioceſe de Viviers, Parlement de Toulouſe, Intendance de Montpellier, avec 1800 Habitans.

IRANCI, rue *de l'Arche Beau-Fils*, qu. 12. *de ſaint Paul*, a la Place aux Veaux, a 41 l. S-E. C'eſt un Bourg de Bourgogne, Dioceſe & Election d'Auxerre, Parlement de

Paris, Intendance de Dijon, avec 1200 Habitans.

IRLANDE, Barr. *de Montmartre*, même faub. & qu. 6. à 75 l. de France & à 150 de Paris, N-O. C'est une des Isles Britanniques & la plus grande après celle de la Grande-Bretagne, dont elle n'est éloignée que de 15 l. Elle est grande comme la moitié de l'Angleterre ; elle a environ 95 lieues de long, sur 53 de large ; elle n'est éloignée de l'Ecosse que de 5. elle est bornée de tous côtés, par l'Océan ; & au Midi, par une Mer orageuse, qu'on appelle d'Irlande, Dublin en est la ville Capitale.

ISIGNI, rue *Grange-Bateliere*, qu. 6. *de Montmartre*, à 64 l. N-O. C'est un Bourg de Normandie, Diocèse de Bayeux, Parlement de Rouen, Intendance de Caen, Election de Carentan, avec 1000 Habitans, un petit Port de Mer, & une Amirauté.

ISLE-DIEU. Voyez DIEU.

ISLE DE FRANCE, qu. 2. *de saint Jacques de la Boucherie*, 7. *de saint Eustache*, 8. *des Halles*, 9. *de saint Denis*, & 10. *de saint Martin*. C'est un des grands Gouvernemens Militaires de la France, qui comprend une partie du Perche, de la Brie, du Gâtinois, de la Beauce, & le Pays Vexin. En particulier, c'est une Province de France, ainsi nommée, parce qu'elle étoit autrefois bornée par la Seine, la Marne, l'Oise, l'Aisne & Lourque ; elle comprend outre Paris, le Beauvoisis, le Valois, le Comté de Senlis, le Vexin François, le Hurepoix & autres : Paris en est la Capitale.

ISLES D'HIERES. Voyez HIERES.
ISLE DE S. HONORÉ. Voyez LERINS.

ISLE DE LERINS. Voyez LERINS.

ISLE DE SAINTE MARGUERITE. Voyez LERINS.

ISLE D'OLERON. Voyez OLERON.

ISLE DE RÉ. Voyez RÉ.

ISLE ROYALE. Voyez CAP BRETON.

ISSIGEAC, rue *de Biſſi*, qu. 19. *du Luxem-bourg*, à 124 l. S-O. C'eſt une Ville dans le Perigord, Dioceſe & Election de Sarlat, Parlement & Intendance de Bourdeaux, avec 5000 Habitans.

ISSOIRE & non ILLAIRE, rue *de la Vieille Bouclerie & Abrevoir Macon*, qu. 18. *de ſaint André des Arts*, à 95 l. S-E. C'eſt une Ville d'Auvergne, Dioceſe de Clermont, Parlement de Paris, Intendance de Riom, Chef-lieu d'une Election, proche l'Allier, ſur la Couze, avec 3500 Habitans.

ISSOUDUN, rue *de la Vannerie*, qu. 11. *de la Grêve*, à 50 l. S. C'eſt une Ville & la ſeconde du Berri, Dioceſe & Intendance de Bourges, Parlement de Paris, Chef-lieu d'une Election, ſur la riviere de Theols, avec 1500 Habitans, un Bailliage, & un Grenier à Sel.

ITALIE (L') Bart. *de la Rapée*, faub. & qu. 15. *de S. Antoine*, à 175 l. S-E. C'eſt une grande Preſqu'Iſle de l'Europe, entre les Alpes qui la ſéparent de la France & la Mer Méditerranée, qui baigne les autres côtés; elle repréſente la figure d'une botte, elle renferme pluſieurs États Souverains comme ceux de Naples, de Toſcane, de Savoye, de Modene, Parme, Plaiſance & autres moins conſidérables, outre ceux du Pape, de la République de Veniſe, & de celle de Génes.

Rue *des Juifs*, qu. 15. *de S. Antoine*. Voyez
MONTBARD.

IVOY-LE-PRÉ, rue *des Plumets*, qu. 11.
de la Grève, à 40 l. S-E. C'est un Bourg dans
le Berri, Diocèse, Intendance & Election de
de Bourges, Parlement de Paris, Grenier à
Sel de Sancerre, avec 1200 Habitans.

Rue *de la Juiverie*, qu. 1. *de la Cité*. Voyez
MONTFERRAND.

Rue *de saint Julien le Pauvre*, qu. 17. *de*
de saint Benoît. Voyez MONTBRISON.

JURISDICTIONS de Paris. Voyez TRI-
BUNAUX.

Rue *de la Jussienne*, qu. 7. *de saint Eusta-*
the. Voyez CHATEAUNEUF.

Nota. Les mots qui commencent par K &
qui ne se trouvent pas par K seront sous la
lettre C au Q.

L.

LABOUR, rue *Blomet*, qu. 20. *de S. Ger-*
main des Prez, à 165. l. S-O. C'est une
petite Contrée dans la Gascogne, qui fait
partie du Pays des Basques sur la Mer.
Bayonne en est la Ville Capitale.

LAGNEU, rue *de Reuilli*, faub. & qu. 15.
de saint Antoine, à 96 l. S-E. C'est une Ville
dans la Bourgogne, Diocèse de Lyon, Parlement & Intendance de Dijon, Bailliage
& Recette du Bugey sur le Rhône, avec 1800
Habitans, & un Grenier à Sel.

LAGNY, rue *des Poitiers-d'Etain* qu. 8.
des Halles, à 6 l. E. C'est une Ville dans
l'Isle de France, Diocèse, Parlement, In-

tendance & Elect. de Paris , avec 2000 Hab.

LAMBALE, rue *de l'Orangerie*, qu. 5. *du Palais Royal* , à 95 l. S-O. C'est une Ville de Bretagne, Chef-lieu du Duché de Penthievre, Diocèse de S. Brieux , Parlement de Rennes, Int. de Nantes , à 4 l. de la Mer , 1000. Hab.

LAMBESC, rue du faub. *de S. Marceau* , qu. 16. *de la Place Maubert* , à 160 l. S-E. C'est une Ville de Provence , Diocèse , Parlement & Intendance d'Aix , avec 2000 Habitans. C'est dans cette Ville que se tient tous les ans l'Assemblée de la Province qui est une espece de petits Etats.

Rue *de Lamognon* au Palais , qu. 1. *de la Cité*. Voyez MAGNAT.

LANDAU , rue *de Harlay*, qu. 14. *du Temp'e* , à 108 l. N-E. C'est une Ville dans la Basse Alsace, Diocèse de Spire , Conseil Souverain & Intendance d'Alsace, sur le Quiech , avec 4000 Hab. C'est un Gouvernement particulier.

LANDES (Les) *aux Carrieres de Grenelles* , qu. 20. *de saint Germain des Prez* , à 133 l. S-O. C'est un Pays de Sable & de Bruyeres dans la Gascogne , il forme une Sénéchaussée , & une Election dont le Siége est d'Acqs , même Diocèse , Parlement & Intendance de Bourdeaux.

LANDRECIE, rue *Jean-Robert* , qu. 10. *de S. Martin* , à 35 l. N-E. C'est une Ville du Hainault dans la Flandre, Diocèse de Cambray, Parlement de Douay , Intendance de Maubeuge sur la Sambre , avec 2000 Hab.

Rue *de S. Landry* , qu. 1. *de la Cité*. Voyez BILLI.

LANGEAC, rue *du Foin* , qu. 18. *de saint André des Arcs* , à 108 l. S-E. C'est une Ville dans l'Auvergne, Diocèse de Clermont , Parlement de Paris , Intendance & Election de

Riom, Siége d'une Prévôté Royale, proche l'Allier, avec 1000 Habitans.

LANGEST, rue *des Prêtres de saint Germain de l'Auxerrois*, qu. 4. *du Louvre*, à 55 l. S-O. C'est une Ville dans la Touraine, Diocèse, Intendance & Election de Tours, Parlement de Paris, au bord de la Loire, avec 1800 Habitans.

Rue *de Langlade*, qu. 5. *du Palais Royal*. Voyez VITRAI.

LANGRES, Rue *des Rosiers*, qu. 15. *de S. Antoine*, à 63 l. S-E. C'est une Ville dans la Champagne, & un Evêché qui est en même tems Duché-Pairie, Suffragant de Lyon, Parlement le Paris, Intendance de Châlons, Chef-lieu d'une Election, près de la source de la Marne, avec 18000 Habitans, un Bailliage, un Présidial, un Grenier à Sel, une Maréchaussée, & une Jurisdiction des Juges & Consuls.

LANGUEDOC, qu. 17. *de saint Benoist*, 16. *de la Place Maubert*, & 19. *du Luxembourg*, à 110 l. S. C'est une des plus grandes & des plus considérables Provinces de la France, & un Gouvernement Militaire & Général, qui comprend le Gevaudan, le Velay, le Vivarais, & les Cevennes, borné N. par le Querci, le Rouergue & l'Auvergne, E. par le Dauphiné & la Provence, O. par la Gascogne, S. par la Mer Méditerannée & par le Roussillon. Elle a environ 40 lieues dans sa plus grande largeur, & 90 depuis sa partie la plus Septentrionale jusqu'à la partie Méridionale : il contient 3 Archevêchés, & 20 Evêchés, en y comprenant Montauban, quoique dans le Querci, & du Gouvernement de Guyenne ou Gascogne, parce que le fauxbourg de sa Ville, & plusieurs

Paroiſſes de ſon Dioceſe ſont en Languedoc , ce qui donne à l'Evêque de Montauban la ſéance aux Etats du Languedoc , il
en eſt de même de l'Evêque de Comminges.
Le Languedoc a ſon Parlement à Toulouſe ,
une Cour des Comptes , Aides & Finances ,
& un Intendant à Montpellier ſous lequel
ſont deux Généralités , Toulouſe & Montpellier. Toulouſe en eſt la Ville Capitale.

LANION , rue *du Mulois* , qu. 5. *du Palais Royal* , à 110 l. S-O. C'eſt une Ville
dans la Bretagne vers les Côtes de la Manche ou Canal d'Angleterre , Dioceſe & Recette de Treguier , Parlement de Rennes , Intendance de Nantes , ſur la riviere de Loquet ,
avec 5500 Habitans.

Rue *de la Lanterne* , qu. 1. *de la Cité.* Voyez
MONTLUÇON.

† Rue *de la Lanterne* ou *de la Dentelle* , qu.
11. *de la Grève.* Voyez MORET.

LAON , rue *Grenier de S. Laſare* , qu. 10.
de S. Martin , à 31 l. N-E. C'eſt une Ville
de Picardie dans le Gouvernement de l'Iſle
de France,& un Evêché qui a le Titre de Duché-
Pairie , Suffragant de Rheims , Parlement de
Paris , Intendance de Soiſſons , & Siége d'une
Election , avec 8000 Habitans , un Grenier à
Sel , une Maîtriſe des Eaux & Forêts , & une
Juriſdiction des Traittes.

Rue *de Lappe* , faub. & qu. 15. *de S. Antoine* Voyez PONT-SUR-SAONE.

Rue *des Lavandieres* , qu. 3. *de ſaint Opportune.* Voyez MARCHENOIR.

† Rue *des Lavandieres* , qu. 17. *de S. Benoît.*
Voyez STE COLOMBE.

† S. LAURENT , rue *du Fer* , faub. S. *Marceau* ,
qu. 16. *Place Maubert* , à 174 l. S-E. C'eſt un
village dans la Provence , Dioceſe de Vence ,

Parlement, Int. d'Aix, Viguerie & Recette de S. Paul de Vence, fur le bord du Var, où on le paffe ordinairement à guet, avec 800 Hab. il eft fort connu encore par fon Vin mufcat.

Rue *de S Laurent*, faub. & qu. 9. *de S. Denis.* Voyez CALAIS.

C. *de S. Laurent*, rue *des Foffés*, & qu. 9. *de S. Denis.*

LAVAUR, rue *de S. Dominique*, faub. de *S. Michel*, qu. 19. *du Luxembourg*, à 145 l. S-O. C'eft une Ville dans le Haut Languedoc, & un Evêché Suffragant de Touloufe, Parlement de Touloufe, Int. de Montpellier, fur la riviere d'Agout, avec 4000 Hab.

LAUTREC, rue *des Vignes*, & *du Puits de la Ville*, faub. *de S. Marceau*, qu. 17. *de S. Benoift* à 148. l. S-O. C'eft une Ville dans le Haut Languedoc, Diocèfe de Caftres, Parlement de Touloufe, Intendance de Montpellier, avec 1500 Habitans, & avec titre de Comté.

LAUZERTE, rue *du petit Lion*, qu. 19. *du Luxembourg*, à 130 l. S-O. C'eft une Ville du Querci, Diocèfe & Election de Cahors, Parlement de Touloufe, Intendance de Montauban, avec 1500 Habitans.

LECTOURE, rue *Garencire*, qu. 19. *du Luxembourg*, à 143 l. S-O. C'eft une Ville de Gafcogne, & un Evêché Suffragant d'Auch, Parlement de Touloufe, Intendance d'Auch, fur la riviere de Gers, avec 4000 Habitans, une Sénéchauchée, & un Préfidial. C'eft un Gouvernement particulier.

LENS, rue *de Bourbon*, qu. 9. *de S. Denis*, à 46 l. N-E. C'eft une Ville dans l'Artois, Diocèfe d'Arras, Parlement de Paris, Intendance d'Amiens, Chef-lieu d'un Bailliage & d'une Recette, fur la petite riviere de Souchets, avec 2000 Habitans.

LEON ou S. POL DE LEON , rue *du faub. de saint Honoré* , qu. 5. *du Palais Royal* , à 119 l. S-O. C'est une Ville fur la Côte Meridionale de Bretagne , & un Evêché fuffragant de Tours , Parlement de Rennes , Intendance de Nantes , Chef-lieu d'une Recette , avec 3000 Habitans , & un bon Port de Mer à Rofcol , qui lui fert de fauxbourg.

LEONARD LE NOBLET (S.) rue *du Harepoix* , qu. 18. *de faint André des Arcs* , à 90 l. S-O. C'est une Ville dans le Limofin , Diocèfe , Intendance & Election de Limoges , Parlement de Bourdeaux , fur la Vienne , avec 3000 Habitans.

LERINS , rue *du Gros Caillou* , faub. *faint Marceau* , qu. 16. *de la Place Maubert* , à 175 l. S-E. Ce font deux petites Ifles de France , fur les Côtes de Provence , dans le Golfe de Canne , à 2 l. d'Antibes , Diocèfe & Recette de Graffe , Parlement & Intendance d'Aix. La plus près de la Côte , s'appelle fainte Marguerite , où il y a un Fort , un Gouverneur , & une garnifon d'Invalides , pour garder les Prifonniers d'Etat ; c'est la plus grande , elle a environ une lieue & demie de tour. L'autre , qui est plus petite , est appellée S. *Honoré* , où l'on voit l'ancienne Eglife du fameux Monaftere , qui a donné tant de grands Evêques à la France.

LESCAR , rue *de faint Maur* , qu. 19. *du Luxembourg* , à 180 l. S-O. C'est une Ville de Bearn , & un Evêché fuffragant d'Auch , Parlement de Paris , Intendance d'Auch , Sénéchauffée & Recette de Pau , avec 800 Habitans.

LESDIGUIERES , rue *des Foffés faint Bernard* , faub. *de faint Victor* , qu. 16. *de la*

Place Maubert, à 134 l. S-E. C'est un Duché-Pairie en Dauphiné , Diocèse , Parlement , Intendance & Election de Grenoble , sur la riviere du Drac , avec 2000 Habitans.

Rue *de Lesdiguieres* , qu. 12. *de saint Paul.* Voyez FLAVIGNI.

LESIGNAN , rue *Mousseta d* , faub. *saint Marceau* , qu. 16. *de la Place Maubert* , à 163 l. S. C'est un Bourg du bas Languedoc , Diocèse de Narbonne , Parlement de Toulouse , Intendance de Montpellier , sur le grand chemin , avec 1800 Habitans.

LESPARRE , rue *de Varennes* , qu. 20. *de saint Germain des Prez* , à 130 l. S-O. C'est une Ville de Guyenne , Capitale du Pays de Médoc , Diocèse , Parlement , Intendance & Election de Bourdeaux , avec 1000 Habitans.

Rue *de (Saint) Leufroi* , qu. 3. *de sainte Opportune.* Voyez RIS.

Rue *de la Levrette* ou *Pernelle* , qu. 11. *de la Grève.* Voyez SELLES.

LEUROUX , rue *des Quenouilles* , qu. 3. *de sainte Opportune* , à 44 l. S. C'est une Ville & Châtellenie , dans le Berri , Diocèse & Intendance de Bourges , Parlement de Paris , Election d'Issoudun , avec 2000 Habitans.

LEZOUX , rue *de la Calandre* , qu. 1. *de la Cité* , à 90 l. S. C'est une Ville d'Auvergne , Diocèse & Election de Clermont , Parlement de Paris , Intendance le Riom , dans la Limagne , avec 3000 Habitans.

Rue *de l'Homme-Armé* , qu. 13. *de sainte Avoye.* Voyez VILLENEUVE-LE-ROY.

LIBOURNE , rue *de a Planche* , qu. 20. *de saint Germain des Prez* , à 122 l. S. O. C'est une Ville dans la Guyenne en Gascogne ,

Diocèse, Parlement & Election de Bourdeaux, sur la Dordogne & au Confluent de l'Isle, avec 5000 Habitans, une Sénéchaussée & un Présidial.

Rue *de la Licorne*, qu. 1. *de la Cité.* Voyez ROANNE.

LIESSE, rue *Michel-le-Comte*, qu. 10. *de saint Martin*, a 33 l. N-E. C'est un Bourg de Picardie, dans le Gouvernement de l'Isle de France, Diocèse & Election de Laon, Parlement de Paris, Intendance de Soissons, avec 1500 Habitans. Il est célèbre par la grande dévotion qu'on y a à la sainte Vierge.

LIGEUIL, rue *des Euseaux*, qu. 3. *de sainte Opportune*, à 57 l. S-O. C'est une Ville & Baronie dans la Touraine, Diocèse & Intendance de Tours, Parlement de Paris, Election de Loches, avec 1500 Habitans.

LIGNI, *Vieille rue du Temple*, qu. 14. *du Temple*, à 57 l. E. C'est une Ville & Comté dans le Barrois en Lorraine, Diocèse de Toul, Parlement & Intendance de Nancy, sur la petite riviere d'Ornay, avec 1500 Habitans.

LILLE, rue & qu. 10. *de saint Martin*, à 52 l. N-E. C'est la ville Capitale de la Flandre Françoise, entre la Lys & la Deule, ce qui lui donne le nom qu'elle porte, Diocèse de Tournay, Parlement de Douay, Siége d'une Intendance & d'une Sub-délégation, avec 80000 Habitans, & un Hôtel des Monnoyes, marquées par W; c'est un Gouvernement de Place.

LILLE, rue *du Gril*, faub. *saint Marceau*, qu. 16. *de la Place Maubert*, à 45 l. S-E. C'est une Ville du Comtat d'Avignon ou Venaissin en Provence, Diocèse de Cavaillon, sur la Sorgue, avec 3000 Habitans.

LILLE-BOUCHARD,

LILLE-BOUCHARD, rue *des Poulies*, qu. 4. *du Louvre*, à 35 l. S-O. C'est une Ville dans la Touraine, Diocèse & Intendance de Tours, Parlement de Paris, Election de Chinon, au milieu de la riviere de Vienne, avec 1500 Habitans.

LILLEBONNE, rue *Centier*, qu. 6. *de Montmartre*, à 33 l. N-O. C'est une Ville de Normandie, Diocèse, Parlement & Intendance de Rouen, Election de Montivilliers, au bord de la Seine, dans le Pays de Caux, avec 3500 Habitans.

LILLERS, faub. *de la Lune* à la Villeneuve, qu. 9. *de saint Denis*, à 50 l. N-O. C'est une Ville dans l'Artois, du Gouvernement de Picardie, Diocèse & Gouvernance d'Arras, Parlement de Paris, Intendance d'Amiens, Siége d'un Bailliage & d'une Recette, sur la Navete, avec 3000 Habitans.

Rue *de la Limace*, qu. 3. *de sainte Opportune*. Voyez LA FERTÉ S. AUBIN.

LIMAGNE (La) rue *de saint Severin*, qu. 18. *de saint André des Arcs*, à 70 S. C'est un très-beau Pays, qui fait partie de la basse Auvergne, entre l'Allier & la riviere de Dore, d'environ 15 lieues.

LIMEUIL, rue des *Quatre-Vents*, qu. 10. *du Luxembourg*, à 115 l. S-O. C'est une Ville dans le Perigord, Diocèse & Election de Perigueux, Parlement & Intendance de Bourdeaux, avec 1400 Habitans.

LIMOGES, rue & qu. 18. *de saint André des Arcs*, à 100 l. S-O. C'est la ville Capitale du Limosin, avec Evêché suffragant de Bourges, Parlement de Bourdeaux, Siége d'une Intendance & d'une Election, sur la riviere de Vienne , & avec 10000 Habitans.

Rue *de Limoges* , qu. 14. *du Temple*. Voyez ANCI-LE-FRANC.

LIMOSIN (Le) qu. 18. *de saint André des Arts* , & 20. *de saint Germain des Prez* , à 98 l. S-O. C'est une Province de France , bornée , N. par la Marche , E. par l'Auvergne , S. par le Querci , O. par le Périgord , Parlement & Intendance de Bourdeaux , Limoges en est la ville Capitale.

LIMOUX , rue *Neuve de sainte Geneviéve* , faub. *saint Marceau* , qu. 17. *de saint Benoît* , à 174 l. S-O. C'est une Ville du Languedoc , Diocèse de Narbonne , Parlement de Toulouse , Intendance de Montpellier , Chef-lieu d'une Recette , sur la riviere d'Aude qui la traverse , avec 6000 Habitans , une Sénéchaussée & un Présidial , son Vin blanc , sous le nom de Blanquette de Limoux , est fort connu & fort estimé.

Rue *de la Lingerie* , qu. 8. *des Halles*. Voyez ARTENAY.

LINIERES , rue *Trop-va-qui-dure* , qu. 3. *de sainte Opportune* , à 45 l. S. C'est une Ville & Baronie du Berri , Diocèse & Intendance de Bourges , Parlement de Paris , Election d'Issoudun , auprès de l'Etang de Villiers , qui peut avoir 7 l. de tour , avec 800 Habitans.

LION D'ANGERS , rue *Fromenteau* , qu. 4. *du Louvre* , à 68 l. S-O. C'est une Ville d'Anjou , Diocèse & Election d'Angers , Parlement de Paris , Intendance de Tours , sur la riviere d'Oudan , avec 2500 Habitans.

LION OU LONS-LE-SAUNIER , rue *de saint Nicolas* , faub. & qu. 15. *de saint Antoine* , à 67 l. S-E. C'est une Ville dans la Franche-Comté , Diocèse , Parlement & Intendance

de Befançon, Siége d'un Préfidial, d'un Bailliage & d'une Recette, avec 3000 Habitans:
fon furnom de Saunier lui vient de fes fources falées, dont on faifoit du Sel, en faifant
bouillir leurs eaux.

Rue *de Lionne* ou *de fainte Anne*, qu. 6. *de
Montmartre.* Voyez CAEN.

LIONS, rue *du Croißant*, qu. 6. *de Montmartre*, à 22 l. N-O. C'eft une Ville de Normandie, Diocèfe, Parlement & Intendance
de Rouen, Chef-lieu d'une Election, envi-
ronnée de la Forêt de Lions, qui eft la plus
grande de toute la Normandie, & qui contient 23750 arpens, avec 1500 Habitans,
& une Maitrife des Eaux & Forêts.

LIONS ou S. MAURICE DE LIONS, rue
Cardinale, qu. 20. *de S. Germain des Prez*,
à 106 l. S-O. C'eft un Bourg dans l'Angoumois, Diocèfe & Election d'Angoulême,
Parlement de Paris, Intendance de Limoges, avec 2000 Habitans.

LIZIER (Saint) rue *de Vangirard*, qu.
19. *du Luxembourg*, à 175 l. S-O. C'eft une
ville & la Capitale du pays de Conférans en
Gafcogne, & un Evêché fuffragant d'Auch,
Parlement de Touloufe, Intendance d'Auch,
Election de Comminges, fur le Solat, avec
2000 Habitans.

LIZIEUX, rue *Neuve des Petits-Champs*,
qu. 6. *de Montmartre*, à 37 l. N-O. C'eft une
Ville dans la haute Normandie, & un Evêché
fuffragant de Rouen, Parlement de Rouen,
Intendance d'Alençon, Chef-lieu d'une Election, à 5 l. de la Mer, fur la Touque, &
avec 8000 Habitans.

LO (Saint) rue *Therefe*, qu. 5. *du Palais*

Royal, à 53 l. N-O. C'est une Ville & Baronnie de Normandie , Diocése de Coutances , Parlement de Rouen , Intendance de Caen , Chef-lieu d'une Election , sur la riviere de Vire , avec 6000 Habitans , & un assez beau Port , sur la Vire ; c'est un Gouvernement particulier.

LOCHES , rue *des Fossés de S. Germain l'Auxerrois* , qu. 4. *du Louvre* , a 55 l. S-O. C'est une Ville & Comté dans la Touraine , Diocése & Intendance de Tours , Parlement de Paris , Chef-lieu d'une Election , sur l'Indre , avec 3500 Habitans , un Bailliage , une Châtellenie Royale , & un Grenier a Sel.

LODEVE , rue *de saint Jacques* , qu. 17. *de saint Benoît* , à 143 l. S-E. C'est une Ville du bas Languedoc , & un Evêché suffragant de Narbonne , Parlement de Toulouse , Intendance de Montpellier , au Confluent de l'Erge & de Soulondres , avec 7000 Habitans.

LOIRE (La) rue *du Fossé des Tuilleries* , qu. 5. *du Palais Royal* , a 88 l. S-O. C'est une des grandes Rivieres de France , qui porte son nom depuis sa source jusqu'à son embouchure ; elle a près de 200 l. de cours ; elle est navigable environ 166. elle reçoit dans son cours 112 Rivieres ; elle prend sa source en Vivarais , & commence à porter bateau à Roanne dans le Forez , & elle va se jetter dans la Mer a Nantes , par une embouchure assez large.

Rue *des Lombards* , qu. 2. *de saint Jacques de la Boucherie.* Voyez CHATILLON-SUR-LOIRE.

LOMBEZ , rue *de Vaugirard* , qu. 19. *du*

Luxembourg, à 160 l. S-O. C'est une Ville dans la Gascogne, & un Evêché suffragant de Toulouse, Parlement de Toulouse, Intendance d'Auch, Election de Comminges, sur la petite riviere de Seve, avec 2500 Habitans.

Rue *de Longue Allée*, qu. 9. *de saint Denis.* Voyez MARLE.

Rue *de Longpont*, qu. 11. *de la Grève.* Voyez LUZI.

LONS-LE-SAUNIER. Voyez LIONS-LE-SAU-NIER.

LONGWI, rue *de Popincourt*, faub. & qu. 15. *de saint Antoine*, à 67 l. N-E. C'est une Ville du Barrois en Lorraine, mouvante du Gouvernement du Pays Messin, Diocèse, Parlement, Intendance & Recette de Metz, avec 2500 Habitans, Bailliage & Prevôté. C'est un Gouvernement particulier.

LONGJUMEAU, rue *de Quincampoix*, qu. 2. *de saint Jacques de la Boucherie*, à 5 l. S-O. C'est un Bourg dans l'Isle de France, Parlement, Intendance & Election de Paris, sur la petite riviere d'Ivette, avec 1800 Habitans.

LORGUES, rue *de Tripelet*, faub. *saint Marceau*, qu. 16. *de la Place Maubert*, à 178 l. S-E. C'est une Ville & Justice Royale dans la Provence, Diocèse de Frejus, Parlement & Intendance d'Aix, Siége d'une Viguerie, sur la riviere d'Argent, avec 1200 Habitans.

LORRAINE (La) qu. 14. *du Temple*, & 15. *de saint Antoine*, à 53 l. E. C'est un Etat souverain de l'Europe, borné, N. par les trois Evêchez, Metz, Toul & Verdun, par le Luxembourg & l'Archevêché de Tréves, E. par l'Alsace & le Duché de deux Ponts,

S. par la Franche-Comté ; O. par la Champagne, entre les Terres de l'Empire d'Allemagne & la France ; elle a 40 l. de long, sur 30 de large ; elle a son Parlement & son Intendante à Nanci, qui en est la Capitale ; elle a titre de Duché, auquel celui de Bar est joint ; elle a été cédée au Roy Stanislas, pour être réunie à la Couronne de France après sa mort ; elle est déja regardée comme une Province de France ; & elle fait un Gouvernement Militaire.

LORRIS, rue & qu. 10. *de saint Martin*, à 28 l. S-E. C'est une Ville du Gâtinois, Diocèse de Sens, Parlement de Paris, Intendance d'Orleans, Election de Montargis, avec 1200 Habitans.

LOUDUN, rue *de Verneuil*, qu. 20. *de saint Germain des Prez*, à 62 l. S-O. C'est une Ville du Poitou, Parlement de Paris, Intendance de Tours, Chef-lieu d'une Election, sur la Marciel, avec 4000 Habitans, une Prevôté, un Bailliage, & une Sénéchaussée. C'est un Gouvernement particulier.

Rue *de saint Louis* au *Palais*, qu. 1. *de la Cité*. Voyez AUBUSSON.

Rue *de saint Louis* en l'Isle Notre-Dame, qu. 1. *de la Cité*. Voyez LA PALISSE, BOURBON-LANCI, CHARLIEU.

Rue *de saint Louis*, qu. 14. *du Temple* & 15. *de saint Antoine*. Voyez PONT-A-MOUSSON, BEFORT, SAVERNE.

Rue *de saint Louis*, qu. 5. *du Palais Royal*. Voyez INGRANDE.

Rue *de Louis le Grand*, qu. 6. *de Montmartre*. Voyez COUTANCES.

LOUISIANE (La) Barr. *de la Patache*, sur la Riviere, qu. 20. *de S. Germain des Prez*, à 2000 l. de la France, & à 2160 de Paris, S-O. C'est une étendue de Terre de dix-huit cens lieues dans l'Amérique septentrionale, qui fait la partie Occidentale du Canada ou de la Nouvelle France ; elle est appellée autrement Mississipi, à cause du grand Fleuve de ce nom, qui après l'avoir traversée par le milieu du Nord au Sud, vient se jetter dans le Golfe du Méxique ; on appelle cette étendue de Terre, Louisiane, depuis que les François en ont pris possession au nom de Louis le Grand. La nouvelle Orleans en est la ville Capitale.

LOULAY, rue *de Toulouse* ou *de la Voilliere*, qu. 7. *de saint Eustache*, à 37 l. S-O. C'est un Bourg dans la Normandie, Diocèse du Mans, Parlement de Rouen, Intendance d'Alençon, Election de Domfront, sur la riviere d'Egreine, avec 3500 Habitans.

LOUPE (La) rue *Courtalon*, qu. 3. *de sainte Opportune*, à 24 l. S-O. C'est un Bourg en Beauce, dans l'Orléanois, Diocèse & Election de Chartres, Parlement de Paris, Intendance d'Orleans, avec 1500 Habitans.

LOURDE, rue *du Cimetiere* ou *Palatine*, qu. 19. *du Luxembourg*, à 175 l. S-O. C'est une Ville dans la Gascogne, Diocèse de Tarbes, Parlement de Toulouse, Intendance d'Auch, avec 1800 Habitans.

LOUVRE (Le) Voyez CHATEAUX.

Rue *du Louvre* ou C. *de l'Oratoire*. Voyez CHATEAU-GONTIER.

LUCÉ, rue *de Richelieu*, à 48 l. S-O. C'est une Ville dans le Maine, Diocèse du Mans, Parlement de Paris, Intendance de Tours, Election de Château du Loir, avec 2000 Habitans.

Luçon , rue *de l'Université* , qu. 20. *de saint Germain des Prez* , à 95 l. S-O. C'est une Ville & Baronie , dans le Poitou , avec Evêché suffragant de Bourdeaux , Parlement de Paris , Intendance de Poitiers , Election de Fontenay , & avec 4000 Habitans.

Lude (Le) rue *de Grenelle* , qu. 7. *de saint Eustache* , à 53 l. S-O. C'est une Ville & Duché dans l'Anjou , Diocèse d'Angers , Parlement de Paris , Intendance de Tours , Election de Baugé , au bord du Loir , avec 3500 Habitans.

Luines , rue *de l'Arbre-sec* , qu. 4. *du Louvre* , à 53 l. S O. C'est une Ville dans la Touraine , avec titre de Duché-Pairie , Diocèse , Intendance & Election de Tours , Parlement de Paris , avec 2500 Habitans.

Rue *de la Lune* , qu. 9. *de saint Denis.* Voyez Neufchatel , Lillers.

Lunel , rue *d'Ecosse* , qu. 17. *de saint Benoît* , à 146 l. S-E. C'est une Ville du bas Languedoc , Diocèse & Intendance de Montpellier , Parlement de Toulouse , à une demi-lieue du Vidourle , avec 3000 Habitans. Le Vin Muscat de Lunel vieil , est fort renommé.

Luneville , rue *du Mesnil-Montant* , faub. & qu. 14. *du Temple* , à 78 l. S-E. C'est une Ville dans la Lorraine , Diocèse de Toul , Parlement & Intendance de Metz , sur la petite riviere de Vedouze , avec 2500 Habitans.

Lury , rue *du Crucifix* , qu. 2. *de S. Jacques de la Boucherie* , à 38 l. S. C'est une Ville dans le Berri , Diocèse , Intendance & Election de Bourges , Parlement de Paris , sur la riviere d'Arnou , avec 800 Habitans.

LUXEMBOURG (Le) Barr. *de S. Louis*, faub. & qu. 14. *du Temple*, à 46 l. N E. C'est un Duché & une les plus grandes Provinces du Pays-Bas, dans lequel est enclavé le Duché de Bouillon ; il est entre l'Evêché de Liége, l'Electorat de Tréves, la Lorraine, la Champagne & la Meuse. Ce Duché appartient en partie à la Maison d'Autriche, en partie à la France. Thionville est la Capitale du Luxembourg François.

Rue *du Luxembourg*, qu. 5. *du Palais Royal*. Voyez SAINT BRIEUX.

LUXEUIL, rue *de Basfroi*, faub. & qu. 15. *de S. Antoine*, à 73. l. S-E. C'est une Ville de la Franche-Comté, auprès d'une fameuse Abbaye du même nom, Diocèse, Parlement, & Intendance de Besançon, Recette de Vesoul, avec 1500 Habitans, elle est renommée par ses Eaux minerales.

LUZARCHE, rue *de Mondetour*, qu. 8. *des Halles*, à 7 l. N. C'est Ville dans l'Isle de France, Diocèse, Parlement, Int. & Election de Paris, dans le Parisis, avec 1000 Hab.

LUZI, rue *de Longpont*, qu. 11. *de la Grêve*, à 65. S. C'est une petite Ville dans le Nivernois, Diocèse & Election de Nevers, Parlement de Paris, Intendance de Moulins, sur la frontiere de Bourgogne, avec 800 Habitans.

LYON, rue *Galande*, qu. 17. *de S. Benoist*, à 100 l. S-E. C'est la Ville Capitale du Lyonnois, Siége d'un Archevêque, d'un Intendant, d'un Bureau des Tréforiers, d'une Election, d'une Sénéchaussée, d'une Cour des Monnoyes, d'une Conservation des Juges Consuls, d'une Maîtrise des Ports, d'une Douane, d'une Maréchaussée & d'un Hôtel

des Monnoyes , marquées par le D , Parlement de Paris , au Confluent du Rhône &
de la Saone , avec 150000 Habitans.

LYONNOIS (Le) qu. 1. *de la Cité*, & 17
de S. Benoist , à 100 l. C'est une Province &
Gouvernement , qui comprend le Lyonnois ,
le Bourbonnois , l'Auvergne , la Marche , le
Nivernois , le Beaujolois , le Forez & la Principauté de Dombes , borné N. par la Bourgogne , E. par le Dauphiné , S. par le Vivarais ,
& par le Velai , qui sont du Languedoc , O.
par l'Auvergne. Le Lyonnois propre a environ
12 l. de long sur 7 de large ; il contient un
Archevêché , Parlement de Paris ; il a un Intendant & cinq Elections. Lyon en est la Ville
Capitale.

M.

MAGELLAN , Barr. *des Ballais*, ou *de Traverse* , qu. 20. *de S. Germain des Prez* ,
à 2750 l. de France , & à 2860 de Paris , S O.
C'est un Détroit fameux de l'Amérique méridionale , qui a environ 100 lieues d'une Mer
à l'autre , & une lieue de large dans l'endroit
le plus étroit. C'est le commencement de l'A-
mérique du côté du Midi.

Rue *de la Madeleine* , à la Ville-l'Evêque ,
faubourg *S. Honoré* , qu. 5. *du Palais Royal.*
Voyez TREGUIER.

Rue *de S. Magloire* , qu. 2. *de S. Jacques de
la Boucherie.* Voyez CHOISI-LE-ROI.

MAGNAT OU MANIAT , Rue *de Lamoignon*
au Palais , qu. 1. *de la Cité* , à 78 l. S-O. C'est
un Bourg dans la haute Marche , Diocèse

& Intendance de Limoges , Parlement de
Paris , Bailliage & Election de Gueret , avec
800. Habitans.

MAGNI, rue *de la grande Truanderie*, qu. 8.
des Halles, à 14. l. C'est une Ville du Vexin
François dans l'Isle de France, Diocèse & Intendance de Rouen , Parlement de Paris, asso-
cié & Chef-lieu d'Election avec Chaumont, sur
la route de Rouen à Paris , & avec 1500 Hab.

Rue *Maguignone*, faub. *de S. Marceau*, qu.
16. *de la Place Maubert*. Voyez ANTIBES.

MAYENNE , rue *de S. Honoré* ; qu 4. *du
Louvre*, à 45 l. S-O. C'est une Ville & Duché-Pairie dans le Maine, Parlement de Paris, Intendance de Tours , Chef-lieu d'une
Election, sur la Maïenne, avec 3000 Habitans. Une Maréchaussée & une Maîtrise
des Eaux & Forêts.

Rue *du Mai*, qu. 6. *de Montmartre*. Voyez
CAUDEBEC.

Rue *Maillet*, faub *de S. Michel*, qu. 19.
du Luxembourg, hors des Barrieres.

MAILLEZAIS, rue *de l'Université*, qu. 20.
de S. Germain des Prez, à 91 l. S-O. C'est
une Ville dans le Poitou, Diocèse de la Rochelle, Parlement de Paris, Intendance de
Poitiers , Election de Fontenai, dans une
Isle que forment la riviere d'Autise & celle
de Seve ; elle étoit autrefois le Siége de l'E-
vêché de la Rochelle , avec 1200 Habitans.

MAINE, qu. 4. *du Louvre*, 5. *du Palais Royal*,
& 7. *de S. Eustache*, à 38 l. S-O. C'est une
Province de France , & un Gouvernement
Militaire , dans lequel est compris le Perche, du Gouvernement général de l'Orléanois,
avec titre de Duché , borné , E. par le Per-

che, N. par la Normandie, O. par l'Anjou & la Bretagne, S. par la Touraine ; elle a 100 lieues de circuit, 40 en longueur, & 20 en largeur, Parlement de Paris, Intendance de Tours. Le Mans en eſt la Ville Capitale.

MAISONS de Paris environ 29000.

MAISON ou POMPE DES EAUX de la riviere de Seine, d'où ſont diſtribuées les eaux pour une partie des Fontaines de la Ville, au Pont de Notre-Dame, qu. 1. *de la Cité*.

MAISON ou POMPE DES EAUX de la riviere de Seine, d'où ſont diſtribuées les eaux pour les Tuilleries & pour le Palais Royal, à la Samaritaine & au Pont-Neuf, qu. 1. *de la Cité*.

MAIXENT (S.) rue *du Bacq*, qu. 20 *de S. Germain des Prez*, à 86. l. S-O. C'eſt une Ville & Juſtice Royale dans le Poitou, Diocèſe & Intendance de Poitiers, Parlement de Paris, Chef-lieu d'une Election, avec 5500 Habitans. C'eſt un Gouvernement particulier.

MALATOUR, rue *du Menilmontant*, faub. & qu. 14. *du Temple*, à 69 l. N-E. C'eſt une Ville de Lorraine, Diocèſe, Parlement, Intendance & Recette de Metz, avec 2000 Hab.

MALO (Saint) rue *de S. Honoré*, qu. 5. *du Palais Royal*, à 82 l. S-O. C'eſt une Ville de Bretagne, & un Evêché ſuffragant de Tours, Parlement de Rennes, Intendance de Nantes, dans une Iſle ou preſqu'Iſle jointe à la Terre ferme, avec 10000 Habitans, & un Port de Mer grand, & des plus fréquentés.

MAMERS, ou MEMERS, rue *du Bouloi*, qu. 7. *de S. Euſtache*, à 36 l. S-O. C'eſt une Ville dans le Maine, Diocèſe & Election du

Mans,

Mans, Parlement de Paris, Intendance de
Tours, fur la Dive, avec 5000 Habitans,
Siége Royal, Bailliage, Prévôté, Grenier à
Sel, & Maîtrise des Eaux & Forêts.

MANS, rue *de la Croix des petits Champs*,
qu. 7. *de S. Euflache*, à 43 l. S-O. C'eft une
Ville & Capitale de la Province du Maine,
& un Evêché fuffragant de Tours, Parlement
de Paris, Intendance de Tours, & Chef-
lieu d'une Election, fur la Sarte, avec 6000
Habitans.

MANSLE, rue *des Marais*, qu. 20. *de S.
Germain des Prez*, à 95 l. S-O. C'eft un
Bourg dans l'Angoumois, Diocèfe d'Angoulême, Parlement de Paris, Intendance
de la Rochelle, Election de Cognac, avec
800 Habitans.

MANTES, rue *Pirouette* ou *Tirouanne*, qu.
8. *des Halles*, à 11 l. O. C'eft une Ville
dans l'Ifle de France, Diocèfe de Chartres,
Parlement & Intendance de Paris, Chef-lieu
d'une Election, fur le bord de la Seine,
avec 3000 Habitans, Prevôté, Bailliage,
Grenier à Sel, & Maréchauffée.

MANUFACTURES ROYALES qui font
dans Paris.

Des Cartes, rue *de S. Louis*, Ifle de Notre-Dame, qu. 1. *de la Cité.*

Des Glaces, rue *de Reuilli*, faub. & qu.
15. *de S. Antoine.*

Des Gobelins ou Maifon Royale des Manufactures du Roi pour les Tapifferies pein-
tes & Sculptures, & autres où l'on teint auffi
en écarlate, rue & faub. *S. Marceau*, qu.16.
de la Place Maubert.

De Plomb laminé, rue *de Berri*, faub. &
qu. 15. *de S. Antoine.*

R

De la Poudre Alchimique avec laquelle on fait de l'encre dans le moment partout où l'on trouve de l'eau, rue *Neuve des petits Champs*, qu. 6. *de Mon martre*.

Du Tabac en corde au Carousel, qu. 5. *du Palais Royal*.

Des Tapis & Tapisseries, façon de Turquie & de Perse, à la Savonnerie auprès de Chaillot, au-delà du Cours de la Reine, hors des Barrieres, qu. 5. *du Palais Royal*.

De Terre d'Angleterre, rue *de Charenton*, faub. & qu. 15. *de S. Antoine*.

De Velours, rue *de Charenton*, faub. & qu. 15. *de S. Antoine*.

Rue *des Marais*, faub. & qu. 15. *de saint Antoine*. Voyez SERRES.

Rue *des Marais*, qu. 20. *de saint Germain des Prez*. Voyez MANSLE.

Rue *des Marais de S. Martin*, même faub. & qu. 10. Voyez MARCHIENNES, LA GOURGUE.

Rue *des Marais du Temple*, même faub. & qu. 14. Voyez CLAIRVAUX.

Ruelle *des Marais du Temple*, même faub. & qu. 14. Voyez VAUCOULEURS.

Rue *de saint Marc*, qu. 6. *de Montmartre*. Voyez ORBEC.

MARCHE (La) qu. 1. *de la Cité*, à 58 l. S-O. C'est une petite Province de France avec titre de Comté, borné, N. par le Berri, E. par l'Auvergne, O. par le Poitou, S par le Limosin ; elle a environ 22 lieues d long sur 10 de large, Parlement de Paris, Intendance de Limoges, avec trois Elections. Gueret en est la ville Capitale.

Rue *de la Marche*, qu. 15. *du Temple*. Voye CHATEAU-VILAIN.

Rue *du Marché-Neuf* , qu. 1. *de la Cité.*
Voyez S. POURCAIN.

MARCHENOIR , rue *des Lavandieres* , qu.
3. *de sainte Opportune* , à 33 l. S-O. C'est une
Ville de la Beauce , dans l'Orléanois , Diocèse de Blois , Parlement de Paris , Intendance d'Orleans , Election de Chateaudun ,
proche la Forêt du même nom , qui contient
4230 arpens de Bois de Haute-Futaye , avec
800 Habitans.

Rue *du Marché Palu* , qu. 1. *de la Cité.*
Voyez BRIOUDE.

Rue *du Marché aux Chevaux* , faub. *saint*
Marceau , qu. 16. *de la Place Maubert.* Voyez
S. TROPEZ.

MARCHEZ de la Ville & des Fauxbourgs
de Paris :

De la rue de saint Antoine , même qu.
15.

De l'Apport Paris , rue *de saint Denis* , qu.
2. *de saint Jacques de la Boucherie* , vers le
Grand Châtelet.

Aux Chevaux, rue *du Marché aux Chevaux* ,
faub. *saint Marceau* , qu. 16. *de la Place Mau-*
bert.

Du Cimetiere de saint Jean en Grève , même qu. 11.

De la Croix Rouge , rue *de Seve* , qu. 19.
du Luxembourg.

Daguesseau à la Ville l'Evêque, faub. *de saint*
Honoré , qu. 5. *du Palais Royal.*

Du faub. de saint Germain des Prez , appellé le Petit-Marché , au bout de la rue de
Bissi , qu. 19. *du Luxembourg.*

Du Marché-Neuf , même rue , qu. 1. *de*
la Cité.

De la Place Maubert , même qu. 16.

Des Quinze-Vingts , qu. 5. *du Palais Royal.*

Petit-Marché , vers saint Etienne d'Egrès , rue *de saint Jacques* , qu. 17. *de saint Benoît.*

Petit Marché , rue & qu. 10. de saint Martin.

Petit Marché de la Place & Porte de saint Michel , qu. 19. *du Luxembourg.*

Petit Marché , proche le Temple , même rue & qu. 14.

Rue *de saint Marcel* , même faub. qu. 16. *de la Place Maubert.* Voyez LAMBESC , AIX , MARSEILLE.

MARCHIENNES , rue *du Marais* , faub. & qu. 10. *de saint Martin* , à 45 l. N-E. C'est une petite Ville de Flandre , Diocèse d'Arras , Parlement de Douay , Intendance de Lille , Subdélégation de Bouchain , sur la Sombre , rivière très-petite & très-profonde , avec 5000 Habitans.

MARCOU (Saint) rue *Neuve saint Eustache* , qu. 6. *de Montmartre* , à 66 l. N-O. Ce font deux Isles fur les Côtes de la Normandie , à deux petites lieues de la Côte du Coutantin , qu'on appelle Isle d'Amont & Isle d'Aval, D. & Election de Coutance , Parlement de Rennes , Intendance de Caen.

MARENNES , rue *de Grenelle* , qu. 20. *de saint Germain des Prez* , à 108 l. S-O. C'est une Ville dans la Saintonge , Diocèse de Saintes , Parlement de Bourdeaux , Intendance de la Rochelle , Chef-lieu d'une Election , entre la Soudre & le Havre du Brouage , & fur la Mer , avec 5000 Habitans , un Siége d'Amirauté & un Bureau des Fermes. Ses Huitres paffent pour les meilleures de toute la Côte.

MARENS, rue *de saint Dominique*, qu. 20. *de saint Germain des Prez*, à 95 l. S-O. C'est une Ville du Pays d'Aunis, Diocèse, Intendance & Election de la Rochelle, Parlement de Paris, dans des Marais salans, à une lieue de la Mer, avec 5000 Habitans.

MAREUIL, rue *Percée*, qu. 18. *de saint André des Arcs*, à 105 l. S-O. C'est un Bourg du Perigord, D. & Election de Perigueux, Parlement & Intendance de Bourdeaux, sur la riviere d'Ambere, avec 1200 Habitans.

Rue *de sainte Marguerite*, Faub. & qu. 15. *de saint Antoine*. Voyez GRANDMONT.

Rue *de sainte Margueritte*, qu. 20. *de saint Germain des Prez*. Voyez MONTPAZIER.

Rue *de sainte Marie*, qu. 20. *de S. Germain des Prez*. Voyez MAULEON.

MARIE AUX MINES (Ste) rue *Chemin &* *Contrescarpe* qu. 15. *de saint Antoine*, à 120 l. S-E. C'est une Ville dans la haute Alsace, Diocèse de Bâle, Conseil souverain & Intendance d'Alsace, sur la riviere de Libere, avec 800 Habitans. Elle est célebre par ses Eaux d'argent.

MARIEMBOURG, rue du Faub. *de S. Laurent*, qu. 10. *de saint Martin*, à 54 l. N-E. C'est une Ville de Flandre, Diocèse de Liege, Parlement de Douay, Intendance de Maubeuges, Siége d'une Prevôté & d'une Recette, & un Gouvernement particulier entre la blanche & la noire, avec 2000 Habitans.

C. *de sainte Marine*, rue *de saint Pierre aux Bœufs*, qu. 2. *de la Cité*.

MARINGUES, rue *de saint Jacques*, qu. 17. *de saint Benoît*, à 85 l. S-E. C'est une petite Ville dans l'Auvergne, Diocèse & Intendance de Lyon, Parlement de Paris, Election de

Monbrifon, près de la riviere de l'Allier, avec 300 Habitans. Elle n'est gueres connue que par le commerce, à caufe que le Port de Vefle fur cette riviere n'en eft qu'à un quart de lieue. C'est dans cette Ville que les Marchands de bled font leurs magafins.

Rue *des Marionettes*, Faub. *S. Jacques*, qu. 17. *de S. Benoît* Voyez REVEL.

MARLE, rue *de Longue allée*, qu. 9. *de S. Denis*, à 37. l. N-E. C'est une Ville de Picardie, Diocèfe & Election de Laon, Parlement de Paris, Intendance de Soiffons, fur la riviere de Serre, avec 1200 Habitans, un Bailliage, une Gruerie, & un Grenier à Sel.

MARLI, rue *de la Grande Truanderie*, qu. 8. *des Halles*, à 3 l. N-O. C'est un Village & un magnifique Château Royal, dans l'Ifle de France, Diocèfe, Parlement, Intendance & Election de Paris, fur la riviere de Seine, avec 1000 Habitans. Il eft fort célébre, à caufe de la Machine deftinée à élever les eaux fur la riviere de Seine, entre Marli & la Chauffée.

MARMANDE, rue *du Four*, qu. 19. *du Luxembourg*, à 136 l. S-O. C'est une Ville de l'Agenois, dans la Guyenne ou Gafcogne, Diocèfe & Election d'Agen, Parlement & Intendance de Bourdeaux, fur la Garonne, avec 5000 Habitans.

MARMOUTIER, rue *de la Monnoye*, qu. 4. *du Louvre*, à 51 l. S-O. C'est un Faubourg de la Ville de Tours, au-delà de la Loire, & une célébre Abbaye fondée par S. Martin, Diocèfe, Intendance & Election de Tours, Parlement de Paris. On y voit encore l'Autel de faint Martin.

Rue *des Marmouzets* , qu. 1. *de la Cité.*
Voyez S. AMAND.

Rue *des Marmouzets* , faub. *S. Marceau* ,
qu. 16. *de la Place Maubert.* VOYEZ PERTUIS.

MARNE (La) rue *des Etuves,* qu. 10. *de saint
Martin* , à 1 l. E. C'est une Riviere consi dérable de France , qui pren l sa source dans le
Bassigni en Champagne , au pie l d'une Montagne , & se jette dans la Seine , un peu audessus de Charenton. Elle porte bateaux.

MARSAL , rue *des Trois Pavillons* , qu. 15.
de saint Antoine , à 74 l. E. C'est une Ville
dans la Lorraine , Diocèse, Parlement & Intendance de Metz , sur la Seille , dans des
Marais qui en rendent l'abord difficile , avec
1500 Habitans , & des Salines considérables.

MARSEILLAN , rue *des Sansonets* , faub. *de
saint Jacques* , qu. 17. *de saint Benoît* , à 155
l. S. C'est un Bourg du bas Languedoc, Diocèse d'Agde , Parlement de Toulouse , Intendance de Montpellier , avec 2000 Habitans.

MARSEILLE , rue *du faub. saint Marceau* ,
qu. 16. *de la Place Maubert* , à 167 l. S-E.
C'est une Ville & un Port de Mer en Provence , & un Evêché suffragant d'Arles , Parlement & Intendance d'Aix , Siége d'une Sénéchaussée , Chef-lieu d'une Reale , avec
160000 Habitans ; son Port est des meilleurs
de France , où sont ordinairement les Galéres
du Roy à l'abri du Vent.

MARTEL , rue *de Condé* , qu. 19. *du Luxembourg* , à 126 l. S-O. C'est une Ville &
Justice Royale dans le Querci , Diocèse &
Election de Cahors , Parlement de Toulou

se , Intendance de Montauban , près de la Dordogne , avec 1500 Habitans , & une Sénéchauſſée particuliere.

Rue *de ſainte Marthe* , qu. 20. *de S. Germain des Prez.* Voyez BALJAC.

MARTHON , rue *de Furſtemberg* , qu. 20. *de ſaint Germain des Prez* , à 102 l. S-O. C'eſt une petite Ville dans i'Augoumois , Dioceſe , Intendance & Election d'Angoulême , Parlement de Paris , ſur la riviere de Bandiat , avec 1000 Habitans.

C. *de ſaint Marſial* , rue *de ſaint Eloy* , qu. 1. *de la Cité.*

MARTIGUES , rue *de la Barriere* , faub. S. *Marceau* , qu. 16. *de la Place Maub rt* , à 160 l. S-E. C'eſt une Ville Maritime de Provence , avec titre de Principauté , Dioceſe d'Arles , Parlement , Intendance , Viguerie & Recette d'Aix , avec 4000 Habitans , en y comprenant les Fauxbourgs qui ſont à ſes côtés en Terre ferme.

Rue & qu. 10. *de ſaint Martin.* Voyez LORRIS , MONTARGIS , BEAUMONT-SUR-OISE , NOYON , PERONNE , VERMANDOIS , CAMBRAI , LILLE.

MARTINIQUE (La) Barr. *du Pré aux Clercs* , qu. 20. *de ſaint Germain des Prez* , à 1450 l. de France , & à 1560 l. de Paris , S-O. C'eſt une Iſle de l'Amérique ſeptentrionale , & la principale des Antilles que les François poſſédent. C'eſt une grande & belle Terre , dont le circuit eſt d'environ 60 lieues , avec un Gouverneur général , un Intendant , un Gouverneur particulier , & deux Lieutenans de Roy. Ses principales Places , ſont le Fort-Royal , le Fort ſaint Pierre , le Fort de la

Trinité , le Fort Marigot & le Fort du Mouil-lage. Basville en est la Capitale & le Port.

Rue *Marois* , qu. 11. *de la Grève.* Voyez ARGENTAN.

MARUEJOLS , rue *Chartiere* , qu. 17. *de saint Benoît* , à 112 l. S-E. C'est une Ville la seconde du Gevaudan en Languedoc , Dio-cèse & Recette de Mende , Parlement de Toulouse , Intendance de Montpellier , sur la riviere de Coulange , avec 4000 Habi-tans.

MASCON , rue *du Petit Musc* , qu. 12. *de saint Paul* , à 92 l. S-E. C'est une Ville de Bourgogne , Capitale du Masconnois , & un Evêché suffragant de Lyon , Parlement de Paris, Intendance de Dijon , Chef-lieu d'une Election , proche la Saone , avec 6000 Ha-bitans , & un Présidial. Elle est fort renom-mée par ses bons Vins.

Rue *de Mascon* , qu. 18. *de saint André des Arcs.* Voyez NEUVIC.

MASSAI , rue *de la Jouaillerie* , qu. 2. *de saint Jacques de la Boucherie* , à 38 l. S. C'est un Bourg dans le Berri , Diocèse & Inten-dance de Bourges , Parlement de Paris, Elec-tion d'Issoudun , avec 1000 Habitans.

MASSIAC , rue *de la Parcheminerie* , qu. 18. *de S. André des Arcs* , à 103 l. S-E. C'est une Ville dans la haute Auvergne , Diocèse de saint Flour , Parlement de Paris, Intendance de Riom , Election de Brioude , sur la riviere d'Alagnon , avec 2000 Habitans.

Rue *des Massons* , qu. 18. *de saint André des Arcs.* Voyez MILHAU.

Rue *des Mathurins* , qu. 18. *de saint André des Arcs.* Voyez AURILHAC.

Ruelle *des Mathurins* , aux Porcherons , faub. & qu. 6. *de Montmartre*. Voyez MONT S. MICHEL.

MAUBEUGES, rue *Phelipot* , qu. 10. *de saint Martin*, à 46 l. N-E. C'est une Ville de la Flandre , Diocèse de Cambrai , Parlement de Douai , Chef-lieu d'une Intendance , d'une Prevôté & d'une Recette , au bord de la Sombre , avec 1200 Habitans.

Rue *Maubué* , qu. 10. *de S. Martin*. Voyez DOURDAN.

Rue *Mauconseil* , qu. 8. *des Halles*. Voyez PONTOISE.

MAULE , rue *Aulard* , qu. 8. *des Halles* , à 6 l. N-O. C'est un Bourg de la Beauce dans l'Orléanois , entre Mantes & Poissi , Diocèse de Chartres , Parlement, Intendance & Election de Paris , sur la Mandre , avec 1000 Habitans.

MAULEON , rue *de Sainte Marie* , qu. 20. *de saint Germ. in des Prez* , à 82 l. S-O. C'est une Ville du Poitou , Diocèse de la Rochelle , Parlement de Paris , Intendance de Poitiers , Chef-lieu d'une Election , sur le Ruisseau du Loint , avec dix-huit cens Habitans.

MAULEON DE SOULE , rue *de Seve* , qu. 19. *du Luxembourg* , à 172 l. S-O. C'est une Ville en Gascogne , Capitale du Pays de Soule , Diocèse d'Oleron , Parlement de Bourdeaux, Intendance d'Auch , Recette du Pays de Soule , avec 5000 Habitans. C'est un Gouvernement particulier.

Rue *de S. Maur* , qu. 19. *du Luxembourg*. Voyez LESCAR.

Rue *de saint Maur* , faub. *saint Laurent* ,

qu. 10. *de saint Martin* , hors des Barrieres.

MAURE (Sainte) rue *Bailleul* , qu. 4. *du Louvre* , à 57 l. S-O. C'est une Ville dans la Touraine, Diocèse & Intendance de Tours, Parlement de Paris , Election de Chinon , avec 3000 Habitans , titre de Baronie & un Grenier à sel.

MAURIAC, rue *du Foin* , qu. 18. *de saint André des Arc* , à 107 l. S-O. C'est une petite Ville dans la haute Auvergne , Diocèse de Clermont , Parlement de Paris , Intendance de Riom , Election de saint Flour , sur la riviere de Dordogne , avec 2000 Habitans. Ses Chevaux passent pour les meilleurs du Royaume.

Rue *des Mauvais Garçons* , qu. 11. *de la Grève*. Voyez PREMERI.

Rue *de Mauvais Garçons* , qu. 19. *du Luxembourg*. Voyez VILLE FRANCHE.

Rue *des Mauvaises Parles* , qu. 3. *de sainte Opportune*. Voyez BOISCOMUN.

MAUVESIN, rue *Beuriere* , qu. 19. *du Luxembourg* , à 150 l. S-O. C'est une petite Ville dans la Gascogne, Diocèse & Intendance d'Auch , Parlement de Toulouse , Election d'Armagnac , sur la riviere des Rats , avec 2000 Habitans.

MAXIMIN (Saint) rue *de Pierre-Assis* , faub. *saint Marceau* , qu. 16. *de la Place Maubert* , à 166 l. S-E. C'est une Ville de Provence , Diocèse , Parlement & Intendance d'Aix , Chef-lieu d'un Bailliage & d'une Vignerie , sur la riviere d'Argent , à deux lieues de la sainte Baume , avec 3000 Habitans.

Rue *Mazarine* , qu. 20. *de saint Germa*

des Prez. Voyez ROCHEBEAUCOURT, LA VA-
LETTE.

MAZERES, rue *de sainte Thecle*, qu. 19. *du
Luxenbourg*, à 170 l. S-O. C'est une Ville
dans le Pays de Foix, Diocèse de Pamiers,
Parlement de Toulouse. Intendance & Re-
cette du Roussillon, sur le Lers, avec 2000
Habitans.

Rue *Mazure*, qu. 12. *de saint Paul.* Voyez
ARNAY-LE-DUC.

MEAUX, rue & qu. 13. *de Sainte Avoye*,
à 10 l. N-E. C'est une Ville la Capitale de
la Brie en Champagne, & un Evéché suffragant de Paris, Parlement & Intendance
de Paris, Chef-lieu d'une Election, sur la
Riviere de Marne, avec 6000 Habitans,
une Prévôté, un Bailliage, un Présidial, un
Grenier à Sel, & une Maréchaussée; c'est
un Gouvernement particulier.

MEDOC, *aux Carrieres de la rue Grenelle*,
qu. 20. *de S. Germain des Prez*, à 130 l.
S-O. C'est une Contrée ou petit Pays de la
Guyenne, en forme de presqu'Isle, entre
la Mer Oceane ou de Gascogne, & la riviere de Garonne, l'Eparre en est le lieu
principal.

MEHUN-SUR-LOIRE, rue *Perrin-Gasselin*,
qu. 3. *de sainte Opportune*, à 30 l. S-O. C'est
une Ville dans l'Orléanois, Diocèse & Intendance d'Orléans, Parlement de Paris,
Election de Beaugenci, sur la Loire, avec
5000 Habitans, & une Justice Royale.

MEHUN-SUR-YEVRE, rue *de la petite Marivaut*, qu. 2. *de S. Jacques de la Boucherie*,
à 37 l. S. C'est une Ville du Berri, Diocèse, Intendance & Election de Bourges,
Parlement

Parlement de Paris, fur la riviere d'Yevre, avec 1200 Habitans.

Rue *Milay*, qu. 10. *de S. Martin*. Voyez CHARLEMONT, GIVET.

MELLE, rue *de Poitiers*, qu. 20. *de faint Germain des PreZ*, à 89 l. S O. C'eft une Ville dans le Poitou, Diocèfe & Intendance de Poitiers, Parlement de Paris, Election de faint Maixent, fur la Boutonne, avec 2000 Habitans, un Bailliage & une Sénéchauffée.

MELUN, rue *Geofiroy-l'Angevin*, qu. 10. *de S. Martin*, à 10 l. S-O. C'eft une Ville de l'Ifle de France, Diocèfe de Sens, Parlement & Intendance de Paris, Chef-lieu d'une Election, fur la Seine, avec 4000 Habitans, un Vicomté, une Prevôté, un Bailliage, un Préfidial, un Grenier à Sel, & une Maréchauffée. C'eft un Gouvernement particulier.

MENDE, *rue de S. Hilaire*, qu. 17. *de S. Benoift*, à 125 l. S-E. C'eft une Ville Capitale du Gevaudan en Languedoc, & un Evêché fuffragant d'Albi, Parlement de Touloufe, Généralité & Intendance de Montpellier, fur la riviere de Lot, avec 4000 Hab. Bailliage, Grenier à Sel, & Maréchauffée.

MENEHOULD OU MENOU (STE) rue *des filles du Calvaire*, qu. 14. *du Temple*, à 44 l. N-E. C'eft une Ville de Champagne; Diocèfe de Rheims, Parlement de Paris, Intendance de Châlons, Chef-lieu d'une Election, entre deux rochers & fur l'Aifne, avec 5000 Habitans, une Prevôté & Châtellenie Royale, un Bailliage, un Grenier à Sel, une Maîtrife des Eaux & Forêts, & une Maréchauffée. C'eft un Gouvernement particulier.

S

Rue *des Menetriers*, qu. 10. *de S. Martin.*
Voyez CRESPI.

Rue *de Menilmontant*, faub. & qu. 14.
du Temple. Voyez MALATOUR, LUNEVILLE.

MENOUX (STE) rue *du haut Moulin*, qu.
1. *de la Cité*. à 66 l. S. C'est un Bourg dans le
Bourbonnois, Diocèse de Bourges, Parlement
de Paris, Intendance & Election de Moulins,
sur le ruisseau de la Rose que l'on nomme
sainte Menoux, avec 8000 Habitans.

MER, rue *de l'Erbandé*, qu. 8. *des Halles*,
à 35 l. S O. C'est une Ville du Blesois dans
l'Orléanois, Diocèse & Election de Blois,
Parlement de Paris, Intendance d'Orleans,
avec 3000 Habitans, & un Grenier a Sel.

MER D'ALLEMAGNE, Barriere *de S.
Denis*, faub. *de S. Lazare*, qu. 9. *de S. Denis*, à 60 l. N-O. C'est la partie de l'O-
céan qui sépare l'Allemagne de l'Angleterre,
& de l'Ecosse, qui commence à la côte de
la Flandre jusqu'en Danemarc.

MER MEDITERRANEE, Barr. *de la Patache de la Rapée*, faub. & qu. 15. *de Saint
Antoine*; à 150 l. S. C'est celle qui est au
milieu des terres, qui communique à l'O-
céan par le détroit de Gibraltar, & qui est
entre l'Europe, l'Espagne, l'Afrique & l'A-
sie, & au Midi de la France.

On appelle Mer tant en général qu'en particulier, le vaste amas d'eaux, la plûpart sa-
lées, qui environne le Globe de la terre pour
être le receptacle des rivieres & autres eaux.
Mer Océane se dit en général par oppo-
sition aux Mers qui sont enfermées dans des
terres.

MERCOEUR, rue *des Prêtres de S. Seve-
, in*, qu. 18. *de S. André des Arcs*, à 100 l.
S-E. C'est une Ville dans l'Auvergne, Diocèse

de saint Flour , Parlement de Paris , Intendance de Riom , Election de Brioude , avec 2500 Habitans , & titre de Duché.

MERI-SUR-SEINE , rue *des Oiseleurs* , qu. 14. *du Temple* , à 26 l. S-E. C'est une Ville dans la Champagne , Diocèse & Election de Troye , Parlement de Paris , Intendance de Châlons , sur la Seine , avec 1500 Habitans.

MERVILLE , rue *Neuve* & qu. 10. *de S. Mart n* , à 52 l. N-E. C'est une Ville dans la Flandre , Diocèse d'Ypres , Parlement de Douai , Intendance de Lille & siége d'une Subdélégation , au bord de la Lys , avec 5000 Habitans.

METZ , rue *du Pont-aux-Choux* , qu. 14. *du Temple* , à 72 l. N-E. C'est une Ville de Lorraine , la Capitale du Pays Messin , & un Evêché suffragant de Tréves, Siége d'un Parlement , d'une Chambre des Comptes , d'une Cour des Aides , d'un Intendant , d'un Présidial , d'un Hôtel des Monnoyes , marquées par AA , d'un Tribunal des Juges des Traittes , d'une Maîtrise des Eaux & Forêts , d'une Recette & d'une Ecole , tant pour le Génie que pour l'Artillerie , sur le Confluent de la Seille & de la Moselle , avec 50000 Habitans , sans y comprendre la Garnison , & les Juifs qui sont au nombre d'environ 7000.

MEUDON , rue *Salle-au-Compte* , qu. 2. *de saint Jacques de la Boucherie* , à 2 l. O. C'est une Maison Royale qui tire son nom du Bourg voisin , Diocèse , Parlement , Intendance & Election de Paris , avec 1000 Hab.

MEULAN , rue *du Poirier* , qu. 10. *de saint Martin* , à 8 l. O. C'est une Ville partie dans le Vexin François , partie dans la Beauce , du Gouvernement de l'Isle de France , Dio-

cèfe de Chartres , Parlement & Intendance
de Paris , Election de Mantes , avec 1200
Habitans, un Grenier à Sel & un Bailliage.
C'eſt un Gouvernement particulier.

MEUTTE (La) rue *Aux Ours* , qu. 9. *de ſaint
Denis* , à L l. O. C'eſt une Maiſon Royale dans
le Bois de Boulogne, contre la Porte de Paſſi.

MEXIQUE (Le) Barr. *de la Grenouillere* ,
au bord de la riviere, faub. & qu. 20. *de ſaint
Germain des Prez* , à 1850 l. de la France, & à
1980 de Paris, S-O. C'eſt un Pays de l'Amérique ſeptentrionale qui porte le nom de ſa
ville Capitale. On appelle le Mexique la Nouvelle Eſpagne , depuis que les Eſpagnols s'y
ſont établis ; il a 600 lieues de longueur, &
ſa largeur eſt irréguliere. Ce grand Pays eſt
borné , N. par le nouveau Mexique, E. par le
Golfe du Mexique & par la Mer du Nord ,
ainſi nommée , par rapport à l'Amérique, &
qui fait partie de l'Océan Occidental qui nous
en ſépare , S. & O. par l'Amérique meridionale & la Mer du Sud. C'eſt un très-bon Pays ,
où il y a des Mines d'or & d'argent, & Me-
xico en eſt la Capitale , Siége d'un Archevêque, & réſidence du Vice-Roy.

Rue *Meziere* , qu. 19. *du Luxembourg.*
Voyez TONNENS.

MEZIERES, rue *de la Folie Mericault* , faub.
& qu. 14. *du Temple* , à 51 l. N-E. C'eſt une
Ville dans la Champagne, Diocèſe de Rheims,
Parlement de Paris, Intendance de Châlons ,
Election de Rhetel , ſur la Meuſe , avec 3000
Habitans & un Grenier à Sel. C'eſt un Gou-
vernement particulier.

MICHEL (Saint) rue *d' Torigni* , qu. 14.
du Temple , à 60 l. E. C'eſt une Ville , Bailliage & Prevôté du Duché de Bar en Lorrai-

ne , Diocèse , Parlement & Intenlance de Metz, fur la Meufe , avec 3000 Habitans.

C. de *faint Michel* , rue *du fanb. faint Laurent* , qu. 10 *de faint Martin*.

Rue *Michel-le-Comte* , qu. 10. *de S. Martin*. Voyez LIESSE.

Rue *Mignon* , qu. 18. *de faint André des Arcs*. Voyez BIRON.

MILHAUD , rue *des Maffons* , qu. 18. *de faint André des Arc* , à 130 l. S-E. C'eft une Ville en Rouergue, Diocèfe de Rhodez, Parlement de Touloufe , Intendance de Montauban , Chef-lieu d'une Election , fur la riviere de Tarn , avec 4000 Habitans.

MILLI , rue *du Renard* , qu. 10. *de faint Martin* , à 12 l. S. C'eft une Ville du Gâtinois , Diocèfe de Sens , Parlement & Intendance de Paris , Election de Melun , fur la riviere Defcole , avec 1000 Habitans , & un Bailliage.

Rue *des Minimes* , qu. 15. *de S. Antoine*. Voyez HUNINGUE.

Cour *des Miracles* , rue *Neuve, S. Sauveur* , qu. 9. *de faint Denis*.

MIRANDE , rue *du Cherche-Midi* , qu. 19. *du Luxembourg* , à 156 l. S-O. C'eft une Ville de Gafcogne , Capitale & Chef-lieu du Comté d'Aftarac , Diocèfe & Intendance d'Auch , Parlement de Touloufe , fur la Baïfe , avec 1200 Habitans.

MIREBEAU , rue *de Beaune* , qu. 20. *de faint Germain des Prez* , à 71 l. S-O. C'eft une Ville & Baronie du Poitou , Diocèfe de Poitiers , Parlement de Paris , Intendance de Tours , Election de Richelieu , la Capitale d'un petit Pays , appellé le Mirabelais , avec 3000 Habitans.

S iij

MIREBEAU, rue & qu. 12. *de saint Paul*, à 70 l. S-E. C'est un Bourg & Marquisat dans la Bourgogne, Diocèse de Langres, Parlement, Intendance, Bailliage & Recette de Dijon, sur le grand chemin de Montbeliard & de Lorraine a Dijon, & sur la Baise, avec 1200 Habitans.

MIRECOURT, rue *des Francs-Bourgeois*, qu. 15. *de saint Antoine*, à 72 l. S-E. C'est une Ville, Prevôté & Bailliage de Lorraine, Diocèse de Toul, Parlement & Intendance de Metz, sur la riviere de Maidon, avec 2000 Habitans. Elle est renommée par ses Violons, &c.

MIREPOIX, rue *de l'Arbalétre*, faub. *de saint Marceau*, qu. 17. *de saint Benoît*, à 165. l. S-O. C'est une Ville du haut Languedoc, & un Evêché suffragant de Toulouse, Parlement de Toulouse, Intendance de Montpellier, sur la riviere du Lers, avec 3000 Habitans, & le titre de Marquisat.

MIROMONT, rue *de Fossé de saint Germain des Prez*, qu. 19. *du Luxembourg*, à 110 l. S-O. C'est une Ville du Perigord, Diocèse d'Acqs, Parlement de Bourdeaux, Intendance d'Auch, Election de Lannes, sur la Vezere, avec 4000 Habitans.

Rue *Moyenne des Ursins*, qu. 1. *de la Cité.* Voyez JALIGNI.

Rue *des Moineaux*, qu. 5. *du Palais Royal.* Voyez PONTIVI.

MOISSAC, rue *de Tournon*, qu. 19. *du Luxembourg*, à 136 l. S-O. C'est une Ville & Justice Royale dans le Querci, Diocèse de Cahors, Parlement de Toulouse, Intendance & Election de Montauban, sur le Tarn, proche la Garonne, avec 3000 Habitans.

Molsheim , rue *Petite de saint Gilles* , qu. 14. *du Temple* , à 99 l. S-E. C'est une Ville d'Alsace , Diocèse & Intendance de Strasbourg , Conseil souverain d'Alsace , sur la riviere de Bruch , avec 2000 Habitans.

MONACO , Barr. *de la Rapée* , faub. & qu. 15. *de saint Antoine* , à 176 l. S-E. C'est une petite Ville , Principauté & Souveraineté d'Italie , sur un Rocher , au bord de la Mer , qui l'entoure de trois côtés , entre les Etats de Genes & le Comté de Nice , qui étoit autrefois de Provence , au pied des Alpes , avec un Port sous la Protection du Roy , qui y tient Garnison , Diocèse de Nice , & avec environ 1000 Hab. sans compter la Garnison.

Rue & *Chemin de Monceau* , qu. 6. *de Montmartre* , hors des Barrieres.

Rue *du Monceau saint Gervais* ou *du Pourtour* , qu. 11. *de la Grève.* Voyez Vezelay.

Moncontour , rue *de saint Vincent* ou *du Dauphin* , qu. 5. *du Palais Royal* , à 98 l. S-O. C'est une Ville dans la Bretagne , Diocèse & Recette de S. Brieux , Parlement de Rennes , Int. de Nantes , avec 2000 Hab.

Rue *de Mondétour* , qu. 8. *des Halles.* Voyez Senlis, Lusarche.

Monens , rue *de sainte Placide* , qu. 19. *du Luxembourg* , à 180 l. S-O. C'est une Ville du Bearn , Diocèse & Recette d'Oleron , Parlement de Pau , Intendance d'Auch , sur la riviere de Baïsse , avec 2000 Habitans.

Monestier , rue *de sainte Catherine* , faub. *saint Michel* , qu. 19. *du Luxembourg* , à 142 l. S O. C'est une Ville dans le haut Languedoc , Diocèse d'Albi , Parlement de Toulouse , Int. de Montpellier , avec 1500 Hab.

Rue *de Mongallet* , faub. & qu. 15. *de saint Antoine* , hors des Barrieres.

MONISTROL , rue *udas* , qu. 17. *de saint Benoît* , à 108 l. S-E. C'est une Ville du Languedoc dans le Velay , Diocèse du Pui , Parlement de Touloufe , Int. de Montpellier , à une lieue de la Loire , avec 1500 Habitans.

Rue *de la Monnoye* , qu. 4. *du Louvre.* Voyez MARMOUTIER , CHATELLERAUT.

MONNOYES de France , ou Villes où il y a Hôtel des Monnoyes , avec des marques différentes , 29.

MONTAGNAC , rue *de la Petite Bretonnerie* , qu. 17. *de saint Benoît* , à 155 l. S-E. C'est une Ville du bas Languedoc , Diocèse d'Agde , Parlement de Touloufe , Intendance de Montpellier , avec 3000 Habitans.

MONTARGIS , rue & qu. 10. *de saint Martin* , à 32 l. S-E. C'est une Ville la Capitale du Gâtinois , Diocèse de Sens , Parlement de Paris , Intendance d'Orleans , Chef-lieu d'une Election , fur le Loing & fur le Chemin de Lyon , avec 5000 Habitans , un Siége de Duché-Pairie , d'une Prevôté , d'un Bailliage , d'un Préfidial , d'une Maîtrife des Eaux & Forêts , d'une Capitainerie de Chaffe , d'un Grenier à Sel & d'une Maréchauffée. Elle donne fon nom à cette belle Forêt qui eft à fon voifinage , plantée de Chênes & de Hêtres , & qui comprend 8300 arpens.

MONTAUBAN , rue *de Tournon* , qu. 19. *du Luxembourg* , à 140 l. S-O. C'est une Ville dans le Querci , & un Evêché fuffragant de Touloufe , Siége d'une Intendance , d'une Election , d'une Cour des Aides , d'une Sénéchauffée , d'un Préfidial , d'une Jurifdiction des Juges & Confuls & d'un Prevôt général de la Maréchauffée , auprès de la riviere de Tarn , & avec 25000 Habitans.

MONTBARD, rue *des Juifs*, qu. 15. *de saint Antoine*, à 50 l. S-E. C'est une Ville dans la Bourgogne, Diocèse de Langres, Parlement & Intendance de Dijon, & Recette de Semur en Auxois, sur la riviere de Braine, avec 2000 Habitans, une Châtellenie Royale, un Grenier a Sel & une Maréchaussée.

MONTBAZON, rue *Bertin Poirée*, qu. 3. *de sainte Opportune*, à 50 l. S-O. C'est une Ville de Touraine, Diocèse, Intendance & Election de Tours, Parlement de Paris, avec 1200 Hab. On la nomme aussi Monbas.

MONTBELIARD, rue *de Charonne*, faub. & qu. 15. *de saint Antoine*, à 85 l. S-E. C'est une Ville & une Principauté qui tire son nom de sa ville Capitale, & qui appartient au Prince de ce nom; elle est en Franche-Comté, & la Ville est Luthérienne, Diocèse, Parlement & Intendance de Besançon, aux Confins de l'Alsace & de l'Allemagne, proche l'Alaine & le Doux, avec 3000 Habitans.

MONTBRISON, rue *de saint Julien le Pauvre*, qu. 17. *de saint Benoît*, à 100 l. S-E. C'est une Ville la Capitale du Forez, dans le Lyonnois, Diocèse & Intendance de Lyon, Parlement de Paris, Chef-lieu d'une Election, sur la Vezise, avec 4000 Habitans, une Prevôté, un Bailliage, une Justice Royale, une Châtellenie, un Grenier a Sel, une Maîtrise des Eaux & Forêts, & une Maréchaussée.

MONTDIDIER, rue *du Petit-Lion*, qu. 9. *de saint Denis*, à 23 l. N-E. C'est une Ville ed Picardie, Diocèse & Intendance d'Amiens, Parlement de Paris, Chef-lieu d'une Election, sur une Montagne, avec 3000 Habitans, une Prevôté, un Bailliage, un Grenier à sel & une Maréchaussée.

MONTELIMART , rue *du faubourg de saint Victor* , qu. 16. *de la Place Maubert* , à 130 l. S-E. C'est une Ville du Dauphiné , Diocèse de Valence , Parlement & Intendance de Grenoble , Chef-lieu d'une Election , à une lieue du Rhône , avec 5000 Habitans. C'est un Gouvernement particulier.

MONTEREAU-FAUT-YONNE , rue *des Blancs-Manteaux* , qu. 13. *de sainte Avoye* , à 15 l. S-E. C'est une Ville de Champagne , située au Confluent de la Seine & de l'Yonne , ce qui la fait nommer Faut-Yonne , Diocèse de Sens , Parlement & Intendance de Paris , Chef-lieu d'une Election , avec 2000 Habitans.

MONTFERRAND , rue *de la Juiverie* , qu. 1. *de la Cité* , a 87 l. S E. C'est une Ville dans la basse Auvergne , Diocèse & Election de Clermont , Parlement de Paris , & Inten- de Riom , avec 4500 Habitans & un Bailliage Royal.

MONTFORT-L'AMAURI , rue *de Pierre-au-Lard* , qu. 10. *de saint Martin* , à 10 l. S-O. C'est une Ville & Duché dans l'Isle de France , Diocèse de Chartres , Parlement & Intendance de Paris , Chef-lieu d'une Election , sur une petite Montagne , avec 3000 Habitans , un Bailliage Royal & Ducal , une Maîtrise des Eaux & Forêts , un Grenier à Sel & une Maréchaussée.

MONTFORT-LE-ROTROU , rue *d'Orléans* , qu. 7. *de S. Eustache* , à 41 l. S-E. C'est une Ville & Marquisat dans le Maine , Diocèse & Election du Mans , Parlement de Paris , Intendance de Tours , sur la riviere d'Huine , avec 1500 Habitans.

MONTIGNAC , rue *des Boucheries* , qu. 19. *du Luxembourg* , à 105 l. S-O. C'est une Ville

dans le Perigord , Diocèse & Election de
Sarlat , Parlement & Intendance de Bourdeaux , sur la Vezere , avec 2500 Habitans.

MONTIGNAC CHARENTE , rue *des Rosiers*,
qu. 60. *de S. Germain des Prez* , à 95 l. S-O.
C'est une Ville dans l'Angoumois D , & Elec-
ion d'Angoulême , Parlement de Paris , Intendance de Limoges , sur la Charente , avec
avec 1600 Habitans.

MONTIGNY , rue *Percée*, qu. 12. *de S.
Paul* , à 50 l. S-E. C'est une petite Ville de
Bourgogne dans l'Auxois , Diocèse , Baillia-
ge & Recette d'Auxerre , Parlement de Paris ,
Intendance de Dijon , avec 800 Habitans.

MONTIVILIERS , rue *des Jeax-ne s* , qu.
6. *de Montmartre* , à 38 l. N-O. C'est une
Ville de Normandie , dans le pays de Caux ,
Diocèse , Parlement & Intendance de Rouen ,
Chef-lieu d'une Election , sur la Riviere de
Lezarde , avec 1500 Habitans , un Vicom-
té , & un Bailliage.

MONLHERI , rue *de la Coffonnerie* , qu. 8.
des Halles , à 6 l. S-O. C'est une petite Ville
dans l'Ile de France , Diocèse , Parlement ,
Intendance & Elect. de Paris , avec 1500 Hab.

MONT-LOUIS , rue *d'Enfer* , qu. 19. *du
Luxembourg* , à 180 l. S-O. C'est une Ville ,
Forteresse & Gouvernement particulier du
Roussillon , Diocèse de Perpignan , Conseil
souverain , & Intendance de Roussillon ,
siège de la Recette & Viguerie de Cerdagne ,
avec 800 Hab. la Garnison non comprise.

MONTLUÇON , rue *de la Lanterne* , qu. 1.
de la Cité , à 68 l. S-E. C'est une Ville dans
le Bourbonnois , Diocèse de Bourges , Parlement de Paris , Intendance de Moulins ,
Chef-lieu d'une Election , près le Cher , avec

3000 Habitans , une Châtellenie Royale , &
un Grenier a sel.

MONTLUEL , rue *du Figuier* , qu. 12. *de*
S. Paul, à 100 l. S-E. C'est une Ville de la
Bresse en Bourgogne , Diocèse de Lyon ,
Parlement & Intendance de Dijon, sur la Se-
raine , avec 2500 Habitans. C'est un Gou-
vernement particulier.

MONT-DE-MARSAN , rue *des Aveagles*, qu.
19. *du Luxembourg* , à 152 l. S-O. C'est une
Ville de Gascogne , située sur une montagne, près de la riviere de Midouze , qui
commence a y être navigable , Diocèse de
Condom , Parlement & Intendance de Bourdeaux , avec 3000 Habitans , un Lieutenant Général de la Maréchaussée de Pau, &
une Sénéchaussée du Presidial de Condom.

MONTMARAUT , rue *Chanoinesse* , dans la
Cloître de Notre-Dame, qu. 1. *de la Cité* ,
à 70 l. S. C'est une Ville du Bourbonnois,
Diocèse de Bourges , Parlement de Paris ,
Intendance de Moulins , Election de Montluçon , sur une hauteur , avec 800 Habitans ,
une Maîtrise des Eaux & Forêts, & une Châtellenie Royale.

Rue *de Montmartre* , même qu. 6. & 7. *de*
S. Eustache. Voyez VERNON, EVREUX, ROUEN,
HARFLEUR , HAVRE.

MONTMEDY , rue *des Fosses* , faub. & qu.
14. *du Temple* , à 54 l. N-E. C'est une Ville
& Prevôté dans le Luxembourg François ,
Diocèse de Treves , Parlement & Intendance
de Mets , Duché de Carignan , sur la riviere
de Cher , avec 2500 Habitans. C'est un Gouvernement particulier.

MONTMIRAIL , rue *des Prouvaires* , qu. 7.
de S. Eustache , à 30 l. S-O. C'est une Ville du
Perche ,

Perche-Gouet & Diocèſe de Chartres, Parlement de Paris, Intendance d'Orléans; Elec-
rion de Châteaudun, ſur une montagne, avec
1200 Habitans.

MONTMORENCI, rue *Quincampoix*, qu. 2.
de S. Jacques de la Boucherie, à 4 l. N. C'eſt
une Ville & un Duché dans 'Iſle de France,
Diocèſe, Parlement, Int. & Election de Paris,
ſur une Colline, avec 2000 Habitans.

Rue *de Montmorenci*, qu. 10. *de S. Mar-*
tin, Voyez ROYE.

MONTMORILLON, Place Dauphine, qu. 1.
de la Cité, à 75 l. S-O. C'eſt une Ville du
Poitou, Diocèſe, Intendance & Election de
Poitiers, Parlement de Paris, ſur la Gatem-
pe, qui la diviſe en deux, avec 2500 Habitans, un Bailliage, & une Sénéchauſſée.

MONTMOROT, rue *de S. Jean Beauſire*, qu.
15. *de S. Antoine*, à 68 l. S-E. C'eſt une Ville
de la Franche-Comté, Diocèſe, Parlement,
& Int. de Beſançon, Bailliage & Recette de
Lons-le-Saunier, avec 800 Habitans.

Rue *de Montorgueil*, qu. 9. *de S. Denis*.
Voyez GISORS.

MONTPAZIER, rue *de Sainte Marguerite*,
qu. 20. *de S. Germain des Prez*, à 122 l. S-O.
C'eſt une Ville du Perigord, Diocèſe & Election
de Sarlat, Parlement & Intendance de Bourdeaux, avec 1600 Habitans.

MONTPELLIER, rue *des ſept Voyes*, qu.
17. *de S. Benoiſt*, à 152 l. S-E. C'eſt une
Ville du Bas Languedoc & un Evêché ſuffragant de Narbonne, Parlement de Toulouſe, *Siége* d'une Cour des Comptes, Aides & Finances, d'un Bureau des Tréſoriers
de France, d'une Intendance, d'un Préſidial & Sénéchal, d'une Juriſdiction des Juges-

& Confuls, d'une Cour de petit Sel, dont le privilege eſt de pouvoir faiſir en même-tems la perſonne & les biens, que le Débiteur ne pourroit propoſer des défenſes ; qu'il n'ait conſigné la ſomme, & qu'il ne pourroit decliner la Juriſdiction ; d'une Table de Marbre, d'un Hôtel de Monnoyes marquées par N, d'un Grenier à Sel, d'une Maréchauſſée, & d'un Prevôt général de la Province, aveo 30000 Habitans.

MONTPEZAT, rue *des deux Portes*, qu. 18. *de S` André des Arcs*, à 145 l. S-O. C'eſt une petite Ville du Querci, Dioceſe, Inténdance & Election de Montauban, Parlement de Toulouſe, ſur la Riviere de l'Emboulas, avec 800 Habitans.

MONTREAL, rue *Couppeau*, faub. *de Saint Marceau*, qu. 16. *de la Place Maubert*, à 160 l. S-E. C'eſt une Ville dans le haut Languedoc, Dioceſe de Carcaſſonne, Parlement de Toulouſe, Intendance de Montpellier, avec 3500 Habitans.

MONTREAL, rue *du Paon Blanc*, qu. 12. *de ſaint Paul*, à 65 l. S-E. C'eſt un Bourg de Bourgogne, Dioceſe, Bailliage, Grenier à Sel & Recette d'Autun, Parlement & Intendance de Dijon, ſur la riviere de Serin & ſur la Crouppe d'une Montagne, avec 800 Habitans, & une Châtellenie Royale.

MONTREAL, rue *de l'Obſervance*, qu. 19. *du Luxembourg*, à 142 l. S-O. C'eſt un Bourg du Périgord, Dioceſe & Election de Périgueux, Parlement & Intendance de Bourdeaux, ſur la riviere de Creſſe, avec 1800 Habitans.

MONTREUIL, rue *de Beauregard*, qu. 9. *de ſaint Denis*, 247 l. N-O. C'eſt une Ville de Picardie, Diocèse & Intendance d'Amiens, Parlement de Paris, Election de Doulens, sur une Colline, près de la Canche, avec 4000 Habitans, une Citadelle, un Bailliage, un Comté & une Justice des Traittes.

MONTREUIL-BELLAY, rue *d saint Thomas du Louvre*, qu. 5. *du Palais Royal*, à 62 l. S O. C'est une Ville & Baronie en Saumurois, dans l'Anjou, Diocèse de Poitiers, Parlement de Paris, Intendance de Tours, sur la riviere du Touet, avec 2000 Habitans, & une Maîtrise des Eaux & Forêts.

MONTREUIL, rue *des Filles de saint Thomas*, qu. 6. *de Montmartre*, à 32 l. N-O. C'est un Bourg de Normandie, Diocèse de Lisieux, Parlement de Rouen, Intendance d'Alençon, Election de Bernay, sur la riviere de Thermont, avec 1200 Habitans.

Rue *de Montreuil*, faub. & qu. 15. *de saint Antoine*. Voyez VALROMEY.

MONTRICHARD, rue *Baillet*, qu. 4. *du Louvre*, à 47 l. S-O. C'est une Ville Royale dans la Touraine, Diocèse & Intendance de Tours, Parlement de Paris, Election d'Amboise, sur une Montagne, auprès du Cher, avec 2500 Habitans, un Bailliage, un Grenier à Sel, & une Maréchaussée.

MONTRICOUX, rue *Haute-feuille*, qu. 18. *de saint André des Arts*, à 147 l. S-O. C'est une Ville du Querci, Diocèse, Intendance & Election de Montauban, Parlement de Toulouse, sur la riviere de Briant, avec 2500 Habitans.

MONT S. MICHEL, ruelle *des Mathurins*, qu. 6. *de Montmartre*, à 74 l. O. C'est une Ville très-forte, une Abbaye célébre, & un

Château fur un Rocher dans la Mer , fur la Côte de Normandie. On y va en Pélerinage de toute part. Cette Abbaye a donné lieu à l'Inſtitution de l'Ordre Militaire de S. Michel , par Louis XI.

MONT S. VINCENT , rue *de Joui* , qu. 12. *de ſaint Paul* , à 80 l. S-O. C'eſt un Bourg en Bourgogne , Dioceſe de Châlons , Parlement & Intendance de Dijon , Recette de Charolles , fur une Montagne fort élevée , avec 800 Habitans , un Bailliage & un Grenier à fel.

Rue *Moreau* , faub. & qu. 15. *de ſaint Antoine.* Voyez BARRAUX.

MORET , rue *de la Lanterre* ou *Dentel'e* , qu. 11. *de la Grêve* , à 16 l. S-E. C'eſt une Ville & un Comté dans le Gâtinois , Dioceſe de Sens , Parlement & Intendance de Paris , Election de Montereau , au bord du Loing , avec 2500 Habitans.

MOREUIL , rue *des Egoûts du Ponceau* , qu. 9. *de ſaint Denis* , à 26 l. N. C'eſt une Ville de Picardie , Dioceſe & Intendance d'Amiens , Parlement de Paris , Election de Montdidier , fur la rive d'Auregne , avec 1500 Habitans.

MORLAIX , rue *d'Anjou* , faub. *ſaint Honoré* , qu. 5. *du Palais Royal* , à 114 l. C'eſt une Ville de Bretagne , Dioceſe & Recette de Treguier , Parlement de Rennes , Intendance de Nantes , à deux lieues de la Mer , fur une riviere du même nom , avec 2500 Habitans , & une Juriſdiction des Juges & Confuls.

MORTAGNE , rue *de ſaint Honoré* , qu. 4. *du Louvre* , à 24 l. S-O. C'eſt une Ville dans le Perche , la plus grande & la plus peuplée du

Pays, & comme la Capitale, quoique Delef-
me & Nogent-le-Rotrou le lui difputent,
Diocèfe de Seez, Parlement de Paris, Intendance d'Alençon, Chef-lieu d'une Election,
avec 4000 Habitans, un Bailliage, un
Vicomté, une Maréchauffée, un Grenier à
fel & une Maîtrife des Eaux & Forêts.

C. de Mortagne, rue *de Charonne*, faub. &
qu. 15. *de faint Antoine.*

MORTAIN, rue *des Moulins*, qu. 5. *du
Palais Royal*, à 70 l. S-O. C'eft une Ville en
Normandie, Diocèfe d'Avranches, Parlement de Rouen, Intendance de Caen, Chef-
lieu d'une Election, aux Confins du Maine,
avec 1500 Habitans, & un Siége d'un Comté, d'un Bailliage, d'un Vicomté & d'une
Maîtrife des Eaux & Forêts.

Rue *de la Mortellerie*, qu. 11. *de la Grève*,
& 12. *de faint Paul.* Voyez VATAN, NEVERS,
S. PIERRE-LE-MOUTIER, CHATILLON-SUR-
SEINE, SAULIEU.

MORVANT (Le) rue *neuve de S. Atha-
nafe*, qu. 12. *de faint Paul*, à 40 l. S-E. C'eft
un Pays qui fait partie de la Province & Gouvernement du Gâtinois, & auffi du Duché de
Bourgogne, Diocèfe d'Autun, Parlement &
Intendance de Dijon. Vezelay en eft la Ville
Capitale.

Rue *Mouffetard*, faub. *faint Marceau*, qu.
16. *de la Place Maubert.* Voyez NARBONNE,
LESIGNAN, CARCASSONNE.

MOULINS à eau, fervants à moudre le
Blé, amarrés fur le cours de la riviere de
Seine, entre le Pont-Neuf & le Pont-au-
Change, 9.

MOULINS, rue *de la Draperie*, qu. 1. *de
la Cité*, à 67 l. S-E. C'eft une Ville la

Capitale du Bourbonnois , Diocèfe d'Autun ,
Parlement de Paris , Chef-lieu d'une Intendance & d'une Election , fur l'Allier , avec
20000 Habitans , un Bailliage , un Préfidial ,
une Sénéchauffée , une Châtellenie , une Maîtrife des Eaux & Forêts , un Grenier à Sel , &
une Maréchauffée , une Juftice non reffortiffante , une Chambre du Domaine & un Tribunal des Juges & Confuls.

Rue *des Moulins* , qu. 5. *du Palais Royal.*
Voyez MORTAIN.

Rue *de Mouffi* , qu. 13. *de fainte Avoye.*
Voyez COURTENAI.

Rue *Moyenne des Urfins* , qu. 1. *de la Cité.*
Voyez JALIGNI.

MOUZON , rue *d'Angoumois* ou *Charlot* ,
qu. 14. *du Temple* , à 50 l. N-E. C'eft une
Ville fur les frontieres de la Champagne ,
Diocèfe de Rheims , Parlement de Metz , Intendance de Châlons , Chef-lieu d'une Prevôté , d'un Bailliage & d'une Recette , fur la
Meufe , avec 4000 Habitans.

MOZÉ , rue *des Orthies du Louvre* , qu. 5.
du Palais Royal , à 66 l. S-O. C'eft un Bourg
dans l'Anjou , Diocèfe d'Angers , Parlement
de Paris , Intendance de Tours , Election de
Baugé , fur la Loire , avec 3500 Habitans.

Rue *du Mouton* , qu. 11. *de la Grêve.* Voyez
DUN-LE-ROY.

MUCIDAN , rue *des Cordeliers* , qu. 18. *de
faint André des Arcs* , à 115 l. S-O. C'eft une
Ville du Périgord , Diocèfe & Election de
Périgueux , Parlement & Intendance de Bour-
deaux , fur la riviere de Lifle , avec 2500
Habitans.

Rue *de la Muette* , faub. *S. Marceau* , qu.
16. *de la Place Maubert.* Voyez DRAGUI-
GNAN.

Rue *de la Muette*, faub. & qu. 15. *de saint
Antoine*, hors des Barrieres.

Rue *des Mulois*, qu. 5. *du Palais Royal*.
Voyez LANION.

MULZIA, rue *du Foin*, qu. 15. *de saint
Antoine*, à 98 l. S-E. C'est une Ville dans la
basse Alsace, Diocèse de Strasbourg, Conseil & Intendance d'Alsace, avec 2500 Habitans.

MUNSTER, rue *des Tournelles*, qu. 15. *de
saint Antoine*, à 96 l. S-E. C'est une Ville
dans la haute Alsace, Diocèse de Basle, Conseil souverain & Intendance d'Alsace, avec
1600 Habitans.

MURAT, rue *de la Parcheminerie*, qu. 18.
de saint André des Arcs, à 104 l. S-E. C'est
une Ville & un Vicomté dans la haute Auvergne, Diocèse & Election de S. Flour, Parlement de Paris, Intendance de Riom, au
bord du Torrent d'Alengon & au pied du
Mont Cantal, avec 2600 Habitans, un Bailliage, une Maîtrise des Eaux & Forêts & une
Prevôté Royale.

MURET, rue *du Cherche-Midi*, qu. 19. *du
Luxembourg*, à 155 l. S-O. C'est une Ville
dans la Gascogne, Diocèse, Comté & Election,
de Cominges, Parlement de Toulouse &
Intendance d'Auch, sur la Garonne, avec
1800 Habitans.

Rue *du Mûrier*, qu. 16. *de la Place Maubert*. Voyez AUBENAS.

Rue *des Murs de la Roquette*, faub. & qu.
15. *de saint Antoine*, hors des Barrieres.

N.

NANCEY, rue *des Deux Boules*, qu. 5. *de saint Opportune*, à 39 l. S.O. C'est une Ville du Blesois, dans l'Orléanois, Diocèse de Blois, Parlement de Paris, Intendance d'Orleans, Election de Romorantin, sur la riviere de Raise, avec 1200 Habitans.

NANCY, rue *de saint François*, qu. 14. *du Temple*, à 72 l. S.E. C'est la ville Capitale de la Lorraine, avec une Cour souveraine, Diocèse de Toul, sur la Muerte, & avec 10000 Habitans, un Conseil souverain ou Parlement, une Chambre des Comptes, une Sénéchaussée, un Prevôté & un Intendant pour toute la Lorraine.

NANT, rue *de Cluni*, qu. 18. *de saint André des Arcs*, à 138 l. S-E. C'est une Ville de Rouergue, Diocèse de Vabres, Parlement de Toulouse, Intendance de Montauban, Election de Milhau, sur la riviere de Dourbie, avec 2000 Habitans.

NANTERRE, rue *du Cigne*, qu. 8. *des Halles*, à 2 l. N-O. C'est un Bourg dans l'Isle de France, Diocèse, Parlement, Intendance & Election de Paris, sur la Seine, avec 2000 Habitans.

NANTES, rue *de saint Honoré*, qu. 5. *du Palais Royal*, à 87 l. S-O. C'est une Ville la seconde de la Bretagne, & un Evêché suffragant de Tours, Parlement de Rennes, Chef-lieu d'une Intendance & d'une Recette, sur la Loire & sur l'Indre, & avec 2000 Habitans ; elle est encore le Siége d'une

Chambre des Comptes, d'une Sénéchauſſée, d'un Préſidial, d'un Hôtel des Monnoyes, marquée par T, d'une Amirauté, d'un Bureau des Finances, d'une Juriſdiction des Juges & Conſuls, & d'une Maîtriſe particuliere des Eaux & Forêts. C'eſt un Gouvernement particulier.

NANTUA, rue *des trois Piſtolets*, qu. 12. *de ſaine Paul*, à 90 l. S-E. C'eſt une Ville de Bourgogne, Diocèſe de Lyon, Parlement & Intendance de Dijon, Bailliage & Recette du Bugey, avec 3000 Habitans.

NARBONNE, rue *Mouffetard*, faub. *ſaint Marceau*, qu. 16. *de la Place Maubert*, à 161 l. S-E. C'eſt une Ville & Archevêché du Languedoc, Parlement de Toulouſe, Intendance de Montpellier, avec un Canal tiré de la riviere d'Aude, à une lieue de la Mer, & avec 10000 Habitans, une Viguerie Royale, une Amirauté, un Grenier à Sel & une Maréchauſſée. C'eſt un Gouvernement particulier.

NAVARRE FRANÇOISE ou BASSE NAVARRE en Gaſcogne, rue *de Seve*, qu. 19. *du Luxembourg*, à 170 l. S-O. C'eſt la partie du Royaume du même nom, qui eſt en deçà des Pyrénées, qui la ſéparent de l'Eſpagne & de la haute Navarre; elle a 8 lieues de long ſur cinq de large; elle appartient à la France. S. Jean de Pied de Port en eſt la Ville Capitale.

NAVARRENS, *Petite rue du Bacq*, qu. 19. *du Luxembourg*, à 180 l. C'eſt une petite Ville du Bearn, Diocèſe de Leſcar, Parlement & Intendance de Pau, Sénéchauſſée & Recette de Sauveterre, ſur le Gave, avec 1200 Habitans. C'eſt un Gouvernement particulier.

Rue *de Nazaret* au Palais, qu. 1. *de la Cité*. Voyez BELAC.

NEGREPELISSE, rue *des Cordeliers*, qu. 18. *de saint André des Arcs*, à 140 l. S-O. C'est une Ville du Querci, Diocèse, Intendance & Election de Montauban, Parlement de Toulouse, sur l'Aveiron, avec 1200 Habitans.

NEMOURS, rue *de la Poterie*, qu. 11. *de la Grève*, à 18 l. S-E. C'est une Ville du Gâtinois, dans le Gouvernement de l'Isle de France, Diocèse de Sens, Parlement & Intendance de Paris, Chef-lieu d'une Election, avec 3000 Habitans.

NERAC, rue *Guisarde*, qu. 19. *du Luxembourg*, à 153 l. S-O. C'est une Ville de la Gascogne, Diocèse & Election de Condom, Parlement & Intendance de Bourdeaux, Siége d'un Présidial, à deux lieues de la Garonne, sur la riviere de Bese, avec 2000 Habitans.

NERIS, rue *Gervais-Laurent*, qu. 1. *de la Cité*, à 69 l. S. C'est un Bourg du Bourbonnois, Diocèse de Bourges, Parlement de Paris, Intendance de Moulins, Election de Montluçon, avec 500 Habitans.

NESLE, rue *du Cimetiere de saint Nicolas des Champs*, qu. 10. *de saint Martin*, à 28 l. N-E. C'est une Ville en Picardie, le premier Marquisat de France, Diocèse & Election de Noyon, Parlement de Paris, Intendance de Soissons, sur le Lingon, avec 2000 Habitans.

NEUBOURG, rue *Poissonniere*, 9. *de saint Denis*, à 28 l. N-O. C'est un Bourg dans la Normandie, Diocèse d'Evreux, Parlement de Rouen, Intendance d'Alençon, Election

de Conches , avec titre de Marquifat , entre la Rille & la Seine , & avec 2500 Habitans.

NEUCHATEL-EN-BRAY , rue *de Joquelet* ,
qu. 6. *de Montmartre* , à 30 l. N-O. C'eſt une
Ville dans la Normandie , Dioceſe , Parlement & Intendance de Rouen , Chef-lieu
d'une Election , ſur la riviere d'Arques , avec
2400 Habitans , & un Grenier à Sel.

NEUCHATEL , rue *de la Lune* , qu. 9. *de
ſaint Denis* , à 50 l. N-O. C'eſt un Bourg du
Boulonois en Picardie , Dioceſe & Election
de Boulogne , Parlement de Paris , Intendance d'Amiens , avec 800 Habitans.

NEVERS , rue *de la Mortellerie* , qu. 11. *de
la Greve* , à 55 l. S-E. C'eſt une Ville la
Capitale du Nivernois , avec titre du Duché ;
& c'eſt un Evéché ſuffragant de Sens , Parlement de Paris , Intendance de Moulins ,
Chef-lieu d'une Election , ſur la Loire , avec
8000 Habitans.

Rue *de Nevers* , qu. 20. *de ſaint Germain
des Prez.* Voyez VERNEUIL.

NEUILLI S. FRONT. , rue *Neuve de ſaint
Meir* , qu. 10. *de ſaint Martin* , à 23 l. E.
C'eſt une Ville de la Picardie , du Gouvernement de l'Iſle de France , Dioceſe & Intendance de Soiſſons , Parlement de Paris , Election de Creſpi , avec 2000 Habitans.

Rue *Neuve de ſaint Anaſtaſe* , qu. 12. *de
ſaint Paul.* Voyez MORVANT.

Rue *Neuve des Auguſtins* , qu. 6. *de Montmartre.* Voyez BAYEUX.

Rue *Neuve des Bons-Enfans* , qu. 7. *de ſaint
Euſtace.* Voyez ALENÇON.

Rue *Neuve de ſainte Catherine* , qu. 15. *de
ſaint Antoine.* Voyez S. DIEY , GRAI.

Rue *neuve de saint Denis* ou *de sainte Apol-line.* Voyez CHIMAY.

Rue *neuve de saint Estienne* , faub. *saint Marceau* , qu. 16. *de la Place Maubert.* Voyez VILLENEUVE LEZ AVIGNON , VENAISSIN.

Rue *neuve de saint Eustache* , qu. 6. *de Montmartre.* Voyez S. MARCOU.

Rue *neuve des Filles-Dieu* , qu. 9. *de saint Denis au Boulevard.* Voyez SOMME.

Rue *neuve de sainte Genevieve* , faub. *saint Marceau* , qu. 17. *de saint Benoît.* Voyez SAINT CHIGNAN , LIMOUX.

Rue *neuve de saint Gilles* , qu. 14. *du Temple.* Voyez RUFFAC.

Rue *neuve de saint Laurent* , qu. 10. *de saint Martin.* Voyez PHILIPPEVILLE.

Rue *neuve* & qu. 10. *de S. Martin.* Voyez MERVILLE.

Rue *neuve de saint Medard* , faub. *saint Marceau* , qu. 16. *de la Place Maubert.* Voyez SAISSAC.

Rue *neuve de saint Merri* , qu. 10. *de saint Martin.* Voyez CLERMONT , NEUILLI.

Rue *neuve de Notre-Dame* , qu. 1. *de la Cité.* Le même.

Rue *neuve d'Orleans* , qu. 9. *de S. Denis.* Voyez CASSEL.

Rue *neuve d'Orleans* , faub. *saint Marceau* , qu. 16. *de la Place Maubert.* Voyez QUIL-LAN , FORCALQUIER , GLANDEVES.

Rue *neuve* & qu. 12. *de saint Paul.* Voyez BEAUNE.

Rue *neuve des Petits-Champs* , qu. 6. *de Montmartre.* Voyez LISIEUX , FALAISE , CONDÉ-SUR-VIRE , S. PIERRE-EGLISE.

Rue *neuve de S. Pierre* , qu. 14. *du Temple.* Voyez SULZ.

Rue

Rue *neuve de Richelieu* ou *des Tréſoriers* à la Place de Sorbonne, qu. 18. *de ſaint André des Arcs.* Voyez VAREN.

Rue *neuve de ſaint Roch*, qu. 5. *du Palais Roya*. Voyez GUIMCAMP.

Rue *neuve de S. Sauveur*, qu. 9. *de ſaint Denis.* Voyez RUE.

NEUVIC, rue *de Touraine*, qu. 18. *de ſaint André des Arcs*, à 105 S-O. l. C'eſt un Bourg dans le Périgord, Diocéſe & Election de Périgueux, Parlement & Intendance de Bourdeaux, avec 1500 Habitans.

NEUVICQ, rue *de Mâcon*, qu. 18. *de ſaint André des Arcs*, à 115 l. S-O. C'eſt une Ville dans le Limoſin, Diocéſe & Election de Tulles, Parlement de Bourdeaux, Intendance de Bourges, avec 2500 Habitans.

NEUVILLE, autrefois *Vimi*, rue *de Perpignan*, qu. 1. *de la Cité*, à 97 l. S-E. C'eſt une petite Ville dans le Lyonnois, Diocéſe, Intendance & Election de Lyon, Parlement de Paris, avec 2000 Habitans.

Rue *de ſaint Nicaiſe*, qu. 5. *du Palais Royal.* Voyez VIHERS, POUANCÉ.

Rue *de ſaint Nicolas*, faub. & qu. 15. *de ſaint Antoine.* Voyez LIONS *ou* LONS-LE-SAUNIER.

Rue *de ſaint Nicolas du Chardonet*, qu. 16. *de la Place Maubert.* Voyez JOYEUSE.

NIONS, rue *du Pavé* à la Place Maubert, même qu. 16. à 137 l. S-E. C'eſt une Ville dans le Dauphiné, Diocéſe de Valence, Parlement & Intendance de Grenoble, Election de Montelimart, ſur la riviere d'Aigues, avec 1100 Habitans.

NIORT, rue *de Bourbon*, qu. 10. *de ſaint*

Germain des Prez, à 89 l. S-O. C'est une Ville du Poitou, Diocèse de la Rochelle, Parlement de Paris, Intendance de Poitiers, Chef-lieu d'une Election, sur la Seure, avec 1500 Habitans, une Sénéchauffée, un Bailliage, une Maîtrise des Eaux & Forêts, une Maréchauffée & une Jurifdiction des Juges & Confuls. C'est un Gouvernement particulier.

NISMES, rue des Toff.s de faint Victor, même faub. qu. 16. de la Place Ma bert, à 145 l. S-E. C'est une Ville du bas Languedoc, & un Evêché fuffragant de Narbonne, Parlement de Toulouse, Intendance de Montpellier, avec 30000 Habitans, une Sénéchauffée, un Préfidial, une Jurifdiction établie en faveur du Commerce, qu'on appelle la Cour des Conventions de Nimes, un Grenier à Sel & une Maréchauffée. C'est un Gouvernement particulier.

NIVERNOIS (Le) qu. 11. de la Grève, à 40 l. S-E. C'est une Province de France, avec titre de Duché & un Gouvernement Militaire dans l'Orléanois, entre la Bourgogne, le Bourbonnois, le Berri & le Gâtinois, du Parlement de Paris, de l'Intendance de Moulins, avec deux Evêchés. Nevers en est la ville Capitale.

NOGARO, rue de Foffoyeurs, qu. 19. du Luxembourg, à 150 l. S-O. C'est une Ville du bas Armagnac, dans la Gafcogne, Diocèse & Intendance d'Auch, Parlement de Toulouse, Election d'Armagnac, fur la Douze, avec 2000 Habitans.

NOGENT-LE-ROI, rue du Roy de Sicile, qu. 15. de faint Antoine, à 60 l. S-E. C'est une Ville de Champagne, Diocèse & Election de Langres, Parlement de Paris, Intendance de Châlons, avec 2000 Habitans, & une Prevôté Royale.

NOGENT-LE-ROY, rue *de la Tonnellerie*, qu. 8. *des Halles*, à 17 l. S-O. C'est une Ville & Justice Royale de la Beauce, dans l'Orléanois, Diocèse & Election de Chartres, Parlement de Paris, Intendance d'Orleans, avec 1600 Habitans.

NOGENT-LE-ROTROU, rue *Coquilliere*, qu. 8. *de saint Eustache*, à 28 l. S-O. C'est un Bourg dans le Perche, dont il prétend entre le Chef-lieu, quoique Mortagne & Belefme lui disputent, Diocèse de Seez, Parlement de Paris, Intendance d'Alençon, Election de Mortagne, avec 2000 Habitans, une Maitrise des Eaux & Forêts, un Bailliage & un Grenier à sel.

NOGENT-SUR-Seine, rue *du Puits Sainte-Croix*, qu. 13. *de sainte Avoye*, à 22 l. S-E. C'est une Ville de Champagne, Diocèse de Sens, Parlement & Intendance de Paris, Chef-lieu d'une Election, sur la riviere de Seine, avec 3200 Habitans, un Bailliage, un Grenier à sel, & une Maréchaussée.

NOIRMOITIER, rue *de Bourbon*, qu. 20. *de saint Germain des Prez*, à 108 l. S-O. C'est une petite Isle, sur la Côte du bas Poitou, dont elle n'est séparée que par un petit Détroit, & aux Confins du pays Nantois en Bretagne, Diocèse de Luçon, Parlement de Paris, Intendance de Poitiers; elle n'a que trois lieues de long, peu de large, & 7 de tour: il y a un Bourg, une Abbaye du même nom, a l'embouchure de la Loire, avec 4000 Habitans.

Rue *des Nonaindieres*, qu. 12. *de* S. *Paul.* Voyez Dijon.

Nontron, rue *Poitevine*, qu. 18. *de* S. *Andre des Arts*, à 105 l. S-O. C'est une petite Ville du Perigord, Diocèse & Election de Perigueux, Parlement & Intendance de Bourdeaux, sur la riviere de Bandiat, avec 1800 Habitans.

NORD ou SEPTENTRION, Barriere *de Sainte Anne*, qu. 9. *de* S. *Denis.* C'est un terme de Marine dont on se sert sur la Mer Océane, pour signifier le Pole Arctique ou Septentrional, qui est élevé sur notre horison. Nord signifie aussi la Partie du monde, qui est Septentrionale à l'égard de quelque autre pays. Ainsi toutes les Villes, Provinces & Mers, qui sont du côté de la Barriere de sainte Anne, par rapport à Paris qui est placé sur l'Eglise de saint Leu, sont Septentrionaux, marqués par N., qui signifie le Nord ou Septentrion. L'Angleterre est au Nord de la France.

NORMANDIE (La) qu. 5. *du Palais Royal*, 6. *de Montmartre*, 7. *de* S. *Eustache*, & 9. *de* S. *Denis*, à 13 l. N-O. C'est une grande Province de France, & un des plus grands Gouvernemens Généraux militaires ; elle est située sur la Mer Océane, & dans le voisinage d'Angleterre, dont elle n'est séparée que par le Canal ou Manche d'Angleterre, & elle est bornée, E. par la Picardie, & par l'Isle de France, S. par le Perche & le Maine, O. par la Bretagne ; elle a environ 60 lieues de long sur 32 de large, & 240 de circuit ; on la divise en Haute & Basse, la Haute confine la Picardie, & la Basse la Bretagne, elle a un Parlement, une Cour des

Comptes & Aides, 3. Généralités, 3. Int. 32 Elections, & une Table de Marbre, un Siége d'Amirauté, 3. grands Maîtres des Eaux & Forêts, & une Cour des Monnoyes marquées par B. Rouen en est la Ville Capitale.

Rue *de Normandie*, qu. 14. *du Temple.* Voyez PLANCI.

Rue *de Notre-Dame*, qu. 1. *de la Cité.* Le même nom.

Rue *de Notre-Dame de Bonne nouvelle*, qu. 9. *de S. Denis.* Voyez AMBLETEUSE.

Rue *de Notre-Dame des Champs*, qu. 19. *du Luxembourg.* Voyez FOIX, BAGNERES, BAREJE.

Rue *de Notre-Dame de Lorette*, faub. & qu. 6. *de Montmartre*, hors des. Barrieres.

Rue *de Notre-Dame de Nazareth*, qu. 10. *de S. Martin.* Voyez BAILLEUL.

Rue *de Notre-Dame de Recouvrante*, qu. 9. *de S. Denis.* Voyez GAMACHES, OISEMONT.

Rue *de Notre-Dame de Victoires*, qu. 6. *de Montmartre.* Voyez PONT-DE-L'ARCHE.

Rue *du Nouvel allignement* ou *Passage*, au-delà des Chartreux, qu. 19. *du Luxembourg*, hors des Barrieres.

NOYERS, rue *Pavie*, qu. 15. *de Saint Antoine*, à 43 l. S-E. C'est une Ville dans la Bourgogne, Diocèse de Langres, Parlement & Intendance de Dijon, Recette d'Avalon, sur la riviere de Serin, avec 2000 Habitans, une Mairie. un Bailliage, & un Grenier à Sel.

Rue *des Noyers*, qu. 17. *de S. Benoist.* Voyez FOREZ, AMBIERLE.

NOYON, Rue & qu. 10. *de S. Martin*, à 24 lieues N-E. C'est une Ville de Picardie dans le Gouvernement de l'Isle de France, un Evêché suffragant de Rheims , & un Comté-Pairie , Parlement de Paris , Intence d'Amiens , & Chef-lieu d'une Election , fur la petite riviere de Vorfe , avec 8000 Habitans.

NOSERET , rue *du pas de la Mule* , qu 15. *de S. Antoine* , à 73 l. S-E. C'eft une Ville dans la Franche-Comté , Diocèfe , Parlement , Intendance , Bailliage & Recette de Befançon , fur la riviere d'Ain , avec 1000 Hab.

NUITS , rue *des Ballets* , qu. 15. *de S. Antoine* , à 72 l. S-E. C'eft une Ville dans la Bourgogne , Diocèfe d'Autun , Parlement & Intendance de Dijon , fur la riviere de Mufin , avec 2200 Habitans , un Bailliage , un Grenier à Sel , & un Bureau de Recette. C'eft un Gouvernement particulier , fur le grand chemin de Dijon à Lyon.

O.

Rue *de l'Obfervance* , qu. 18. *de S. André des Arcs*. Voyez MONTREAL.

OBSERVATOIRE (L') rue du faub. *S. Jacques* , qu. 17. *de Saint Benoift* , hors des Barrieres.

OCEAN OCCIDENTAL ou ATLANTIQUE , Barriere *de Moufceau* , qu. 6. *de Montmartre* , à 110 l. N O C'eft la partie de l'Océan qui baigne les côtes Occidentales , de l'Europe , de l'Afrique , & s'étend depuis le cercle du Pole Arctique jufqu'a la ligne Equinoxiale. Ses principales parties font le plus grande partie de la Mer de Danemarc , ou d'Allemagne , la Mer d'Irlande & celle de Bretagne , de France , d'Efpagne , des Canaries , du Cap-Verd , de Guinée. On donne encore le nom d'Atlantique à cette

partie de l'Océan Occidental qui eſt entre
l'Afrique & l'Amérique, à cauſe du Mont-Atlas,
hautes montagnes de l'Afrique, dont la chaîne commence au bord de l'Océan, & s'étend
de l'Occident à l'Orient.

L'Océan entre dans les terres par différens endroits, & alors il quitte ſon nom
pour prendre celui de Mer ou de Golfe, auſ-
quels ou donne quelques adjectifs pour les
diſtinguer. Mer Méditerannée, Mer Rouge,
Golfe Perſique, Golfe de Veniſe; dans les endroits fort ſerrés l'Océan s'appelle détroit,
comme détroit de Gilbaltar, détroit de Magil-
lan; & ſuivant les différens pays qu'il baigne,
il prend le nom particulier du même pays,
comme Océan ou Mer d'Irlande ſur les côtes
d'Irlande, & ſur les côtes de France & d'Allemagne, on lui nom de Mer de France & d'Allemagne.

OCEAN MERIDIONAL ou ETHIOPIEN,
Barr. *de la Reine Blanche*, faub. *de S. Marceau*,
qu. 16. *de la Place Maubert*, à 1200 l. de la
France, & à 2360 de Paris, S. Cette partie
de l'Océan ſupérieur porte le nom d'O-
céan Méridional, parce qu'il eſt vers le Midi,
s'étendant depuis la ligne Equinoxiale, juſqu'aux terres Antarctiques inconnues, &
on l'appelle Océan Ethiopien, parce qu'il
environne la Baſſe Ethiopie en Afrique.

OCEAN ORIENTAL ou INDIEN,
Barriere *de la Croix de Faubin*, Faub. & qu.
13. *de S. Antoine*, à 600 l. de la France,
& à 770 de Paris S-E. Cette partie de l'O-
céan prend le premier de ſes noms, de ſa
ſituation vers l'Orient, & le ſecond de l'Inde Orientale qui eſt un des principaux pays
qu'elle baigne, ſes principales parties ſont

la Mer Rouge ou d'Arabie, la Mer de l'Inde, la Mer de la Chine, du Japon, &c.

OCEAN SEPTENTRIONAL ou GLACIAL, Barriere & qu. 9. *de S. Denis*, à 60 l. N-O. C'est cette partie de l'Océan supérieur, qui approche le plus du Pole Arctique, & les côtes Septentrionales de l'Europe, de l'Asie & au Nord; les terres polaires inconnues, on donné à cette Mer le nom d'Océan glacial, parce que ceux qui ont cherché par cette Mer un chemin plus court pour aller du Nord au Japon, à la Chine, aux Philippines & aux Indes, l'ont trouvé si rempli de glaces, qu'il leur a été impossible d'aller plus avant. Cet Océan comprend une partie de la Mer de Danemarc ou d'Allemagne, celle de Moscovie & de Tartarie; c'est une partie de la grande Mer qui environne les deux Continents, qui nous sont connus, le vieux & le nouveau, & qui occupe plus d'espace dans ce que nous connoissons du Globe terrestre que la Terre même.

Rue *Ognard*, qu. 2. *de S. Jacques de la Boucherie*. Voyez Dreux.

Rue *des Oiseaux* ou *Sourdis*, qu. 14. *du Temple*. Voyez Vertus.

Rue *des Oiseleurs*, qu. 14. *du Temple*. Voyez Meri-sur-Seine.

Oisemont, rue *de Notre-Dame de Récouvrance*, qu. 9. *de S. Denis*, à 37 l. N-O. C'est un Bourg dans le Vimeu en Picardie, Diocèse, Election & Intendance d'Amiens, Parlement de Paris, avec 1500. Habitans, & une Prevôté Royale.

Oleron, rue *de S. Romain*, qu. 19. *du Luxembourg*, à 185 l. S-O. C'est une Ville du Bearn, & un Evêché suffragant d'Auch,

Parlement de Pau, Intendance d'Auch, & le *Siége* d'une Sénéchaussée fur le Gave à 7 l. de la haute Navarre en Efpagne, & de l'Aragon, avec 2000 Habitans. La riviere de Gaves fépare Oleron d'une autre Ville nommée fainte Marie, & ces deux Villes fe communiquent par un Pont de pierre, c'eft dans cette derniere qu'eft la Cathédrale, & la Réfidence de l'Evêque.

OLERON, rue *de Grenelle*, qu. 20. *de S. Germain des Prez*, à 112 l. C'eft une Ifle fur la côte d'Aunis & de Saintonge, à 2 l. du Continent, Diocèfe, Intendance & Election de la Rochelle, Parlement de Bourdeaux, avec 1200 Habitans. Cette Ifle a 12 lieues de circuit.

Rue *Olivet*, qu. 20. *de S. Germain des Prez*. Voyez S. PALAIS.

OMER (S.) rue *du Fauxbourg* & qu. 9. *de S. Denis*, à 54 l. N-O. C'eft une Ville dans l'Artois, & un Evêché fuffragant de Cambray, Confeil Provincial de l'Artois, Intendance d'Amiens, fur la petite riviere d'Aa, avec 9000 Habitans.

ORANGE, rue *Coppeau* faub. *S. Marceau*, qu. 16. *de la Place Maubert*, à 140 l. S-E. C'eft la Ville Capitale de la Principauté & & petit Pays de ce nom, enclavé dans le Comtat Venaifcin ou d'Avignon en Provence du Gouvernement du Dauphiné, & un Evêché fuffragant d'Arles, Parlement & Intendance de Grenoble, au voifinage du Rhône, avec 4000 Habitans.

Rue *de l'Orangerie* ou *Vieille Notre-Dame*, faub. *faint Marceau*, qu. 16. *de la Place Maubert*. Voyez ENTREVAUX.

Rue *de l'Orangerie*, qu. 5. *du Palais Royal*. Voyez LAMBALE.

Rue & C. *de l'Oratoire* ou *du Louvre*, même qu. 4. Voyez CHATEAU-GONTIER.

ORBEC, rue *de saint Marc*, qu. 6. *de Montmartre*, à 36 l. N-O. C'est une Ville & Baronie dans la Normandie, Diocèse & Election de Lisieux, Parlement de Rouen, Intendance de Caen, sur la riviere d'Orbec, avec 6000 Habitans, Bailliage, Vicomté & Gruerie.

ORCHIES, rue *Transnonain*, qu. 10. *de saint Martin*, à 49 l. N-E. C'est une Ville de Flandre, Diocèse de Tournai, Parlement de Douai, Intendance & Subdélégation de Lille, Bailliage & Recette de Douai, avec 3000 Habitans.

Rue *des Orfévres* ou *des Deux Portes*, qu. 3. *de sainte Opportune*. Voyez SELLES S. DENIS.

ORGELET, rue *de l'Egout de sainte Catherine*, qu. 15. *de saint Antoine*, à 73 l. S-E. C'est une Ville dans la Franche-Comté, Diocèse, Parlement & Intendance de Besançon, avec 1500 Habitans, Bailliage & Recette.

ORIENT ou LEVANT, Barr. de la Croix de Faubin, faub. & qu. 15. *de saint Antoine*. Voyez EST.

ORIENT ou FORT-LOUIS, rue *de la Bonne Morue*, faub. *saint Honoré*, qu. 5. *du Palais Royal*, à 100 l. S-E. C'est une petite Ville & un Port de Mer dans la Bretagne, Diocèse & Recette de Vannes, Parlement de Rennes, Intendance de Nantes, au fond de la Baye du Port-Louis, à l'embouchure de la riviere de Blavet, avec 3000 Habitans; elle est nouvellement bâtie & assez connue, parce que la Compagnie des Indes y fait ses Arme-

mens & Embarquemens pour les Indes , &
y tient ordinairement ses gros Magasins.

ORLÉANOIS , qu. 3. *de saint Opportune*,
2. *de saint Jacques de la Boucherie* , & 8. *des
Halles* , à 15 l. S-O. C'est un des grands Gouvernemens militaires de France qui comprend
plusieurs moindres Provinces ou pays , &
l'Orléanois en particulier. C'est une Province
de France du ressort du Parlement de Paris ,
qui comprend une Généralité, trois Evêchés ,
neuf Elections , bornée, N. par la Beauce, E.
par le Gâtinois , S. par la Sologne , O. par
le Dunois. Orleans en est la Ville Capitale.

ORLEANS , rue *de la Ferronerie* , qu. 3. *de
saint Opportune*, à 27 l. S-O. C'est la Ville Capitale de l'Orléanois , & un Evêché suffragant de Pâris , Parlement de Paris , Chef-lieu
d'une Intendance & d'une Election , avec titre de Duché , & avec 30000 Habitans , une
Châtellenie , un Bailliage , une Prevôté , une
Maîtrise des Eaux & Forêts , une Capitainerie
de Chasse, une Maréchaussée, une Université de
Droit , un Hôtel des Monnoyes marquées par
R. & un Tribunal des Juges & Consuls. C'est
un Gouvernement particulier.

Le Canal d'Orleans établi pour la communication des rivieres de la Seine & de la Loire
par celle du Loing, commence environ à 2 l.
de la Ville , il traverse la Forêt d'Orleans &
la plaine qui la suit , il a 18 l. de longueur,
il est soûtenu dans son cours par trente Eclu-
ses , il vient joindre ses eaux à celles de la riviere du Loing , à une lieue au-dessous de
Montargis , au même endroit que le Canal de
Briare & la riviere du Loing vont pour se
rendre dans la Seine.

La Forêt d'Orleans que le Canal traverse est

la plus confidérable du Royaume , tant par
fon étendue qui eft de 9400 arpens en bois
plein , que par la qualité de fon bois qui eft
de chêne , de charme & du tremble.

Rue d'Orléans , qu. 7. de S. Euftache. Voyez
MONTFORT-LE-ROTROU.

Rue d'Orleans , qu. 14. du Temple. Voyez
GRANDPRÉ.

Rue des Ormes , qu. 12. de S. Paul. Voyez
VITTEAUX.

ORNANS , rue des Filles Angloifes , Faub.
& qu. 15. de S. Antoine , à 72 l. S-E. C'eft une
Ville dans la Franche-Comté , Diocèfe , Par-
lement & Intendance de Befançon , Siége d'un
Bailliage particulier fur la Louve , au pied des
Montagnes , avec 2500 Habitans.

ORTHEZ, ou OURTHEZ , rue des vieilles Tuil-
leries , qu. 19. du Luxembourg , à 168 l. S-O.
C'eft une petite Ville du Bearn, Diocèfe d'Acqs,
Parlement & Intendance de Pau , fur le Ga-
ve & fur le penchant d'une colline , avec 1200
Habitans , une Sénéchauffée & une Recette.

Rue des Orthies du Louvre , qu. 5. du Palais Royal. Voyez CHOLET , MOZÉ.

Rue des Orthies , qu. 5. du Palais Royal.
Voyez AVRAY.

Rue de l'Ofeille , qu. 14. du Temple. Voyez
PLOMBIERES.

OUESSANT , rue des Sauffayes , Faub. faint
Honoré , qu. 5. du Palais Royal , à 140 l. S-E.
C'eft une Ifle de France à 3 l. de la côte de
la Bretagne , Diocèfe de Leon , Parlement de
Rennes , Intendance de Nantes , avec 800
Habitans. Elle a trois lieues de tour , & elle
eft entourée de quelques autres Ifles moins
grandes qui à caufe de cela font nommées
les Ifles d'Oueffant.

OUEST ou OCCIDENT, Bar. *de la Varenne* , qu. 20. *de S. Germain des Prez.* C'est un terme de marine , & le nom que l'on donne sur l'Océan au vent d'Occident , & au point cardinal de l'horison qui est au couchant. C'est le coucher, ou le lieu vers lequel le Soleil & la Lune descendent sous l'horison. Il est aussi appellé un des points cardinaux du Ciel & de la terre., le lieu où le Soleil se couche quand il est dans l'Equateur , ou le point vrai Occident pour le distinguer des autres points où le Soleil se couche quand il n'est plus dans l'Equateur. L'Occident aussi s'appelle l'Ouest , l'Occident d'Eté s'appelle Occident septentrional ou Nord-Ouest qui est marqué sur le plan par N-O. pour signifier que la Ville ou le lieu est au dessus de Paris vers le Seprentrion ou le Nord, & du côté de l'Ouest ou de l'Occident : & l'Occident d'Hyver s'appelle Occident méridional ou Sud-Ouest , & est marqué par S-O. pour signifier que la Ville ou le lieu par rapport à Paris est du côté du Midi signifié par *S.* qui veut dire Sud ou Midi , & du côté de l'Occident méridional au-dessous de l'Equateur. L'Occident se dit plus généralement en géographie des parties de la terre où le Soleil se couche.

Rue *aux Ours* , qu. 9. *de saint Denis.* Voyez VINCENNES , LA MEUTTE.

Rue *de l'Oursine* , faub. *saint Marceau* , qu. 16. *de la Place Maubert.* Voyez TARASCON , ARLES , RHÔNE.

OYE , rue *de sainte Barbe* , qu. 9. *de saint Denis* , à 61 l. N-O. C'est une petite Ville & Comté de Picardie , dans le Boulonois .

X

Diocèſe de Boulogne, Parlement de Paris,
Intendance d'Amiens, avec 1500 Habitans.

P.

RUe *Pagevin*, qu. 7. *de ſaint Euſtache.*
Voyez LA-BASOCHE.

Rue *Payenne*, qu. 15. *de ſaint Antoine.*
Voyez ARBOIS.

PAYS-BAS, Barr. *des Vertus*, faub. *de
ſaint Laurent*, qu. 10. *de ſaint Martin*, à 45
l. N-O. C'eſt une grande Contrée de l'Europe, compoſée de dix-ſept Provinces, entre
l'Allemagne, la France & la Mer d'Allemagne. On les appelle Pays-Bas, à cauſe de
leur ſituation, parce qu'elles ſont dans un
terrain fort bas, & en pluſieurs endroits plus
bas même que l'Océan. Ces dix-ſept Provinces ſont poſſédées par différens Souverains,
celles qui ſont ſous la domination de la Maiſon d'Autriche & de la France, ſont appellées
les Pays-Bas Catholiques ; les autres ſont éri-
gées en République de Hollande, & ſont gouvernées par les Etats Généraux.

PALAIS (S.) rue *d'Olivet*, qu. 20. *de ſaint
Germain des Prez*, à 170 l. S-O. C'eſt une
Ville dans la Navarre Baſſe ou Françoiſe,
Diocèſe de Bayonne, Parlement & Intendance de Pau, Chef-lieu d'une Recette, ſur
la rivière de Bidouze, avec 1800 Habitans ;
elle diſpute avec S. Jean de Pied de Port, la
qualité de Capitale de la Navarre Françoiſe.

PALAIS, rue *de la Ville-l'Evêque*, faub.
de ſaint Honoré, qu. 5. *du Palais Royal*, à
110 l. C'eſt une Ville dans l'Iſle de Belle-Iſle

en Bretagne , Diocèse de Vannes , Parlement de Rennes , Intendance de Nantes , avec 3500 Habitans. C'est un Gouvernement particulier.

C. *du Palais Royal* , rue *de saint Honoré* , qu. 5. *du Palais Royal.*

PALAISAU , rue *Taille-pain* , qu. 10. *de saint Martin* , à 4 l. S. C'est un Bourg de l'Isle de France , Diocèse , Parlement , Intendance & Election de Paris , avec 1500 Habitans.

PALATINAT DU RHIN , Barr. *de la Roulette du Pont-aux-Choux* , qu. 14. *du Temple* , à 110 l. O. C'est une Souveraineté d'Allemagne & un des Cercles & Electorats de l'Empire ; il est divisé en haut & en bas , celui qu'on appelle bas Palatinat est séparé du haut par le Fleuve du Rhin : il est appellé Palatinat du Rhin , parce qu'il est autour de ce Fleuve , & le bas Palatinat pour le distinguer du Palatinat de la Baviere , qui porte le nom de haut Palatinat. Il est borné par l'Alsace & la Lorraine , par le Comté de Bade , par les Electorats & Archevêchés de Mayence & de Tréves. Heydelberg en est la ville Capitale.

Rue *Palatine* ou *du Cimetiere* , qu. 19. *du Luxembourg.* Voyez LOURDE.

PALISSE (la) , rue *de saint Louis en l'Isle Notre-Dame* , qu. 1. *de la Cité* , à 82 l. S. C'est une Ville du Bourbonnois , Diocèse d'Autun , Parlement de Paris, Intendance de Moulins , sur le chemin de Paris à Lyon , & sur la riviere de Bievre , avec 800 Habitans.

PALLUAU , rue *des Teinturiers* , qu. 11. *de la Grève* , à 51 l. Sud. C'est un Bourg & Comté dans le Berry , Diocèse & Intendance

de Bourges , Parlement de Paris , Election
de Chateauroux , fur l'Indre , avec 1200
Habitans.

PAMIERS, rue *de Vaugirard* , qu. 14. *du Lu-*
xembourg , à 175 l. S-O. C'eſt la Ville Capitale
du Comté de Foix , & un Evêché ſuffragant
de Toulouſe , Intendance du Rouſſillon , ſur
l'Ariedge , avec 6000 Habitans.

Rue *du Paon* . qu. 18. *de S. André des Arcs.*
Voyez SAINT-ASTIER.

C. *du Paon*. Le même.

Rue *du Paon* , qu. 16. *de la Place Maubert.*
Voyez SAINT ANDEOL.

Rue *du Paon blanc* ou *Porte dorée* , qu. 12.
de S. Paul. Voyez MONTREAL.

PAPOUL (S.) rue *du Pot de fer* , qu. 17. *de*
S. Benoiſt , à 164 l. S-O. C'eſt une Ville dans
le haut Langueloc , & un Evêché ſuffragant
de Toulouſe , Parlement de Toulouſe , Intendance de Montpellier , ſur la Lembe , avec
2000 Habitans.

Rue *du Paradis* , qu. 12. *de ſainte Avoye.*
Voyez PONT-SUR-YONNE.

Rue *du Paradis* , qu. 17. *de S. Benoiſt.* Voyez
AIGUEMORTES.

Rue *du Paradis* , qu. 9. *de S. Denis* , hors
des Barrieres.

Rue *de la Parcheminerie* , qu. 18. *de ſaint*
André des Arcs. Voyez MASSIAC , MURAT.

Rue *du Parc Royal* , qu. 14. *du Temple.*
Voyez TOUL.

Rue *du Parc Royal* , qu. 15. *de S. Antoine.*
Voyez RIBAUVILLIER.

PARIS , placé ſur l'Egliſe de ſaint Leu ,
qui eſt une Paroiſſe & un édifice conſidérable,
eſt le point fixe d'où il faut partir , & auquel
il faut rapporter les différentes parties du

Royaume appliquées fur les quartiers & fur
les rues de la Ville, parce qu'elle occupe par
rapport aux différéntes parties de la Ville le
même local, ou à peu près, que Paris occupe
dans le Royaume. On a mis les distances en
chiffre, & la position par les lettres capitales
qui marquent les points cardinaux & les differens côtés au commencement de chaque
article.

C'est la Ville Capitale du Royaume de
France, située dans l'Isle de France, sur la
riviere de la Seine, qui la traverse & qui la
divise en trois parties appellées Cité, Ville
& Université. La premiere est entre les bras
de la Seine. La seconde, sur la droite & au
Nord; la troisiéme, sur la rive gauche & au
midi : elle passe pour la plus grande, la plus
belle, la plus riche, la plus florissante, & la
plus peuplée de l'Europe. Ses Habitans sont
au nombre de 8 à 900000. Selon le calcul
de ceux qui ont fait depuis peu le calcul &
le dénombrement des maisons, il s'y trouve
environ 28000 maisons à plusieurs étages,
partagées en 865 rues, divisées en 20 cantons
qu'on appelle quartiers. Parmi les maisons,
il y a un grand nombre d'Hôtels considérables. Les noms des rues au long & le
nombre des quartiers pour leur distinction
sont mis en chiffre aux coins & au commen-
ment de chaque rue.

On trouve à Paris toutes les commoditez
& tout ce que l'Ocean & la Méditerranée
peuvent fournir des pays les plus éloignés, que
le fleuve de la Seine y procure, parce qu'elle
communique à l'une & à l'autre mer par les
17 autres rivieres & canaux de communication portant bateaux, qui la grossissent & qui

s'y rendent de toutes les Provinces du Royaume.

Ce qui donne un grand relief à Paris, c'est qu'on y voit venir tous les ans, quantité d'Etrangers & de Princes, pour y étudier à l'envi, non-seulement la Langue & la politesse, mais encore les manieres nobles & distinguées qui conviennent aux personnes de condition, avec les exercices & les beaux Arts, qu'on n'enseigne point ailleurs, comme à Paris.

La Ville de Paris tient le rang d'un grand Gouvernement de Province; elle est le Siége d'un Archevêché auquel est uni le Duché-Pairie de Saint-Cloud, & qui a pour suffragans les Evêchés de Chartres, de Meaux, d'Orleans & de Blois; son Eglise Métropolitaine est dédiée à Notre-Dame, & le Diocèse est divisé en trois Archidiaconez.

Il y a dans l'Archevêché de Paris 20. Chapitres, dont 9. font dans la Ville; 31. Abbayes, dont 4. d'Hommes & 6. de Filles, font dans Paris; 66. Prieurés, dont il y en a 11. dans la Ville, Fauxbourgs & Banlieue de Paris; 473. Paroisses ou Cures, dont quarante-deux font dans la Ville & les Fauxbourgs, fans comprendre 15. Eglises, où l'on fait les fonctions Curiales. 266. Chapelles, dont 90. font dans la Ville, Fauxbourgs & Banlieue, fans y comprendre 34. Maladeries, dont 5. font dans la Ville, Fauxbourgs & Banlieue. On compte aussi dans la Ville & les Fauxbourgs 45. Communautés d'Hommes, & 56. de Filles. Voyez chaque partie a son titre.

On voit dans Paris un grand nombre de Tribunaux de Justice ou de Jurisdictions, le Ressort de quelques-uns s'étend fort loin dans le Royaume ; il y en a qui font uniques , & qui n'ont d'autres limites que celles de la France.

Les Tribunaux de Juftice ou de Jurifdictions qu'on voit à Paris , font le Parlement, qui eft le premier , la Cour des Pairs , & celui dont le Reffort eft plus étendu , le Grand Confeil, la Chambre des Comptes, la Cour des Aydes , la Cour des Monnoyes , le Bureau des Finances , la Chambre du Domaine & la Chambre Eccléfiaftique , la Jurifdiction des Eaux & Forêts , la Connétablie & Maréchauffée de France , l'Amirauté & Bailliage du Palais , le Châtelet , l'Election , le Grenier à Sel , la Juftice de la Varenne du Louvre , celle de l'Hôtel de Ville , la Jurifdiction des Juges Confuls , trois Jurifdictions Eccléfiaftiques. Voyez Tribunaux.

Les Finances ont dans le Gouvernement de Paris , le même objet & les mêmes fources que dans les autres ; c'eft-à-dire , le Domaine , les Aydes , les Tailles , les Gabelles , fans compter les Subfides extraordinaires , tels que font la Capitation , &c.

La Police de la Ville eft gouvernée par un Lieutenant général , par 48. Commiffaires & par 20. Infpecteurs ; & la Ville par un Prevôt des Marchands , par quatre Echevins , qui acquiérent le Droit de Nobleffe, & par les Confeillers de la Ville.

Outre l'Univerfité de Paris , la plus ancienne & la plus nombreufe du monde Chrétien , qui contient 41. Colléges , dont 11. font avec plein exercice , & le Royal pour les Langues Orientales , fans y comprendre les cinq grandes Ecoles , de Sorbonne , de Droit Canon & Civil , de Médecine , de Chirurgie , & des Plantes. On n'a pas négligé les établissemens qui peuvent favoriser les Sciences & les Arts , comme sont l'Académie Françoise , l'Académie Royale des Inscriptions & Belles-Lettres , celle des Sciences , de Peinture , de Sculpture , d'Architecture , d'Anatomie , & trois pour les Mathématiques & pour le Manége , & tous les autres moyens , comme Bibliothéques publiques & particulieres , dont celle du Roy, la plus riche & la plus belle du monde Chrétien , & celle de l'Abbaye de S. Germain des Prez , sont les principales pour la commodité des Sçavans & des Auteurs. Jusqu'aux plus petits & aux plus pauvres , tous trouvent le moyen facile de s'instruire par les petites Ecoles gratuites, établies sur tous les quartiers, & par les Catéchismes qui se font dans les Paroisses , avec exactitude & avec édification, & qui ont passé successivement dans tous les Diocéses du Royaume, depuis que les Peres de la Doctrine Chrétienne , sont venus les introduire au Fauxbourg saint Marcel.

Les Edifices remarquables de Paris , sont Notre-Dame , saint Eustache , saint Sulpice, le Val de Grace, les Invalides , la Salpétriere, la Sainte Chapelle , entre les Eglises. Les autres, sont le Louvre & les Galleries , le Château des Tuilleries, le Palais Royal, le Luxembourg, le Palais , l'Hôtel de Ville ; la Place Dauphine devant laquelle est placée la Statue Equestre d'Henri IV. appellé le Cheval de bronze ; la Place Royale , où l'on voit la Statue Equestre de Louis XIII; la Place de Vendôme , ou de Louis le Grand , où est sa Statue Equestre ; la Place des Victoires , où Louis le Grand est représenté avec les Habits de son Gouverne-

ment , ayant à ſes pieds quatre Nations en-
chaînées , & la Victoire , lui mettant une
Couronne ſur la tête ; l'Obſervatoire , l'Hôtel des Invalides , la Bibliothéque du Roy ,
& autres. Les Jardins & Promenades publiques ſont en nombre , & très-magnifiques
dans Paris. Chacun eſt a ſon titre.

La Ville de Paris eſt éclairée pendant la
nuit , huit mois de l'année , par des Lanter-
nes ſuſpendues au milieu des rues , & gardée
jour & nuit , & par les Gardes de Nuit &
de Jour , qui ſont ſur la Riviere & ſur les
Boulevards, par le Guet à pied & à cheval. Le
Pavé de grès,& de l'échantillon de huit a neuf
pouces en carré , qui en fait une des curioſi-
tés , eſt bien entretenu ; & il y a des Tombe-
reaux en aſſez grand nombre , pour faire les
enlévemens des boues.

Le Commerce que Paris fait avec toutes les
autres Villes de France , eſt ſi grand & ſi
étendu , qu'il échape à l'exactitude de ceux
qui voudroient ſçavoir préciſément à quoi il
pourroit monter ; & celui qu'elle fait avec
les Etrangers eſt en modes , c'eſt-à-dire , en
Etoffes d'or , d'argent & de ſoye , en Ru-
bans , en Galons d'or & d'argent ; il égale le
Commerce en gros qui ſe fait à Lyon.

Il y a outre cela à Paris un Balancier
pour les Médailles , celui des Monnoyes ,
marquées par A , des Manufactures d'Etoffes
de toutes ſortes , des Glaces , des Tapis façon de Perſe , des Tapiſſeries de Haute lice ,
& de preſque toutes les choſes que l'on em-
prunte des ſecours de l'Art , pour la commodité & pour l'utilité de la vie.

L'air de Paris eſt un peu froid & groſſier ,
cependant fort ſain ; la bonté des Eaux de la

Seine , de Rongis & d'Arcueil , qui sont di-
tribuées par des Pompes & par 50 Fontaines ,
dans les différens quartiers de la Ville & dans
beaucoup des Communautés , des Colléges &
des Maisons particulieres ; cette Eau ne con-
tribue pas peu à la santé des Habitans. L'eau
de la Seine sur-tout , est bonne dans les fié-
vres ardentes & dans les maladies d'obstruc-
tions ; & c'est aux Eaux de Gonesse qu'on at-
tribue l'excellence du Pain qu'on fait dans ce
Bourg , & qui est d'un si grand usage à Paris.

Le Terroir des environs de Paris est plein
& uni , entrecoupé pourtant de quelques Montagnes & Collines , dont les principales sont
Montmartre , celles de saint Cloud , de Meudon , du Mont Calvaire , & de saint Germain
en Laye ; il est cultivé avec beaucoup de soin &
d'artifice : & ses environs sont magnifiques ,
non-seulement par les Maisons Royales qu'on
y voit , & par tant d'autres Maisons de Cam-
pagne en grand nombre , qui sont autant de
Châteaux , mais encore par les beaux points
de vûe qu'on a de toute part.

On trouve le détail de toutes les principales parties de Paris , par ordre Alphabetique ,
ou a leur titre dans le Dictionnaire , comme
il a été dit dans l'Avertissement.

Pour mieux remplir le dessein de cet Ouvrage , qui est une Introduction à la Géographie générale , & pour la plus grande commodité du Commerce , on a cru devoir ajouter que Paris est à 100 lieues , S-E. de Londres , Capitale de l'Angleterre ; à 80 l. S-O.
d'Amsterdam , Capitale de la Hollande ; à
250 l. N-O. de Vienne , en Autriche , Capitale de toute l'Allemagne , parce que l'Empereur y réside ; à 200 l. N-E. de Madrid ,

Capitale de l'Espagne ; à 275 l. N-O. de Rome , Capitale de l'Italie & de tout le monde Chrétien , parce que c'est la Ville où est le souverain Pontife ; à 140 l. N-O. de Turin , Capitale du Piémont , où réside le Roy de Sardaigne ; à 230 l. N-O. de Venise ; à 180 l. N-O. de Genes ; à 95 N-O. de Genéve ; à 490 l. N-O. de Constantinople, Capitale de Turquie & de tout l'Empire Ottoman ; à 230 l. N-E. de Lisbonne , Capitale du Portugal ; à 700 l. S-O. de Moscou , Capitale de la Moscovie ; à 270 l. S-O. de Cracovie , Capitale de la Pologne ; à 225 l. S-O. de Copenhague , Capitale du Dannemarc , & à 305 l. S-O. de Stockholm , Capitale de la Suéde.

PARLEMENS du Royaume , douze , & deux Conseils Souverains.

PAROISSES de Paris 41. sçavoir :

De saint André des Arcs , même rue & qu. 18. *de S. André.*

De saint Barthelemi , même rue & qu. 1. *de la Cité.*

De saint Benoît , rue *S. Jacques* , qu. 17. *de S. Benoît.*

De saint Cosme & saint Damien , rue *des Cordeliers* , qu. 18. *de S. André des Arcs.*

De Sainte-Croix , rue *de la Draperie* , qu. 1. *de la Cité.*

De saint Denis du Pas , Cloître Notre-Dame , qu. 1. *de la Cité.*

De saint Estienne du Mont , rue *de la Montagne* ou *de Ste Geneviéve,* qu. 17. *de S. Benoît.*

De saint Eustache , rue *du Jour* , même qu. 7. *de S. Eustache.*

De saint Germain l'Auxerrois , rue *de l'Arbre-sec* , qu. 4. *du Louvre.*

De saint Germain le Vieux , rue *du Mar-*
ché-Neuf , qu. 1. *de la Cité.*

De saints Gervais & Protais , rue *du Mon-*
ceau S. Gervais ou *du Pourtour* , qu. 11. *de*
la Grève.

De saint Hilaire , même rue qu. 17. *de*
S. Benoît.

De saint Hypolite , rue *des Marmouzets* ,
faub. *S. Marceau* , qu. 16. *de la Place Maubert.*

De saint Jacques de la Boucherie , rue
des Ecrivains , même qu. 2. *de saint Jacques.*

De saint Jacques & de saint Philippe du
Haut Pas , rue *du faub. de S. Jacques* , qu. 17.
de S. Benoît.

De saint Jacques & de saint Philippe du
Roule , faub. *S. Honoré* , rue *du Roule* , qu. 5.
du Palais Royal , hors des Barrieres.

De saint Jean de Latran. Voyez COMMAN-
DERIES.

De saint Jean en Grêve , rue *du Martrois*
ou *Maltois* , qu. 11. *de la Grève.*

Des saints Innocens , rue *Aux Fers* , qu. 8.
des Halles.

De saint Josse , rue *Aubri-le-Boucher* , qu. 2.
de saint Jacques de la Boucherie.

De saint Landri , même rue , qu. 1. *de la Cité.*

De saint Laurent , rue *du faub. saint Lau-*
rent , qu. 10. *de S. Martin.*

De saint Leu & de saint Gilles , rue *de*
S. Denis , qu. 2. *de S. Jacques de la Boucherie.*

De saint Louis en l'Isle Notre-Dame , même rue , qu. 1. *de la Cité.*

De sainte Marguerite , rue *de S. Bernard* ,
faub. & qu. 15. *de saint Antoine.*

De sainte Marie-Madeleine , rue *de la Jui-*
verie , qu. 1. *de la Cité.*

De sainte Marine , C. *de sainte Marine* ,
rue

rue *de S. Pierre-aux-Bœu's*, qu. 1. *de la Cité.*

De saint Mederic *ou* Merri, rue & qu. 10. *de S. Martin.*

De saint Medard, rue *Mouffetard*, faub. *S. Marceau*, qu. 16. *de la Place Maubert.*

De saint Nicolas des Champs, rue & qu. 10. *de S. Martin.*

De saint Nicolas du Chardonet, rue *des Bernardins*, qu. 16. *de la Place Maubert.*

De Notre-Dame de Bonne-Nouvelle, même rue, qu. 9. *de S. Denis.*

De sainte Opportune, rue *de l'Aiguillerie*, Cloître & qu. 3. *de sainte Opportune.* Voyez CHAPITRES.

De saint Paul, même rue & qu. 12. *de saint Paul.*

De saint Pierre-aux-Bœufs, même rue, qu. 1. *de la Cité.*

De saint Pierre des Arcis, rue *de la Draperie*, qu. 1. *de la Cité.*

De saint Roch, rue *de S. Honoré*, qu. 5. *du Palais Royal.*

De S. Sauveur, rue & qu. 9. *de S. Denis.*

De saint Severin, même rue & qu. 18. *de S. André des Arcs.*

De saint Sulpice, rue *Ferrou*, qu. 19. *du Luxembourg.*

Du Temple. Voyez COMMANDERIES.

EGLISES qui ne font point Paroisses, où se font les fonctions Curiales.

De l'Abbaye de saint Antoine, pour les Habitans & Domestiques de l'Enclos. Voyez ABBAYES.

De l'Abbaye de saint Germain des Prez, un Religieux fait le Service dans la Chapelle de sainte Marguerite, administre les Sacremens, & enterre les Habitans & les

Domestiques de l'Enclos. Voyez ABBAYES.

De l'Abbaye de S. Victor ; un Chanoine fait les fonctions. Voyez ABBAYES.

De saint Honoré. Voyez CHAPITRES.

De saint Jacques l'Hôpital. Voyez CHA-PITRES.

De S. Louis de Louvre. Voyez CHAPITRES.

Du Prieuré de saint Martin des Champs ; un Religieux fait le Service. Voyez COMMU-NAUTEZ OU COUVENTS D'HOMMES.

HOPITAUX , où se font les fonctions Curiales par les Prêtres déservants.

De Bicestre.

Des Enfans Rouges.

Du S. Esprit.

De l'Hôtel-Dieu.

Des Incurables.

Des Invalides.

Des Petites-Maisons.

De la Pitié.

Des Quinze-Vingts.

De la Salpêtriere.

PARTENAI , quai *de la Megisserie* & rue *de l'Abreuvoir-Maron* , à 79 l. S-O. C'est une Ville , une Prevôté & une Justice Royale dans le Poitou , Diocèse de la Rochelle , Parlement de Paris , Intendance & Election de Poitiers , avec 4500 Habitans.

PARVIS de Notre-Dame , qu. 1. *de la Cité.*

Rue *du Pas de la Mule* , qu. 15. *de S. Antoine.* Voyez NOZERET.

Rue *du Passage* ou *Nouvel allignement* au-delà des Chartreux , qu. 19. *du Luxembourg* , hors des Barrieres.

Rue *du Passage des Ecuries* , qu. 5. *du Palais Royal.* Voyez GUERANDE.

Rue *du Passage des Jacobins* , qu. 18. *de*

S. *André des Arcs.* Voyez Estain.

Rue *Paſtourelle*, qu. 14. *du Temple.* Voyez Dormans.

C. *des Patriarches*, rue *Mouffetard*, faub. *ſaint Marceau*, qu. 16. *de la Place Maubert.*

PATTAY, rue *de Jean de Beauce*, qu. 8. *des Halles*, à 29 l. S-O. C'eſt une Ville de la Beauce, dans l'Orléanois, Diocèſe de Blois, Parlement de Paris, Intendance d'Orleans, Election de Chateaudun, avec 1200 Habitans. C'eſt en ce lieu que le fameux Comte de Dunois & la Pucelle d'Orleans remporterent en 1429, une Victoire aſſez complette ſur les Anglois, qui commença à rétablir les affaires de la France ; ils y firent priſonnier Talbot, leur plus grand Général.

PAU, rue *des Vieilles Tuilleries*, qu. 19. *du Luxembourg*, à 180 l. S-O. C'eſt une Ville dans le Bearn, dont elle eſt regardée comme la Capitale, Diocèſe de Leſcar, Siége d'un Parlement, d'une Chambre des Comptes & Cour des Aydes, qui ſont unies au Parlement ; c'eſt auſſi le Siége d'une Intendance, & d'une Sénéchauſſée, il y a un Hôtel des Monnoyes, marquées par une Vache ; elle eſt ſur une hauteur, au pied de laquelle paſſe le Gave, Bearnois, avec 18000 Habitans ; il y a encore au bout de la Ville un Château, où nâquit Henri IV. avec un beau Parc & des beaux Jardins.

Rue *du Pavé*, à la Place Maubert, même qu. 16. Voyez Nions.

Rue *Pavée*, qu. 9. *de ſaint Denis.* Voyez Dourlens.

Rue *Pavée*, qu. 15. *de S. Antoine.* Voyez Noyers.

Rue *Pavée*, qu. 18. *de S. André des Arcs.* Voyez Treignac.   Y ij

PAUL (S.) rue *de sainte Foy* , qu. 9. *de saint Denis* , à 43 l. N-E. C'est une Ville dans l'Artois , Diocèse & Gouvernance d'Arras , Conseil d'Artois , Intendance d'Amiens , Chef-lieu d'un Bailliage & d'une Recette , avec 2500 Habitans.

PAUL DE LEON (S.) Voyez LEON.

PAUL-TROIS-CHATEAUX (S.) rue *du faub. saint Victor* , qu. 16. *de la Place Maubert* , à 135 l. S-E. C'est une Ville dans le Dauphiné , & un Evêché suffragant d'Arles , Parlement & Intendance de Grenoble , Election de Montelimart , sur le penchant d'une Colline , à une lieue du Rhône , avec 2500 Habitans.

PAUL-DE-VENCE (S.) rue *du Pont-aux-Biches* , faub. *saint Marceau* , qu. 16. *de la Place Maubert* , à 172 l. S-E. C'est une petite Ville de Provence , Diocèse de Vence , Parlement & Intendance d'Aix , Chef-lieu d'une Viguerie Royale , à une lieue de la Mer , & à deux d'Antibes , avec 1200 Habitans.

Rue *de saint Paul* , même qu. 14. Voyez CHÂLONS-SUR-SAONE, MIREBEAU.

Rue *Payenne* , qu. 15. *de saint Antoine.* Voyez ARBOIS.

Rue *du Pelican* , qu. 7. *de saint Eustache.* Voyez BEAUFORT.

Rue *de la Pelleterie* , qu. 1. *de la Cité.* Voyez BOURBON-L'ARCHAMBAULT.

C. *Pequai* ou *Navion* , rue *des Blancs-Manteaux* , qu. 13. *de sainte Avoye.*

Rue *Percée* , qu. 12. *de saint Paul.* Voyez MONTIGNI.

Rue *Percée* , qu. 18. *de saint André des Arcs.* Voyez MAREUIL.

PERCHE (Le) qu. 4. *du Louvre* , & 7. *de saint Eustache* , à 12 l. S-O. C'est une des plus

petites Provinces de France, qui fait un Gouvernement Militaire de Province, avec le
Maine, dans celui de l'Orléanois ; elle dépend
de trois Evêchés, Seez, Chartres & Mans,
Parlement de Paris & Intendance d'Alençon, avec une Election. Elle a environ 15 l.
de long sur 12 de large ; elle est, bornée, N.
par la Normandie, S. par le Maine, E.
par la Beauce, O. par la Sarre qui la sépare
aussi de la Normandie & du Maine. Mortagne en est la ville Capitale.

Rue *du Perche*, qu. 14. *du Temple*. Voyez
CHATEAU-PORTIEN.

Rue *Perdue*, qu. 16. *de la Place Maubert*.
Voyez PONT-DE-BEAUVOISIN.

Rue *des Peres de la Doctrine Chrétienne*,
faub. *saint Marceau*, qu. 16. *de la Place Maubert*. Voyez COURSAN.

PERIGORD (Le) qu. 18. *de saint André des
Arcs*, 19. *du Luxembourg*, & 20. *de saint Germain des Prez*, à 105 l. S-O. C'est une Province de France, du Gouvernement Militaire
& général de Guyenne & de Gascogne, avec
deux Evêchés, Parlement & Intendance de
Bourdeaux, borné, N. par l'Angoumois, E.
par le Querci & le Limosin, S. & O. par la
Gascogne & la Saintonge ; elle a environ 33 l.
de long sur 24 de large. Perigueux en est la
Capitale.

PERIGUEUX, rue & qu. 18. *de saint André
des Arcs*, à 110 l. S-O. C'est la ville Capitale
de la Province de Perigord, & un Evêché
suffragant de Bourdeaux, mêmes Parlement
& Intendance, Chef-lieu d'une Election, au
bord de la riviere de l'Isle, avec 7000 Habitans, une Sénéchaussée, un Présidial, & un
Lieutenant général de la Maréchaussée.

Y iij

Rue *de Perigueux*, qu. 14. *du Temple*. Voyez CHAUMONT.

Rue *de la Perle*, qu. 14. *du Temple*. Voyez VERDUN.

Rue *Pernelle* ou *Levrette*, qu. 11. *de la Grêve*. Voyez SELLES.

PERNES, rue *de Beauregard*, qu. 9. *de saint Denis*, à 41 l. N-E. C'est un Bourg en Artois, Diocèse d'Arras, Conseil d'Artois, Intendance d'Amiens, & c'est une Forteresse, sur la Clarense, avec 600 Habitans.

C. *Peronelle*, rue *de la Sourdiere*, qu. 5. *du Palais Royal*.

PERONNE, rue & qu. 10. *de saint Martin*, à 32 l. N-E. C'est une Ville de Picardie, Diocèse de Noyon, Parlement de Paris, Intendance d'Amiens, Siége d'une Election, d'un Bailliage & d'un Grenier à Sel, sur la Somme, avec 2000 Habitans. C'est un Gouvernement particulier. La valeur de ses Habitans, qui ont soutenu plusieurs Siéges contre les ennemis de la France, lui a fait conserver l'honneur de n'avoir jamais été prise. Ce qui la fait appeller Peronne la Pucelle.

PERPIGNAN, rue *du faub. de saint Jacques*, qu. 17. *de saint Benoit*, à 175 l. S. C'est la ville Capitale du Roussillon, une Clef de France, & un Evêché suffragant de Narbonne, Siége d'un Conseil souverain ou Parlement de Roussillon, d'une Intendance, d'une Châtellenie, d'une Université, & d'un Hôtel des Monnoyes marquées par Q, sur la riviere du Tet, avec 12000 Habitans. C'est un Gouvernement particulier.

Rue *de Perpignan*, qu. 1. *de la Cité*. Voyez NEUVILLE.

Rue *Perrin Gasselin*, qu. 3. *de sainte Opportune*. Voyez MEHUN-SUR-LOIRE.

PERTUIS, rue *des Marmousets*, faub. *saint Marceau*, qu. 16. *de la Place Maubert*, à 161 l. S-E. C'est une Ville de Provence & une Justice Royale, non ressortissante, Diocèse, Parlement, Intendance, Viguerie & Recette d'Aix, avec 3000 Habitans.

PESENAS, rue *de la grande Bretonnerie*, qu. 17. *de saint Benoît*, à 156 l. S-E. C'est une Ville du bas Languedoc, Diocèse d'Agde, Parlement de Toulouse, Intendance de Montpellier, au voisinage de la riviere de l'Erault, avec 6000 Habitans.

PESMES, rue *Culture de sainte Catherine*, qu. 15. *de saint Antoine*, à 75 l. N-E. C'est une petite Ville dans la Franche-Comté, Diocèse, Parlement & Intendance de Besançon, Bailliage & Recette de Gray, sur la riviere de Laugnon, avec 1500 Habitans.

Rue *du Pet au Diable*, qu. 11. *de la Grève*. Voyez S. SATUR.

Rue *du Petit Bourbon*, qu. 4. *du Louvre*. Voyez CORMERI.

Rue *du Petit-Bourbon*, qu. 19. *du Luxembourg*. Voyez AUCH.

Rue *du Petit Carreau*, qu. 9. *de S. Denis*. Voyez AUMALE.

Rue *du Petit-Heurleur*, qu. 9. *de S. Denis*. Voyez CHAULNES.

C. *du Petit-Jardinet*, rue *de saint Bernard*, faub. & qu. 15. *de saint Antoine*.

Rue *du Petit-Lion*, qu. 9. *de saint Denis*. Voyez MONTDIDIER.

Rue *du Petit-Lion*, qu. 19. *du Luxembourg*. Voyez LAUZERTE.

Rue *du Petit-Moine*, faub. *saint Marceau*, qu. 16. *de la Place Maubert*. Voyez CASTELANE.

Rue *du Petit-Musc*, qu. 12. *de saint Paul.* Voyez MASCON.

Rue *du Petit-Pont*, qu. 17. *de saint Benoît.* Voyez EFFIAT.

C. *de la Petite Bastille*, rue *de l'Arbre-sec*, qu. 4. *du Louvre.*

Rue *Petite du Baq*, qu. 19. *du Luxembourg.* Voyez NAVARRENS.

Rue *Petite Bretonnerie*, qu. 19. *de saint Benoît.* Voyez MONTAGNAC.

Rue *de la Petite Fripperie*, qu. 8. *des Halles.* Voyez CLOYE.

Rue *Petite de saint Gilles*, qu. 14. *du Temple.* Voyez MOLSHEIM.

Rue *Petite de S. Jacques*, faub. *saint Marceau*, qu. 16. *de la Place Maubert.* Voyez S. REMI.

Rue *de la Petite Marivaut*, qu. 2. *de saint Jacques de la Boucherie.* Voyez MEHUN-SUR-YEVRE.

Rue *de la Petite Matignone*, qu. 5. *du Palais Royal.* Voyez BEAUPREAU.

Rue *de la Petite Taranne*, qu. 20. *de saint Germain des Prez.* Voyez CLERAC.

Rue *de la Petite Truanderie*, qu. 8. *des Halles.* Voyez S. CLOUD.

Rue *de la Petite Vrilliere*, qu. 7. *de saint Eustache.* Voyez VERNÉUIL.

Rue *des Petits Augustins*, qu. 20. *de saint Germain des Prez.* Voyez RICHELIEU.

Rue *des Petits-Champs*, qu. 10. *de saint Martin.* Voyez COMPIEGNE.

Rue *des Petits Peres*, qu. 6. *de Montmartre.* Voyez HARCOURT.

Rue *des Petits Pilliers*, qu. 8. *des Halles.* Voyez GONESSE.

Rue *Phelipot*, qu. 10. *de S. Martin.* Voyez MAUBEUGES.

Rue *de saint Philippe*, qu. 9. *de S. Denis*,
Voyez Vervins.

Philippeville, rue *neuve de S. Laurent*,
qu. 10. *de saint Martin*, à 50 l. N-E. C'eſt
une Ville du Hainaut François, dans la Flandre, Diocèſe de Liége, Parlement de Douai,
Intendance de Maubeuges, Chef-lieu d'une
Recette, d'un Gouvernement & d'une Prevôté, avec 2000 Habitans. C'eſt un Gouvernement particulier.

Rue *des Picpus*, faub. & qu. 15. *de saint
Antoine*, hors des Barrieres.

PICARDIE (La) qu. 9. *de saint Denis*, &
10. *de saint Martin*, à 22 l. N-E. C'eſt une
Province de France, & un des douze grands
Gouvernemens du Royaume, qui comprend
celui de l'Artois, bornée, N. par la Flandre, l'Artois & la Mer, E. par la Champa-
pagne, S. par l'Iſle de France, O. par la
Normandie & la Manche, ou le Canal d'Angleterre. Amiens en eſt la ville Capitale.

Rue *du Pied de Bœuf*, qu. 2. *de S. Jacques
de la Boucherie*. Voyez S. Fleurent.

PIÉMONT, Barr. *de Berci*, faub. & qu.
15. *de saint Antoine*, à 140 l. S-E. C'eſt une
Contrée & Principauté d'Italie, & la principale partie que le Roy de Sardaigne y poſſé-
de, bornée, N. par la Suiſſe, E. par le Mi-
lanois, S. par le Comté de Nice & l'Etat de
Genes, O. par le Dauphiné. Turin en eſt la
ville Capitale.

Rue *de S. Pierre*, qu. 6. *de Montmartre*.
Voyez Forges.

C. *de S. Pierre*. Le même.

Pierre-Eglise (Saint) rue *neuve des Petits-Champs*, à 56 l. N-O. C'eſt un Bourg de
Normandie, Diocèſe de Coutances, Parle-

ment de Rouen , Intendance de Caen , Élection de Valognes , avec 2000 Habitans.

PIERRE-LE-MOUSTIER (S.) rue *de la Mortellerie* , qu. 11. *de la Grêve* , à 60 l. S. C'est une Ville dans le Nivernois , Diocèse & Election de Nevers , Parlement de Paris , Intendance de Moulins , avec 1500 Habitans.

Rue *de S. Pierre-aux-Bœufs* , qu. 1. *de la Cité.* Voyez LA-BRESLE.

Rue *de Pierre Assis* ou *Quirassis* , faub. *saint Marceau* , qu. 16. *de la Place Maubert.* Voyez S. MAXIMIN.

Rue *Pierre au Lard* , qu. 10. *de S. Martin.* Voyez MONTFORT-L'AMAURY.

Rue *Pierre-aux-Poissons* , qu. 3. *de sainte Opportune.* Voyez BUXEUIL.

Rue *Pierre-Sarrasin* , qu. 18. *de S. André des Arcs.* Voyez ALBENQUE.

PIGNAN , rue *des Francs-Bourgeois* , faub. *saint Marceau* , qu. 16. *de la Place Maubert* , à 173 l. S. C'est un Bourg de Provence , Diocèse de Fréjus , Parlement & Intendance d'Aix, Viguerie & Recette de Draguignan, avec 1200 Habitans , & un Chapitre , dont la Prevôté porte 15000 liv. de rente.

Rue *des Pilliers des Potiers d'Etain* , qu. 8. *des Halles.* Voyez LAGNI.

Rue *de Pincourt* , faub. & qu. 15. *de saint Antoine.* Voyez NEUF BRISACH.

PIQUIGNI ou PEQUIGNI , rue *Transnonain* , qu. 10. *de saint Martin* , à 60 l. S-E. C'est une Ville & Baronie de Picardie , Diocèse , Intendance & Election d'Amiens & Parlement de Paris , avec 1500 Habitans.

Rue *Pirouette* ou *Tirouanae* , qu. 8. *des Halles.* Voyez MANTES.

PLACES PUBLIQUES de la Ville & Fauxbourgs de Paris :

De l'Arſenal, du côté de la Seine, au quai
des Celeſtins, qu. 12. *de S. Paul.*

Du côté de la Baſtille, qu. 12. *de S. Paul.*

De la Baſtille, rue & qu. 15. *de ſaint
Antoine.*

Baudets, ou Baudoyer, proche le Cimetiere
de S. Jean, qu. 11. *de la Grêve.*

De Cambrai, ou des trois Evêques, même
Place, qu. 17. *de ſaint Benoît.*

Du Château des Tuilleries, dite Carouſel,
qu. 5. *du Palais Royal.*

Aux Chats, proche la Halle aux Cuirs,
qu. 8. *des Halles.*

Du Chevalier du Guet, proche le Grand
Châtelet, qu. 3. *de ſainte Opportune.*

Du Collége Royal, le même que la Place
de Cambrai.

Des Conquêtes. Voyez DE VENDÔME.

De la Croix de Clamart, faub. *ſaint Marceau*, qu. 16. *de la Place Maubert.*

Dauphine, vis-à-vis la Statue Equeſtre
d'Henri IV. qui eſt au milieu du Pont-Neuf,
qu. 1. *de la Cité.*

De ſainte Geneviéve, dite le Carré, vis-à-
vis l'Egliſe, qu. 17. *de ſaint Benoît.*

De l'Eſtrapade, qu. 17. *de ſaint Benoît.*

De Fourci, même qu. 17. *de ſaint Benoît.*

De Grêve, devant la Maiſon de Ville,
même qu. 11. *de la Grêve.*

D'Henri IV. ou le Grand, au milieu du
Pont-Neuf, qu. 1. *de la Cité.*

De Louis XIII. Voyez PLACE ROYALE.

De Louis XIV. ou le Grand. Voyez DE
VENDÔME.

De Louis XV. vis-à-vis le Pont Tournant, &
du Jardin des Tuilleries, qu. 5. *du Palais Royal.*

Du Louvre, vis-à-vis le Louvre, même
qu. 4. *du Louvre.*

Neuve, vis-à-vis les Cordeliers, qu. 18. *de saint André des Arcs.*

Neuve & Cour du Palais, du côté de la Place Dauphine, qu. 1. *de la Cité.*

Du Noviciat des Jésuites, rue *du Pot de Fer*, qu. 19. *du Luxembourg.*

Place ou Cour du Palais, qu. 1. *de la Cité.*

Du Palais Royal, rue *de saint Honoré*, même qu. 5. *du Palais Royal.*

Du Pont S. Michel, qu. 18. *de S. André des Arcs.*

Royale, ou de Louis XIII. rue *Royale*, qu. 15. *de saint Antei e.*

De Sorbonne, vis-à-vis l'Eglise, qu. 18. *de S. André des Arcs.*

Du Temple, vis-à-vis le Temple, même rue & qu. 14. *du Temple.*

Aux Veaux, vers le Pont-Marie, quai *de la Grève* & qu. 12. *de S. Paul.*

De Vendôme, de Louis XIV. ou le Grand, ou des Conquêtes, rue *de S. Honoré*, qu. 5. *du Palais Royal.*

Des Victoires, rue *de la Croix des Petits-Champs* & *Foßés de Montmartre*, même qu. 6. *de Montmartre.*

Rue *de sainte Plac de*, qu. 19. *du Luxembourg.* Voyez MONENS.

Rue *de la Planche*, qu. 20. *de saint Germain des Prez.* Voyez LIBOURNE, ROQUEFORT-DE-MARSAN.

Rue *Planche-Mibray*, qu. 11. *de la Grève.* Voyez S. AGNAN.

Rue *de la Planchette*, faub. & qu. 15. *de S. Antoine.* Voyez PONT-DE-VAUX.

Ruelle *de la Planchette*, faub. & qu. 15. *de S. Antoine*, hors des Barrieres.

PLANCI.

PLANCI, rue *de Normandie*, qu. 14. *du
Temple*, à 35 l. S-E. C'est une Ville & Marquisat dans la Champagne, Diocèse & Election de Troyes, Parlement de Paris, Intendance de Châlons, sur la riviere d'Aube, avec
1200 Habitans.

Rue *du Plat d'Etain*, qu. 3. *de sainte Opportune*. Voyez FLEURI.

Rue *du Plâtre*, qu. 13. *de sainte Avoye*.
Voyez PROVINS.

Rue *du Plâtre*, qu. 17. *de S. Benoît*. Voyez
CONDRIEUX.

Rue *Platriere*, qu. 7. *de S. Eustache*. Voyez
BELESME.

PLOERMEL, rue *du Carousel*, qu. 5 *du Palais Royal*, à 94 l. S-O. C'est une Ville dans
la Bretagne, Diocèse & Recette de S. Malo,
Parlement de Rennes, Intendance de Nantes, près de la riviere d'Aouste & de celle
de Maletroit, avec 3000 Habitans & un
Gouverneur.

PLOMBIERES, rue *de l'Oseilla*, qu. 14. *du
Temple*, à 77 l. S-E. C'est une petite Ville &
un Duché de Lorraine, Diocèse de Toul,
Parlement & Intendance, de Metz avec 800
Habitans, ce lieu est en réputation, a cause
de ses eaux minerales.

Rue *des Plumets*, qu. 11. *de la Grêve*.
Voyez YVOY-LE-PRÉ.

PLUVIERS OU PITHIVIERS, rue *Trouse-
vache*, qu. 2. *de S. Jacques de la Boucherie*,
à 22 l. S-O. C'est une Ville dans l'Orléanois, Diocèse & Intendance d'Orléans, Parlement de Paris, Chef-lieu d'une Election,
près la Forêt d'Orléans, sur le Ruisseau de
Lœuf, avec 4000 Habitans ; on l'appelle

auffi Piviers , c'eft un Gouvernement particulier.

Rue *de la pointe de S. Euflache* , qu. 8. *des
Halles.* Voyez CHARTRES.

Rue *des Poirées* , qu. 17. *de Saint Benoift.*
Voyez SEVERAC.

Rue *du Poirier* , qu. 10. *de Saint Martin.*
Voyez MEULANT.

POISSI , rue *Réale* , qu. 8. *des Halles* , à
5 l. N-O. C'eft une petite Ville de l'Ifle de
France, fur le bord de la Forêt de S. Germain en Laye , Diocêfe de Chartres , Parlement , Intendance & Election de Paris , avec
2500 Habitans , une Prevôté Royale , & un
Grenier à Sel ; elle eft célébre par la naif-
fance de S. Louis, qui y a été baptifé , & qui
à caufe de fon Batême , fe faifoit un honneur de prendre le nom de Poiffi. C'eft le
fameux Marché tous les Jeudis des gros bef-
tiaux.

Rue *Poiffonniere* , qu. 9. *de Saint Denis.*
Voyez NEUBOURG.

Rue *Poitevne* , qu. 18. *de S. André des
Arcs.* Voyez NONTRON.

POITIERS , rue *de Sorbonne* , qu. 20. *de S.
Germain des Prez* , à 74 l. S-O. C'eft la
Ville Capitale du Poitou , une des plus
grandes du Royaume, & un Evéché Suffra-
gant de Bourdeaux , Parlement de Paris ,
Siége d'une Intendance , Chef-lieu d'une
Election , fur une Colline , & fur la riviere
de Clair , avec 25000 Habitans, Bailliage ,
Sénéchauffée , Hôtel des Monnoyes mar-
quées par G , Tribunal des Juges Confuls , &
Univerfité.

Rue *de Poitiers* , qu. 20. *de S. Germain
des Prez.* Voyez MELLE.

POITOU (Le) qu. 1. *de la Cité*, 3. *de sainte Opportune*, & 20. *de S. Germain des Prez*, à 60 l. S-O. C'est une Province de France, avec Titre de Comté, d'environ 75 l. de long sur 25 de large, borné, N. par la Bretagne & l'Anjou, E. par la Touraine, le Berri & la Marche, S. par l'Angoumois & la Saintonge, O. par la Mer de Gascogne, du Gouvernement général de l'Orléanois, Parlement de Paris, avec une Intendance & neuf Elections. Poitiers en est la Ville Capitale.

Rue *du Poitou*, qu. 14. *du Temple*. Voyez RHETEL.

POLIGNAC, rue *du Cime iere de S. Benoist*, même qu. 17. à 110 l. S-E. C'est un Bourg & Vicomté, dans le Velay en Languedoc, Diocèse & Recette du Puy, Parlement de Toulouse, Intendance de Montpellier, avec 1200 Habitans. Cette terre est à présent érigée en Marquisat.

POLIGNI, rue du faub. & qu. 15. *de S. Antoine*, à 75 l. S-E. C'est une Ville dans la Franche-Comté, Diocèse, Parlement & Intendance de Besançon, Chef-lieu d'un Bailliage & d'une Recette au bord d'un ruisseau, avec 6000 Habitans.

Rue *Poliveau* ou *Saussayes*, qu. 16. *de la Place Maubert*. Voyez GRASSE, FREJUS.

POMPES ou MAISONS D'EAU. Voyez MAISONS.

POMPON (S.) *de l'Egout*, qu. 20. *de S. Germain des Prez*, 124 l. S-O. C'est un Bourg dans le Perigord, Diocèse & Election de Sarlat, Parlement & Intendance de Bourdeaux, avec 1500 Habitans.

PONDICHERI, Barriere *de Pincourt*,

faub. & qu. 15. *de S. Antoine*, à 1875 l. de la France, & 1975 l. de Paris S-E. C'est une Ville de l'Asie dans les Indes Orientales, sur la côte de Coromandel en deça du Gange, dans la Bande de l'Est de la presqu'Isle des Indes. C'est le plus bel établissement qu'ait la Compagnie Françoise des Indes Orientales ; on compare cette Ville à Orléans, on y voit une Forteresse reguliere à laquelle il ne manque aucun des ouvrages nécessaires pour une bonne défense, & elle est toujours bien fournie des munitions de guerre & de bouche, elle est grande, & les rues tirées au cordeau. Les maisons des Européens sont bâties de brique, & celles des Indiens ne sont que de terre induites de chaux ; mais comme elles forment des rues, elles ont leur agrément : on y voit dans quelques rues des belles allées d'arbres à l'ombre desquels les Tisserans travaillent les toiles de coton si fort estimées en Europe. Le nombre de ses Habitans va à 100000, parmi lesquels il y a environ 10000 François. Comme on ne sçauroit y aller en droiture, à cause des terres & mers de l'Europe & de l'Asie, qu'il faudroit traverser, ni par l'Océan Septentrional ou glacial, à cause des glaces qui rendent cette route impraticable., voyez Route des Indes Orientales.

Rue *du Ponceau* ou *des Egoûts du Ponceau*, qu. 9. *de S. Denis*. Voyez MOREUIL.

PONS DE TOMIERES (S.) rue *de l'Estrapade*, faub. *S. Marceau*, qu. 17. *de S. Benoît*, à 155 l. S E. C'est une Ville du bas Languedoc, & un Evêché suffragant de Narbonne, Parlement de Toulouse, Intendance de Montpellier, sur une petite riviere, avec 3500 Habitans.

Pons, rue *de Grenelle*, qu. 20. *de S. Germain des Prez*, à 103 l. S-O. C'est une Ville dans la Saintonge, Diocèse & Election de Saintes, Parlement de Bourdeaux, Intendance de la Rochelle, avec 5000 Habitans.

Pontac, rue *de la Barouillere*, qu. 19. *du Luxembourg*, à 180 l. S-O. C'est une Ville dans le Bearn, Diocèse de Lescar, Parlement, Intendance & Recette de Pau, avec 800 Habitans : son Vin est fort renommé.

Pont-a-Mousson, rue *de saint Louis*, qu. 14. *du Temple*, a 70 l. E. C'est une Ville & Marquisat de Lorraine, Diocèse de Toul, Parlement & Intendance de Metz, sur la Mozelle, qui la traverse & qui la divise en deux Villes, avec 12000 Habitans, Université, Bailliage & Prevôté.

Pontarlier, rue *de saint Bernard*, faub. & qu. 15. *de saint Antoine*, à 76 l. S-E. C'est une Ville dans la Franche-Comté, Diocèse, Parlement & Intendance de Besançon, Siége d'un Bailliage & d'une Recette, sur le Doux, avec 3500 Habitans.

Ponteau-de-Mer, rue *des Vieux Augustins*, qu. 7. *de S. Eustache*, à 34 l. N-O. C'est une Ville dans la Normandie, Diocèse, Parlement & Intendance de Rouen, sur la Rille, avec 8000 Habitans, un petit Port, un Vicomté, un Grenier à Sel, une Maîtrise particuliere, & un Gouvernement.

Pont-de-l'Arche, rue *de Notre-Dame des Victoires*, qu. 6. *de Montmartre*, à 22 l. N-O. C'est une Ville de Normandie, Diocèse d'Evreux, Parlement & Intendance de Rouen, Chef-lieu d'une Election, sur la rive

droite de la Seine, avec 1600 Habitans, une
Maîtrife particuliere, un Vicomté, & un
Grenier à Sel. La Marée remonte jufqu'à cet-
te Ville.

PONT-DE-BEAUVOISIN, rue *Perdue*, à la
Place Maubert, *même* qu. 16. à 120 l. S-E.
C'eft une petite Ville du Dauphiné, Diocèfe,
Parlement, Intendance & Election de Grenoble, fur la petite Riviere du Guier qui la
divife en deux, & qui fépare auffi le Dauphiné de la Savoye, avec 800 Habitans.

PONT DE CAMARET, rue *de S. Thomas*,
faub. *de S. Michel*, qu. 19. *du Luxembourg*,
à 143 l. S. C'eft une Ville de Rouergue,
Diocèfe de Vabre, Parlement de Touloufe,
Intendance de Montauban, Election de Milhau, avec 1000 Habitans. Ses eaux minerales ont beaucoup de réputation.

PONT DE CÉ, rue *du Doyenné*, qu. 5. *du
Palais Royal*, à 68 l. S-O. C'eft une Ville
dans l'Anjou, Diocèfe & Election d'Angers,
Parlement de Paris, Intendance de Tours,
avec 1800 Habitans. C'eft un Gouvernement
particulier.

PONT DU CHATEAU, rue *de la Harpe*, qu.
18. *de S. André des Arcs*, à 90. l. S-E. C'eft
une Ville & Marquifat dans l'Auvergne,
Diocèfe & Election de Clermont, Parlement
de Paris, Intendance de Riom, fur le bord
de l'Allier, avec 3500 Habitans.

PONT-L'EVESQUE, rue *de Richelieu*, qu. 6.
de Montmartre, à 42 l. N-O. C'eft une Ville
de Normandie, Diocèfe de Lifieux, Parlement & Intendance de Rouen, Chef-lieu
d'une Election, fur la Touque, avec 1400
Habitans, un Gouverneur, un Vicomté, un
Bailliage particulier, & une Maîtrife particuliere.

PONT S. ESPRIT, rue *de Versailles*, qu.
16. *de la Place Maubert*, à 136 l. S-E. C'est
une Ville du Languedoc, Diocèse d'Usez,
Parlement de Toulouse, Intendance de Montpellier, sur le Rhône, avec 8000 Habitans,
une Citadelle, & un des plus beaux Ponts de
l'Europe. C'est un Gouvernement particulier,
avec un Etat Major. Le Pont du S. Esprit a
400 toises de long sur deux toises quatre
pieds quatre pouces de large, avec des grands
parapets de la hauteur d'un homme, pour
mettre les passans à l'abri des coups violens
du vent qui regne souvent sur le Rhône, il
est soutenu par 26 Arches, 19 grandes & 7
petites.

PONTIVI, rue *des Moineaux*, qu. 5. du
Pallais Royal, à 108 l. S-O. C'est une Ville
de Bretagne, Diocèse & Recette de Vannes,
Parlement de Rennes, Intendance de Nantes, sur la riviere de Blavet, avec 2500 Habitans.

PONTOISE, rue *de Mon-Conseil*, qu. 8. des
Halles, à 7 l. N. C'est la Ville Capitale du
Vexin François, dans l'Isle de France, Diocèse de Rouen, Parlement & Intendance de
Paris, Chef-lieu d'une Election, sur la riviere d'Oise, qui lui donne son nom à cause
du Pont, avec 4000 Habitans, une Prevôté,
un Vicomté, une Mairie Royale, une Châtellenie, un Grenier à Sel, & une Maréchaussée.

PONT-SUR-SEINE, rue *des Singes*, qu. 13.
de sainte Avoye, à 20 l. S-E. C'est une Ville
dans la Champagne, Diocèse de Sens, Parlement & Intendance de Paris, Election de
Nogent sur Seine, Siége d'un Bailliage Royal,
avec mille Habitans.

PONT ou PORT-SUR-SAONE, rue *de Lappe*, Faub. & qu. 15. *de saint Antoine*, a 73 l. S-E. C'est un Bourg dans la Franche-Comté, Diocèse, Parlement & Intendance de Besançon, Recette de Vezoul, avec 800 Habitans.

PONT-DE-VAUX, rue *de la Planchette*, Faub. & qu. 15. *de saint Antoine*, à 100 l. S-E. C'est une Ville & Duché de la Bresse en Bourgogne, Diocèse de Lyon, Parlement & Intendance de Dijon. Bailliage & Recette de Bresse, avec 800 Habitans, & un Grenier à sel.

PONT-DE-VESLE, rue *du Fumier*, Faub. & qu. 15. *de saint Antoine*. C'est une Ville & Comté de Bresse en Bourgogne, Diocèse de Lyon, Parlement de Dijon, Recette de Bresse, avec 1200 Habitans & un Grenier à sel.

PONT-SUR-YONNE, rue *du Paradis*, qu. 13. *de sainte Avoye*, à 22 l. S-E. C'est une Ville dans la Champagne, Diocèse & Election de Sens, Parlement & Intendance de Paris, avec 2000 Habitans.

Rue ou aîle *du Pont Marie*, qu. 12. *de S. Paul*. Voyez BELIGNI.

Rue *du Pont-aux-Biches*, qu. 10. *de saint Martin*. Voyez CONDÉ.

Rue *du Pont-aux-Biches*, Faub. *S. Marceau*, qu. 16. *de la Place Maubert*. Voyez S. PAUL DE VENCE.

Rue *du Pont-aux-Choux*, qu. 14. *du Temple*. Voyez METS.

PONTS DE PARIS.

Aux Biches, même rue, qu. 10 *de S. Martin*.

Aux Biches, même rue, Faub. *S. Marceau*, qu. 16. *de la Place Maubert*.

De Bois, ou Pont rouge, *Isle Notre-Dame*, qu. 1. *de la Cité*.

Au Change, rue *de Gêvres*, qu. 1. *de la Cité.*

De Gramont, de l'Isle Louvier, *au Quai des Celestins*, qu. 12. *de S. Paul*

De l'Hôtel-Dieu, ou aux Doubles, qu. 1. *de la Cité.*

Marie, Isle Notre-Dame, rue *des deux Ponts*, qu. 1. *de la Cité.*

De saint Michel, qu. 18. *de S. André des Arcs.*

Neuf, qu. 1. *de la Cité.*

Notre Dame, qu. 1. *de la Cité.*

Petit-Pont, qu. 1. *de la Cité.*

Royal, qu. 5. *du Palais Royal.*

De la Tournelle, qu. 1. *de la Cité.*

Rue *de Popincourt*, faub. & qu. 15. *de saint Antoine.* Voyez LONGVI, VIC, STRAS-BOURG, RHIN.

Rue *des Porcherons*, au-delà de la Voirie, faub. & qu. 6. *de Montmartre*, hors des Barrieres.

PORT-LOUIS ou ORIENT. Voyez ORIENT.

PORT-VENDRES, rue *du faub. de saint Jacques*, qu. 17. *de saint Benoît*, à 180 l. S. C'est un petit Port de Mer en Roussillon, où il n'y a que quelques maisons. Il est à une demi-lieue de Colioure.

Rue *du Port-aux Oeufs*, qu. 1. *de la Cité.* Voyez CUSSET.

Rue *du Port l'Evêque*, qu. 1. *de la Cité.* Voyez VARENNE.

C. Porte aux Peintres, rue & qu. 9. *de saint Denis.*

Rue *Port au Foin*, qu. 14. *du Temple.* Voyez S. FLORENTIN.

PORTES DE LA VILLE DE PARIS.

De saint Antoine, même rue & qu. 15. *de Antoine.*

De saint Bernard , qu. 16. *de la Place Maubert.*

De saint Denis , rue & qu. 9. *de saint Denis.*

De saint Martin , rue & qu. 10. *de saint Martin.*

Du Pont-aux-Choux , même rue & qu. 14. *du Temple.*

PORTS DE LA VILLE.

De saint Bernard a la Porte de ce nom , qu. 16. *de la Place Maubert.*

Au Blé , quai & qu. 11. *de la Grève.*

Au Pont-Neuf , quai *de l'Ecole* , qu. 4. *du Louvre.*

Au Bois , quai *Pelletier* , qu. 11. *de la Grève.*

Au Charbon , quai *de Conti* , qu. 20. *de S. Germain des Prez.*

Au Foin , proche le quai du Louvre , même qu. 4. *du Louvre.*

De saint Landri , rue *d'Enfer* , qu. 1. *de la Cité.*

Au Marbre , au Cours de la Reine , qu. 5. *du Palais Royal* , hors des Barrieres.

Saint Nicolas , au quai *des Galleries du Louvre* , qu. 5. *du Palais Royal.*

Au Pavé , vers *la Porte de S. Bernard* , qu. 16. *de la Place Maubert.*

Saint Paul , au quai *des Célestins* , même qu. 12. *de S. Paul.*

Aux Pierres , vis-à-vis le milieu du Cours de la Reine , qu. 5. *du Palais Royal* , hors des Barrieres.

Au Plâtre , faub. & qu. 15. *de saint Antoine.*

Au Sel , au quai *de la Feraille* , qu. 8. *de sainte Opportune.*

Au Vin , à *la Porte de S. Bernard* , qu. 16. *de la Place Maubert.*

PORTUGAL (Le) Barr. *des Carmes* ou *de Notre-Dame des Champs* , à 100 l. de la France , & à 240 l. S-O. de Paris , N. C'est le Royaume le moins étendu & le plus Occidental de l'Europe , d'environ 125 l. de long sur 60 de large , borné , O. & S. par l'Océan , E. & N. par l'Espagne , dans laquelle ce Royaume est comme enclavé. Lisbonne en est la Capitale.

Rue *des Postes* , faub. *saint Marceau* , qu. 17. *de saint Benoît.* Voyez CASTRES , GAILLAC , CASTEL-SARAZIN , qui est à la fin de la lettre C.

Rue *du Pot de Fer* , faub. *saint Marceau* , qu. 17. *de S. Benoît.* Voyez SAINT PAPOUL , CASTELNAUDARY.

Rue *du Pot de Fer* , qu. 19. *du Luxembourg.* Voyez VALENTINE , S. BERTRAND.

Rue *de la Poterie* , qu. 8. *des Halles.* Voyez S. DIÉ.

Rue *de la Poterie* , qu. 11. *de la Grêve.* Voyez NEMOURS.

Cul-de-sac *de la Poterie S. Severin* ou *Salambriere* , rue de S. Severin , qu. 18.

Rue *de la Poterie* ou *Couppe-Gorge* , faub. *saint Marceau* , qu. 17. *de saint Benoît.* Voyez VIANE.

POUANCÉ ou S. AUBIN DE POUANCÉ , rue *de saint Nicaise* , qu. 5. *du Palais Royal* , à 70 l. S-O. C'est une Ville dans l'Anjou , Diocèse & Election d'Angers , Parlement de Paris , Intendance de Tours , sur un Etang & sur la Uresée , avec 2500 Habitans , un Grenier à Sel , une Maîtrise des Eaux & Forêts , & des Forges à Fer.

POUILLI , rue *de Berci* , qu. 11. *de la Grê-*
ve , à 38 l. S-E. C'eſt une Ville dans le Nivernois , Diocèſe d'Auxerre , Parlement de
Paris , Intendance de Bourges , Election de
la Charité , Grenier a Sel de Sancerre , ſur
la Loire , avec 2500 Habitans.

Rue *des Poulies* , qu. 4. *du Louvre.* Voyez
L'Isle-Bouchard , la-Guierche.

Rue *des Poules* , faub. *S. Marceau* , qu. 17.
de S. Benoît. Voyez Fleury.

Rue *Poultiere* , Iſle Notre-Dame , qu. 1.
de la Cité. Voyez Charolles.

Rue *Poupée* , qu. 18. *de ſaint André des*
Arcs. Voyez Brantome.

POURCAIN (S.) rue *du Marché-Neuf* , qu.
1. *de la Cité* , à 73 l. S-E. C'eſt une Ville
d'Auvergne , Diocèſe de Clermont , Parlement de Paris , Intendance de Moulins ,
Election de Gannat , avec 2500 Habitans.

Rue *du Pourtour* ou *Monceau S. Gervais* ,
qu. 11. *de la Grêve.* Voyez Vezelay.

Rue *des Prêcheurs* , qu. 8. *des Halles.* Voyez
Brie-Comte-Robert.

PREMERY , rue *des Mauvais Garçons* , qu.
11. *de la Grève* , à 55 l. S. C'eſt une petite
Ville de Nivernois , Diocèſe & Election de
Nevers , Parlement de Paris , Intendance de
Moulins , avec 1500 Habitans.

Rue *des Prêtres de ſaint Eſtienne du Mont* ,
qu. 17. *de S. Benoît.* Voyez Anduse.

Rue *des Prêtres de S. Germain l'Auxerrois* ,
qu. 4. *du Louvre.* Voyez Langest , Chatillon-sur-l'Indre.

Rue *des Prêtres de S. Paul* , même qu. 12.
Voyez Turnus.

Rue *des Prêtres de ſaint Severin* , qu. 18.
de ſaint André des Arcs. Voyez Mercœur.

C. des

C. des *Prêtres de S. Sulpice*, rue *Ferrou*, qu. 19. *du Luxembourg*.

PREVILLI, rue *du Demisaint*, qu. 4. *du Louvre*, à 51 l. S-O. C'est une Ville & Baronie dans la Touraine, Diocèse & Intendance de Tours, Parlement de Paris, Election de Loches, sur la Claise, avec 200 Habitans.

PRIEUREZ D'HOMMES dans Paris :

De saint Barthelemi. Voyez PAROISSES.

Des Billetes. Voyez COMMUNAUTEZ.

Des Blancs-Manteaux. Voyez COMMUNAUTEZ.

De saint Bon, même & q. 11. *de la Grèv*.

De sainte Catherine du Val des Ecoliers, il est en Commende. Voyez COMMUNAUTEZ.

De saint Eloy. Voyez COMMUNAUTEZ.

De saint Julien le Pauvre, même rue, qu. 17. *de S. Benoît*.

De saint Lazare. Voyez SEMINAIRES.

De saint Martin des Champs. Voyez COMMUNAUTEZ.

PRIEUREZ DE FILLES dans Paris :

Des Bénédictines, dites du Petit Montmartre. Voyez COMMUNAUTEZ.

Des Bénédictines de Notre-Dame de Bon-Secours. Voyez COMMUNAUTEZ.

Des Bénédictines, dites du Cherche-Midi. Voyez COMMUNAUTEZ.

Des Bénédictines de Notre-Dame de Trenel. Voyez COMMUNAUTEZ.

Des Bénédictines de Notre-Dame de Liesse. Voyez COMMUNAUTEZ.

Des Bénédictines de Notre-Dame de la Présentation. Voyez COMMUNAUTEZ.

Rue *Princesse* , qu. 19. *du Luxembourg.*
Voyez CONDOM.

PRISONS de la Ville de Paris :

De l'Abbaye de saint Germain des Prez , rue *de sainte Marguerite* , même qu. 20.

De la Barre du Chapitre de Notre-Dame , *dans le Cloître* , qu. 1. *de la Cité.*

De la Commanderie du Temple , *même* qu. 14.

De la Conciergerie en l'ancienne Cour du Palais , qu. 1. *de la Cité.*

De saint Eloy , rue *de S. Paul* , même qu. 12.

Du Fort l'Evêque , rue *de S. Germain l'Auxerrois* , qu. 3. *de sainte Opportune.*

Du grand Bureau des Pauvres à la Grêve , même qu. 11. *de la Grêve.*

De saint Martin des Champs , pour le Civil , n'ayant point le Pain du Roy , rue & qu. 10. *de S. Martin.*

De l'Officialité , en la Cour de l'Officialité , qu. 1. *de la Cité.*

Du Petit Châtelet , au Petit-Pont , qu. 1. *de la Cité.*

PRIX. Voyez S. BRIS.

Rue *de la Procession* , faub. & qu. 15. *de S. Antoine* , hors des Barrieres.

C. *des Provenceaux* , rue *de l'Arbre-sec* , qu. 4. *du Louvre.*

PROVENCE (La) qu. 16. *de la Place Maubert* , à 140 l. S-E. C'est une Province meridionale de France , & un des douze Gouvernemens généraux de France , borné , N. par le Dauphiné , S. par la Mer Méditerranée , O. par le Rhône , qui la sépare du Languedoc , E. par les Alpes & le Var , qui la séparent des Etats du Roy de Sardaigne & de l'Italie ; elle a environ 55 l. de long sur 40 dans sa plus grande largeur ; elle comprend le Comtat Venaissin ou d'Avignon, qui appartient au Pape, & la Principauté d'Orange qui est enclavée dans le Comtat, quoique cette Principauté ait été déclarée du Dauphiné. On y compte 3. Archevêchez, 14. Evêchez & 3. Universitez ; il y a un Parlement, une Chambre des Comptes, un Bureau des Finances, un Intendancee, & 20. Vigueries. Aix en est la Capitale.

PROVINS, rue *du Plâtre*, qu. 13. *de sainte Avoye*, à 15 l. S-E. C'est une Ville dans la Brie Champenoise, du Gouvernement de l'Isle de France, Diocèse de Sens, Parlement & Intendance de Paris, Chef-lieu d'une Election, Siège d'un Présidial, d'une Prevôté, d'un Bailliage, d'une Maréchaussée, d'un Grenier à Sel & d'une Maîtrise des Eaux & Forêts, avec 2000 Habitans.

Rue *des Prouvaires*, qu. 7. *de S. Eustache.* Voyez SENONCHES, MONTMIRAIL.

PRUNIERS, rue *du Tronion*, qu. 2. *de saint Jacques de la Boucherie*, à 44 l. S. C'est un Bourg dans le Berri, Diocèse & Intendance de Bourges, Parlement de Paris, Election d'Issoudun, avec 600 Habitans.

Rue *du Puits Sainte-Croix*, qu. 13. *de sainte Avoye*. Voyez NOGENT-SUR-SEINE.

Rue *du Puits de l'Hermite*, faub. S. Marceau, qu. 16. *de la Place Maubert*. Voyez DIGNE.

Rue *du Puits qui-parle* ou *des Rosiers*, faub. saint Marceau, qu. 17. *de saint Benoît*. Voyez RIEUX.

Rue *du Puits de Rome*, qu. 10. *de S. Martin*. Voyez LA BASSÉE.

Rue *du Puits de la Ville & des Vignes*, faub.
S. *Jacques*, qu. 17. *de S. Benoît*. Voyez LAUR-
TREC.

C. *Putigneux*, rue *Geofroy l'Afnier*, qu. 12.
de S. *Paul*.

C. *Putigno*. Le même.

PUI (Le) rue *des Carmes*, qu. 17. *de faint
Benoît*, à 112 l. C'eſt la Ville Capitale du
Velay en Languedoc, & un Evêché, qui ſe
dit ſuffragant du S. Siége, Parlement de
Toulouſe, Intendance de Montpellier, Chef-
lieu d'une Recette, près de la Borne & de
la Loire, avec 20000 Habitans, un Préſidial, une Sénéchauſſée & une Maréchauſſée.

PYRENÉES (Les) Barr. *du faub. de faint
Jacques*, qu. 17. *de faint Benoît*, à 170 l.
S-O. C'eſt une chaîne des Montagnes, qui
ſépare la France de l'Eſpagne ; elle s'étend
depuis la Méditerranée juſqu'à l'Océan ; elle
a quatre-vingt lieues en longueur, & commence au Port de Vendres, qui eſt contre la
Ville de Colioure en Rouſſillon, juſqu'à ſaint
Jean de Pied de Port, dans la Navarre Françoiſe.

Q.

QUAIS, de la Ville.

D'Alençon ou d'Anjou, Iſle Notre-
Dame, qu. 1. *de la Cité*.

Des Auguſtins ou de la Volaille, qu. 18.
de S. *André des Arts*.

Des Balcons, voyez Dauphin.

Beau-Fils, Port & qu. 12. *de faint Paul*.

De ſaint Bernard, qu. 16. *de la Place*

Maubert. Voyez VENCE, S. VALLIER.

Bignon, voyez Abrevoir Màcon , au Pont S. Michel, qu. 18. *de S. André des Arc.*

Bourbon , Isle Notre-Dame , qu. 1. *de la Cité.*

Bourbon , qu. 4. *du Louvre.*

De Conti , qu. 20. *de saint Germain des Prez.*

Dauphin ou des Balcons , Isle Notre-Dame, qu. 1. *de la Cité.*

D'Orsay ou de la Grenouillere , qu. 20. *de S. Germain des Prez.*

De l'Ecole , qu. 4. *du Louvre.*

De la Feraille ou Vallée de Misere , qu. 3. *de sainte Opportune.* Voyez BEAULIEU.

Des Galleries du Louvre , qu. 5. *du Palais Royal.*

De Gesvres , qu. 2. *de saint Jacques de la Boucherie.*

De la Grenouillere ou d'Orsay , qu. 20. *de S. Germain des Prez.*

De l'Horloge , voyez Pont-au-Change , qu. 1. *de la Cité.*

Du Louvre , même qu. 4. *du Louvre.*

Malaquet ou des Théatins , qu. 20. *de S. Germain des Prez.*

Du Marché-Neuf, qu. 1. *de la Cité.*

De la Megisserie , qu. 3. *de sainte Opportune.* Voyez PARTHENAY.

Des Morfondus , vers le Pont-Neuf, qu. 1. *de la Cité.* Voyez CIVRAY.

Neuf ou Pelletier , qu. 11. *de la Grêve.*

D'Orleans , Isle Notre-Dame , qu. 1. *de la Cité.*

D'Ormes , vers la Place aux Veaux , qu. 12. *de S. Paul.*

Des Orfévres , au Pont-Neuf, qu. 1. *de la Cité*.

Pelletier ou Neuf , qu. 11. *de la Gréve*.

Des Quatre-Nations , qu. 20. *de S. Germain d s Prez*.

Des Théatins. Voyez MALAQUET.

Des Tuilleries , qu. 5. *du Palais Royal*.

QUARTIERS DE LA VILLE & FAUX-BOURGS DE PARIS , suivant l'Arrêt du Conseil du 12 Décembre 1702. marquez par des chifres à tous les coins des rues , au-dessous de l'écriteau , qui porte le nom de chaque rue.

1. DE LA CITÉ , il est composé des Isles du Palais , de Notre-Dame & de Louvier , depuis la pointe Orientale de l'Isle Louvier , jusqu'à la pointe Occidentale de l'Isle du Palais & de tous les Ponts desdites Isles , y compris la culée du Pont-au-Change. Son étendue sur le Plan de Paris , mis en Carte Géographique de la France , comprend toute la Marche , tout le Bourbonnois , partie de l'Auvergne , du Lyonnois , du Poitou & de la Bourgogne. Voyez MARCHE , BOUR-BONNOIS , AUVERGNE , LYONNOIS , POITOU & BOURGOGNE.

2. DE S. JACQUES DE LA BOUCHERIE. Il est borné à l'Orient par les rues Planche-Mibrai , des Arcis & S. Martin , depuis le coin de la rue aux Ours , jusqu'à la rue de Gesvres , y compris le Marché de l'Apport Paris , & le Grand Châtelet inclusivement , & au Midi par la rue & le quai de Gesvres inclusivement. Il comprend sur le Plan Géographique , une partie de l'Isle de France , du Berri & de l'Orléanois. Voyez ISLE DE

FRANCE , BERRI & ORLEANOIS.

3. De Sainte Opportune. Il est borné
par le Marché de l'Apport Paris , & la rue
de S. Denis exclusivement ; au Septentrion ,
par la rue de la Ferronerie , jusqu'aux coins
des rues du Roulle & des Prouvaires : à l'Occident par les rues du Roulle & de la Monnoye , & par le Carrefour des Trois Maries ,
le tout exclusivement ; & au Midi , par les
Quais de la vieille Vallée de Misere & de la
Feraille inclusivement. Il comprend sur le
Plan Géographique , presque tout l'Orléanois,
partie du Berri , du Poitou & de la Touraine.
Voyez ORLEANOIS , BERRI , POITOU ,
TOURAINE.

4. Du Louvre ou de S. Germain l'Auxerrois. Il est borné à l'Orient par le Carrefour des Trois Maries , & par les rues de
la Monnoye & du Roulle inclusivement ; au
Septentrion par la rue de S. Honoré , y compris le Cloître de S. Honoré inclusivement ,
à prendre depuis les coins de la rue du Roulle & des Prouvaires , jusqu'au coin de la rue
Frementeau : à l'Occident , par la rue Frementeau , jusqu'à la riviere inclusivement ;
& au Midi , par les Quais inclusivement , depuis le premier Guichet du Louvre , jusqu'au
Carrefour des Trois-Maries. Il comprend sur
le Plan Géographique la plus grande partie de
la Touraine & de l'Anjou , un peu du Perche
& du Maine. Voyez TOURAINE , ANJOU ,
PERCHE , MAINE.

5. Du Palais Royal. Il est borné à l'O-
rient , par la rue Frementeau & des Bons-
Enfans exclusivement ; au Septentrion , par
la rue neuve des Petits-Champs exclusivement : à l'Occident , par les extrémitez du

Faubourg de S. Honoré & du Roulle inclufivement ; & au Midi, par les Quais exclu-
vement, depuis le premier Guichet, du côté
du Quai de l'Ecole. Il comprend fur le Plan
Géographique toute la Bretagne, une bonne
partie de l'Anjou, une partie de la Normandie & du Maine. Voyez BRETAGNE, NOR-
MANDIE, ANJOU & MAINE.

6. De Montmartre. Il eft borné à l'O-
rient, par les rues Poiffonniere & de fainte
Anne exclufivement, jufqu'à l'extrêmité des
Fauxbourgs : au Septentrion, par les extrê-
mitez des Fauxbourgs inclufivement : a l'Occident, par les Marais des Porcherons inclufivement ; & au Midi, par la rue Neuve des
Petits-Champs, Place des Victoires & rues
des Foffés de Montmartre & Neuve de faint
Euftache inclufivement. Il comprend fur le
Plan Géographique prefque toute la Normandie. Voyez NORMANDIE.

7. De S. Eustache. Il eft borné à l'O-
rient, par les rues de la Tonnellerie, Com-
teffe-d'Artois & Montorgeuil exclufivement,
jufqu'au coin de la rue neuve de S. Euftache : au Septentrion, par les rues neuve de
S. Euftache, des Foffés Montmartre, de la
Place des Victoires exclufivement ; & a l'Occident, par la rue des Bons-Enfans inclufivement ; & au Midi, par la rue de S. Honoré exclufivement. Il comprend fur le Plan
Géographique prefque tout le Perche, une
partie de la Normandie, du Maine & de
l'Anjou. Voyez PERCHE, MAINE, ANJOU,
NORMANDIE.

8. Des Halles. Il eft borné à l'Orient par
la rue de faint Denis exclufivement, depuis le
coin de la rue de la Ferronnerie jufqu'au coin

de la rue Mauconseil. Au Septentrion , par la
rue Mauconseil exclusivement , & au Midi par
la rue de la Ferronnerie & partie de saint
Honoré exclusivement. Il comprend sur le
Plan Géographique une partie de l'Isle de
France & de l'Orléanois. Voyez ISLE DE
FRANCE , ORLEANOIS.

9. De S. Denis. Il est borné à l'Orient par
la rue de saint Martin & par celle du Faubourg exclusivement. Au Septentrion , par le
Faubourg de saint Denis & de saint Lazare
inclusivement. A l'Occident , par les rues de
sainte Anne , Poissonniere, du petit Carreau
& Montorgueil inclusivement , jusqu'au coin
de la rue Mauconseil ; & au Midi , par la rue
aux Ours & Mauconseil inclusivement. Il comprend sur le Plan Géographique tout l'Artois ,
une partie de la Picardie , de la Normandie,
de l'Isle de France & de la Flandre. Voyez AR-
TOIS, PICARDIE , NORMANDIE , ISLE
DE FRANCE , FLANDRE.

10. De S. Martin. Il est borné à l'Orient
par les rues Bar-du-bec , de sainte Avoye &
du Temple exclusivement. Au Septentrion ,
par les extrémités du Faubourg inclusivement ;
& au Midi , par la rue de la Verrerie inclusivement , jusqu'au coin de la rue Bar-du-bec.
Il comprend sur le Plan Géographique presque
toute la Flandre , une partie de la Picardie ,
de l'Isle de France , & du Gâtinois. Voyez
FLANDRE , PICARDIE , NORMANDIE ,
ISLE DE FRANCE , GATINOIS.

11. De la Greve. Il est borné à l'Orient ,
par la rue Geofroi-Lasnier & par la Vieille
rue du Temple inclusivement : au Septentrion , par les rues de la Croix Blanche & de

la Verrerie exclusivement : à l'Occident , par
les rues des Arcis & Planche-Mibrai inclusivement ; & au Midi , par les Quais Pelletier &
de la Grève inclusivement. Il comprend sur le
Plan Géographique , une partie du Gatinois ,
du Nivernois & du Berri. Voyez GATINOIS,
NIVERNOIS , BERRI.

12. DE S. PAUL OU DE LA MORTELLERIE.
Il est borné a l'Orient , par les Remparts inclusivement , depuis la Riviere jusqu'a la Porte de S. Antoine : au Septentrion , par la
Porte de S. Antoine exclusivement : à l'Occident par la rue Geofroy-Lasnier inclusivement ; & au Midi , par les Quais inclusivement , depuis la rue Geofroy-Lasnier jusqu'a l'extrémité du Mail. Il comprend presque toute la Bourgogne. Voyez BOURGO-
GNE.

13. DE SAINTE AVOYE OU DE LA VERRE-
RIE. Il est borné a l'Orient , par la Vieille
rue du Temple exclusivement : au Septentrion , par les rues des Quatre-Fils & des
Vieilles Audriettes aussi exclusivement : à
l'Occident , par les rues de sainte Avoye &
Bar-du-Bec inclusivement , depuis le coin
des Vieilles Audriettes jusqu'a la rue de la
Verrerie ; & au Midi , par les rues de la Verrerie & de la Croix blanche inclusivement ,
depuis le coin de la rue Bar-du-Bec , jusqu'a la Vieille rue du Temp e. Il comprend
sur le Plan Géographique , une partie de l'Isle
de France , de Champagne & du Gâtinois.
Voyez ISLE DE FRANCE , GATINOIS ,
CHAMPAGNE.

14. DU TEMPLE OU DU MARAIS. Il est
borné à l'Orient , par les Remparts & par la
rue du Mesnil-Montant inclusivement : au

Septentrion, par les extrémités des Fauxbourgs
du Temple & de la Courtille inclusivement :
à l'Occident par la grande rue du même
Fauxbourg & la rue du Temple inclusivement , jusqu'au coin de la rue des Vieilles
Audriettes ; & au Midi , par les rues des Vieilles Audriettes, des Quatre-Fils , de la Perle ,
du Parc Royal & neuve S. Gilles inclusivement. Il comprend une partie de la Champagne , de la Lorraine & de l'Alsace. Voyez
CHAMPAGNE , LORRAINE , ALSACE.

15. De S. Antoine. Il est borné à l'Orient
par l'extrémité du Faubourg inclusivement.
Au Septentrion , par l'extrémité des mêmes
Faubourgs & par les rues du Menil-Montant,
neuve saint Gilles , du Parc Royal & de la
Perle exclusivement. A l'Occident , par la
vieille rue du Temple inclusivement , depuis
le coin de la rue des Quatre Fils & de la Perle,
jusqu'a la rue de saint Antoine inclusivement ;
& au Midi , par la rue de saint Antoine inclusivement , jusqu'a l'extrémité du Faubourg.
Il comprend sur le Plan Géographique une
partie de la Champagne , de la Lorraine , de
l'Alsace , de la Franche-Comté , de la Bourgogne & du Dauphiné. Voyez CHAMPAGNE,
LORRAINE , ALSACE , FRANCHE-COM-
TÉ , BOURGOGNE , DAUPHINÉ.

18. De la Place Maubert. Il est borné
à l'Orient par les extrémités des Faubourgs
inclusivement. Au Septentrion , par les Quais
de la Tournelle & de saint Bernard inclusivement. A l'Occident , par la rue du Pavé
de la Place Maubert , le Marché de cette
Place , la Montagne de sainte Genevieve , &
par les rues Bordet , Mouffetard & de l'Our-

sine ; & au Midi , par l'extrémité du Faubourg
saint Marceau inclusivement. Il comprend
dans le Plan Géographique toute la Provence , une partie du Dauphiné & du Languedoc. Voyez DAUPHINÉ , PROVENCE ,
LANGUEDOC.

17. De S. Benoist. Il est borné à l'Orient ,
par la rue du Pavé de la Place Maubert , le
Marché de cette Place , la Montagne sainte
Geneviéve , les rues Bordet , Mouffetard &
de l'Oursine exclusivement : au Septentrion ,
par la Riviere , y compris le Petit Châtelet :
à l'Occident , par les rues du Petit-Pont &
de S. Jacques inclusivement ; & au Midi , par
l'extrémité du Faubourg de S. Jacques , jusqu'a la rue de l'Oursine. Il comprend dans
le Plan Géographique , une partie du Lyonnois , de l'Auvergne , du Languedoc & du
Roussillon. Voyez LYONNOIS , AU-
VERGNE , LANGUEDOC , ROUSSIL-
LON.

18. De S. André des Arcs. Il est borné
à l'Orient , par la rue du Petit-Pont & de
S. Jacques exclusivement : au Septentrion ,
par la Riviere , depuis le Châtelet jusqu'au
coin de la rue Dauphine inclusivement : à
l'Occident , par la rue Dauphine inclusivement ; & au Midi , par les rues des Fossés
S. Germain des Prez , des Francs-Bourgeois
& des Fossés S. Michel , ou de S. Hyacinthe
exclusivement , jusqu'aux coins des rues de
S. Jacques & de S. Thomas. Il comprend sur
le Plan Géographique presque tout le Rouergue & le Limousin , une partie du Perigord
& du Querci. Voyez ROUERGUE, LIMOU-
SIN, PERIGORD, QUERCI.

19. Du

19. Du Luxembourg. Il eſt borné à l'O-
rient , par la rue du Faubourg de S. Jacques excluſivement : au Septentrion , des Foſſés S. Michel ou S. Hiacinthe , des Francs-
Bourgeois & des Foſſés de S. Germain des
Prez incluſivement ; à l'Occident , par la rue
de Buſſi , du Four & de Seve incluſivement ;
& au Midi , par les extrémités du Faubourg
incluſivement , depuis la rue de Seve juſqu'au Faubourg de S. Jacques. Il comprend
ſur le Plan Géographique tout le Comté de
Foix , tout le Bearn , la Navarre Françoiſe ,
une partie du Languedoc , du Rouſſillon , de
la Gaſcogne ou Aquitaine , du Perigord &
du Querci. Voyez FOIX , BEARN , LAN-
GUEDOC , ROUSSILLON , GASCOGNE ,
PERIGORD & QUERCI.

20. De S. Germain des Prez. Il eſt borné à l'Orient , par les rues Dauphine , de
Buſſi , du Four & de Seve excluſivement : au
Septentrion , par la Riviere , y compris le
Pont Royal & l'Iſle aux Cignes : à l'Occident
& au Midi , par les extrémités du Faubourg ,
depuis la Riviere juſqu'à la rue de Seve.
Il comprend ſur le Plan Géographique la
plus grande partie du Poitou , le long de la
Riviere juſqu'aux Quais de la Megiſſerie &
des Morfondus , toute la Saintonge , tout
l'Angoumois , tout l'Aunis , la plus grande
partie de l'Aquitaine ou Gaſcogne & de la
Guyenne , & une partie du Perigord. Voyez
POITOU , SAINTONGE , ANGOUMOIS ,
AQUITAINE , GASCOGNE , GUIENNE &
PERIGORD.

Rue d s *Quatre-Fils* , qu. 14. *du Temple.*
Voyez Espernai.

Rue des *Quatre-Vents* , quart. 19. *du*

Luxembourg. Voyez LIMEUIL.

C. *des Quatre Vents.* Le même.

QUEBEC, même Barr. *du Roule,* faub. *de S. Honoré,* qu. 5. *du Palais Roya,* que *Canada,* à 1100 lieues de Paris, N O. C'est une grande & belle Ville de l'Amérique septentrionale, la Capitale du Canada ou de la Nouvelle-France, la principale Colonie des François, & un Evêché qui ne releve que du Pape, avec 4000 Habitans. Elle est divisée en Ville haute & en Ville basse. La basse est située sur la Riviere du Canada, appellée le Fleuve de S. Laurent, au pied d'une Montagne, avec une bonne Rade & un bon Port, le long duquel les Marchands qui y demeurent, y ont fait bâtir de très-belles Maisons à trois étages, d'une pierre aussi dure que le Marbre, sur le bord du Fleuve de S. Laurent, au pied d'une Montagne de 80 toises de haut. La Ville haute est sur la Montagne voisine beaucoup plus considérable. C'est-là que se trouve le Palais Episcopal, c'est un grand Bâtiment de pierre, avec une belle Chapelle, la Cathédrale qui est un grand vaisseau, le Seminaire & plusieurs Couvents Religieux, & la Citadelle. C'est-là où réside le Gouverneur, l'Intendant, le Tribunal du Conseil souverain, un Lieutenant Civil & Criminel, un Procureur du Roy, un Grand Prevôt & un Grand-Maître des Eaux & Forêts. Le Terroir en est inégal, & la Cimétrie mal observée ; mais sa situation est très-avantageuse au Commerce ; elle paroît plus éloignée de France aux Vaisseaux qui en viennent ; leur traverse dure ordinairement deux mois, au lieu qu'en s'en retournant, ils peuvent en 30 ou 40 jours de navigation gagner l'atterrage de Belisle.

Rue *des Quenouilles*, qu. 3. *de sainte Opportune*. Voyez LEROUX.

QUENOI, rue *de la Croix*, qu. 10. *de saint Martin*, à 46 l. N-E. C'est une Ville du Hainaut en Flandre, Diocèse de Cambrai, Parlement de Douay, Intendance de Maubeuges, avec 3000 Habitans, un vieux Château, une Prevôté, un Bailliage, & une Maîtrise particuliere des Eaux & Forêts.

QUENTIN (S.) rue & qu. 9. *de S. Denis*, à 33 l. N-E. C'est une Ville forte dans la Picardie, Capitale du Vermandois, Diocèse de Noyon, Parlement de Paris, Intendance d'Amiens, Chef-lieu d'une Election, sur une éminence & sur la Somme, avec 8000 Habitans, une Prevôté, un Bailliage, un Grenier à Sel, une Maîtrise des Eaux & Forêts, & une Maréchaussée.

QUERCI (Le) qu. 18. *de saint André des Arcs*, & 19. *du Luxembourg*, à 124 l. S-O. C'est une Province de France, dans le Gouvernement de Gascogne & de Guienne, bornée, N. par le Limosin, E. par le Rouergue, S. par le haut Languedoc, O. par le Perigord, Parlement de Toulouse. Elle a son Intendant un Bureau des Finances à Montauban, & deux Evêchez.

QUILLAN, rue *neuve d'Orleans*, faub. *saint Marceau*, qu. 16. *de la Place Maubert*, à 170 l. S-E. C'est une Ville dans le haut Languedoc, Diocèse d'Aleth, Parlement de Toulouse, Intendance de Montpellier, sur la riviere d'Aude, avec 2000 Habitans, & une Maîtrise particuliere pour le Pays de Sault.

QUILLEBŒUF, rue *Jolivet*, qu. 6. *de Montmartre*, à 36 l. N-O. C'est une Ville de Normandie, Diocèse, Parlement & Intendance de Rouen, sur la Seine, avec 2000 Habitans.

QUIMPER, rue *du faub. de saint Honoré*, qu. 5. *du Palais Royal*, à 124 l. S-O. C'est une Ville & un Evêché de Bretagne suffragant de Tours, Parlement de Rennes, Intendance de Nantes, Chef-lieu d'une Election au Confluent de l'Oder & de la petite riviere de l'Oder, avec 8000 Habitans.

Rue *Quincampoix*, qu. 2. *de saint Jacques de la Boucherie.* Voyez MONTMORENCI, LONGJUMEAU.

QUINGEY, rue *Traversine*, faub. & qu. 15. *de saint Antoine*, à 73 l. S-E. C'est une Ville dans la Franche-Comté, Diocèse, Parlement & Intendance de Besançon, Siége d'un Bailliage & d'une Recette, sur la Louve, avec 1200 Habitans, une Amirauté, une Sénéchaussée, & une Lieutenance de la Maréchaussée.

QUIMPERLAY, rue *de Villiers*, faub. *de saint Honoré*, qu. 5. *du Palais Royal*, à 115 l. S-O. C'est une Ville de Bretagne, Diocèse & Recette de Quimper, Parlement de Rennes, Intendance de Nantes, avec 800 Habitans. C'est un Gouvernement particulier.

Rue *Quirassis* ou *Pierreassis*, faub. *saint Marceau*, qu. 16. *de la Place Maubert.* Voyez S. MAXIMIN.

R.

RABASTENS, rue ou *Passage du Cimetiere de saint Jacques du Haut-Pas*, qu. 19. *du Luxembourg*, à 143 l. S-O. C'est une Ville

dans le haut Languedoc , Diocèse d'Albi ,
Parlement de Toulouse, Intendance de Mont-
pellier , sur la riviere du Tarn , avec 6000
Habitans.

RAMBERT (S.) rue *du Fouare* , qu. 17. *de
saint Benoît* , à 104 l. S-E. C'est une Ville du
Forez , dans le Lyonnois , Diocèse & Intendance de Lyon , Parlement de Paris , Election de Montbrison , sur le bord de la Loire ,
avec 2500 Habitans.

RAMBERT (S.) rue *du Bas Reuilli* , faub.
& qu. 15. *de saint Antoine* , à 96 l. S-E. C'est
une Ville du Bugey en Bourgogne , Diocèse
de Lyon , Parlement & Intendance de Dijon ,
Bailliage & Recette du Bugey , avec 2000
Habitans.

Rue *de Rambouillet* , faub. & qu. 15. *de
saint Antoine.* Voyez GUILESTRE.

Rue *de la Rapée* , faub. & qu. 15. *de saint
Antoine.* Voyez TALLARD.

Rue *de la Raquette* , faub. & qu. 15. *de
saint Antoine.* Voyez HERICOURT , VESOUL.

Rue *des Rats* , qu. 17. *de saint Benoît.* Voyez
S. CHAUMONT.

RAZAT , *rue de la Treille* , qu. 19. *du Luxembourg* , à 122 l. S-O. C'est une Ville du
Perigord , Diocèse & Election de Sarlat ,
Parlement & Intendance de Bourdeaux , avec
1200 Habitans.

RÉ , rue *de Grenelle* , qu. 20. *de saint Germain des Prez* , à 107 l. S-O. C'est une Isle
dans le Pays & le Gouvernement d'Aunis ,
à 3 l. de la Rochelle ; elle a quatre lieues de
longueur sur une & demi de large ; elle contient six Paroisses & deux Villages , Diocèse
& Intendance de la Rochelle , Parlement de
Paris,

Rue *de la Reale* , qu. 8. *des Halles.* Voyez POISSI.

Rue *des Recolets* , faub. *de saint Laurent* , qu. 10. *de saint Martin.* Voyez DUNKERQUE.

Rue *du Regard* , qu. 19. *du Luxembourg.* Voyez BIGORRE.

Rue *Regratiere* , Isle Notre-Dame , qu. 1. *de la Cité.* Voyez THOISSEY.

Rue *de la Reine-Blanche* , faub. *saint Marceau* , qu. 16. *de la Place Maubert.* Voyez BA-RYOLS.

REMI (S.) rue *Petite de saint Jacques* , faub. *saint Marceau* , qu. 16. *de la Place Maubert* , à 150 l. S-E. C'est une Ville de Provence , Diocèse d'Avignon , Parlement & Intendance d'Aix , Chef-lieu d'une Viguerie , avec 2500 Habitans.

REMIREMONT , *Vieille rue du Temple* , qu. 14. *du Temple* , à 78 l. S-E. C'est un Duché de Lorraine , Diocèse de Toul , Parlement & Intendance de Nanci , avec 1200 Habitans ; il est fort connu à cause de la célèbre Abbaye des Dames nobles , au nombre de 69 , auprès de laquelle ce Bourg s'est formé.

Rue *du Rempart* , qu. 5. *du Palais Royal.* Voyez LAVAL.

Rue *des Remparts* , qu. 10. *de saint Martin.* Voyez BOURBOURG , ARMENTERES.

Rue *du Renard* , qu. 9. *de S. Denis.* Voyez CORBIE.

Rue *du Renard* , qu. 10. *de saint Martin.* Voyez MILLI.

Rue *de Renault-le-Fevre* , qu. 11. *de la Grève.* Voyez DONZI.

RENNES , rue *de saint Honoré* , qu. 5. *du Palais Royal* , à 78 l. S-O. C'est une Ville & un Evéché de la Bretagne suffragant de Tours , la Capitale & le Siége du Parlement de la Province, d'une Cour des Aydes, d'une Intendance, d'un Préfidial, d'une Table de Marbre, d'une Jurifdiction Confulaire & d'un Hôtel des Monnoyes, marquées par 9. fur le Confluent de Lill & de la Vilaine qui la traverfe, avec 30000 Habitans.

REOLE (La) rue *de la Chaife*, qu. 20. *de faint Germain des Prez*, à 132 l. S O. C'eft une Ville du Bazadois, dans le Gouvernement de Gafcogne & de Guienne, Diocèfe, Parlement & Intendance de Bourdeaux, Election de Condom, avec 3000 Habitans.

Rue *du Repofoir*, qu. 7. *de faint Euftache.* Voyez BRETEUIL.

RESERVOIR ou MAISON D'EAU, à la Place du Palais Royal, même qu. 5.

RETHEL, rue *du Poitou*, qu. 14. *du Temple*, à 40 l. N-E. C'eft une Ville de Champagne, Diocèfe de Rheims, Parlement de Paris, Intendance de Châlons, Chef-lieu d'une Election, fur la riviere d'Aifne, avec 5000 Habitans. Elle eft le Siége d'un Duché-Pairie, d'un Bailliage, d'une Maréchauffée, & d'un Grenier à Sel.

REVEL, rue *des Marionettes*, faub. *de faint Jacques*, qu. 17. *de faint Benoît*, à 155 l. S-O. C'eft une Ville & Juftice Royale dans le haut Languedoc, Diocèfe & Recette de Lavaur, Parlement de Touloufe, Intendance de Montpellier, avec 3000 Habitans.

Rue *de Reuilli*, faub. & qu. 15. *de faint Antoine.* Voyez LAGNEU.

REZAY, rue *de Jean-l'Epine*, qu. 11. *de la Grève*, à 44 l. S. C'eft une Châtellenie dans le Berri, Diocèfe & Intendance de Bourges, Parlement de Paris, Election d'Iffoudun, avec 3000 Habitans.

RHEIMS, rue & qu. 14. *du Temple*, à 34 l. N-E. C'est une Ville de Champagne, le Siége d'un Archevêque, qui porte le titre de premier Duc & Pair de France, Légat né du S. Siége Apostolique, & Primat de la Gaule Belgique, qui a droit de sacrer nos Rois, dont le Sacre se fait a Rheims, Parlement de Paris, Intendance de Châalons, Chef-lieu d'une Election, avec 28000 Habitans. Elle est encore le Siége d'un Présidial, d'un Bailliage, d'un Grenier à Sel, d'une Jurisdiction des Juges Consuls, d'un Hôtel de Ville, d'une Université fameuse, & d'un Hôtel des Monnoyes, marquées par S.

Rue *de Rheims*, qu. 17. *de saint Benoît*. Voyez BALARUC.

RHIN, rue *de Popincourt*, faub. & qu. 15. *de saint Antoine*, à 103 l. S-E. C'est un des plus célébres Fleuves de l'Europe, qui sembleroit devoir être la borne naturelle entre l'Allemagne & la France ; il tire ses sources du Pays des Grisons en Suisse ; il passe par le Lac de Constance ; il reçoit quantité de Rivieres ; il traverse & arrose beaucoup de Pays & d'Etats différens ; il est très-rapide, très-profond & très-bizare dans ses débordemens ; il emporte des Isles entieres ; il en forme des nouvelles, où il n'y en a point eu, & il change souvent de lit ; il a une navigation fort dangereuse & fort difficile, & son embouchure dans l'Océan est en Hollande.

RHOSNE, rue *de l'Oursine*, faub. S. Marceau, qu. 16. *de la Place Maubert*, à 155 l. S. C'est un Fleuve de France, qui a sa source en Suisse, à 4 l. au-dessus de Geneve ; il reçoit dans son cours plusieurs Rivieres, arrose plusieurs Pays & plusieurs Villes; sépare le Lyonnois & le Languedoc , du Dauphiné & de la Provence ; & il se décharge dans la Mer Méditerranée par plusieurs embouchures , à deux lieues au-dessous d'Arles , entre la Provence & le Languedoc.

RIBEMONT , rue *de Courteau-Vilain* , qu. 10. *de saint Martin* , à 30 l. N-E. C'est une Ville de Picardie , Diocèse & Election de Laon , Parlement de Paris , Intendance de Soissons , sur la riviere d'Oise , avec 1200 Habitans , & une Prevôté Royale. C'est un Gouvernement particulier.

RIBAUVILLE , rue *du Roy Doré* , qu. 14. *du Temple* , à 94 l. S-O. C'est une Ville dans la haute Alsace , Diocèse de Basle , Conseil & Intendance d'Alsace , Chef-lieu d'un Bailliage , avec 2500 Habitans.

RIBAUVILLIERS , rue *du Parc Royal* , qu. 15. *de saint Antoine* , à 96 l. S-O. C'est une Ville & Chef-lieu d'un Comté dans la haute Alsace , Diocèse de Basle , Conseil & Intendance d'Alsace , avec 3000 Habitans.

RIBEYRAT , rue *Abbatiale* , qu. 20. *de saint Germain des Prez* , à 114 l. S-O. C'est un Bourg dans le Perigord , Diocèse & Election de Perigueux , Parlement & Intendance de Bourdeaux , avec 2000 Habitans.

RICHELIEU , rue *des Petits Augustins* , qu. 20. *de saint Germain des Prez* , à 60 l. S-O. C'est une Ville & un Duché-Pairie dans le Poitou , Diocèse de Poitiers , Parlement de Paris , Intendance de Tours , Chef-lieu d'une Election & Grenier à Sel , sur les rivieres d'Amable & de Vide qui la traversent , avec 5000 Habitans. Elle est franche de Tailles , & les rues sont tirées au cordeau.

Rue *de Richelieu* , qu. 5. *du Palais Royal.*

Voyez LA-FERTÉ-BERNARD, LUCÉ, FRENAY, & qu. 6. *de Montmartre.* Voyez BERNAY, PONT-L'EVEQUE, VIRE.

RIEUX, rue *du Puits-qui-parle* ou *des Rosiers*, faub. *saint Marceau*, qu. 17. *de saint Benoît*, à 160 l. S-O. C'est une Ville & un Evêché, dans le haut Languedoc, suffragant de Toulouse, Parlement de Toulouse, Intendance de Montpellier, au bord de la Garonne, avec 2000 Habitans.

RIEZ, rue *Françoise*, faub. *saint Marceau*, qu. 16. *de la Place Maubert*, à 150 l. S-E. C'est une Ville & un Evêché de Provence, suffragant d'Aix, Parlement & Intendance d'Aix, au bord de la riviere d'Auvestre, avec 3000 Habitans.

RIOM, rue *de la Savaterie*, qu. 1. *de la Cité*, à 86 l. S-E. C'est une Ville d'Auvergne, Diocèse de Clermont, Parlement de Paris, Siége d'une Intendance & d'une Election, avec 5000 Habitans. Elle est encore le Siége d'un Présidial, d'une Sénéchaussée & d'un Lieutenant de la Maréchaussée; il y a Maîtrise des Eaux & Forêts, un Hôtel des Monnoyes, marquées par O; & une Jurisdiction pour le Dépôt de Sel.

RIQUIER (S.) rue *de Beaurepaire*, qu. 9. *de saint Denis*, à 38 l. N-O. C'est une Ville de Picardie, Diocèse & Intendance d'Amiens, Parlement de Paris, Election de Dourlens, Grenier à Sel d'Abbeville, sur la petite riviere de Cardon, avec 1800 Habitans.

RIS, rue *de saint Leufroi*, qu. 3. *de sainte Opportune*, à 68 l. S-E. C'est une Ville du Bourbonnois, Diocèse de Clermont, Parlement de Paris, Intendance de Moulins, Election de Gannat, avec 1200 Habitans.

RIVES-ALTES, rue *d'Enfer*, faub. *saint Michel*, qu. 19. *du Luxembourg*, à 169 l. S. C'est un Bourg dans le Roussillon, Diocèse, Conseil Souverain, Intendance & Viguerie de Perpignan, avec 1400 Habitans. Ce lieu est fort renommé par son bon Vin Muscat.

Rue *de saint Roch*, qu. 6. *de Montmartre*. Voyez ARQUES.

C. *de saint Roch*, rue *d'Argenteüil*, qu. 5. *du Palais Royal*.

ROCHE-AVARI, rue *des saints Peres*, qu. 20. *de saint Germain des Prez*, à 107 l. S-O. C'est une Ville dans l'Angoumois, Diocèse & Election d'Angoulême, Parlement de Paris, Intendance de Limoges, avec 1000 Habitans.

ROCHE-BEAUCOURT, rue *Mazarine*, qu. 20. *de saint Germain des Prez*, à 104 l. S-O. C'est un Bourg partie en Angoumois, partie en Perigord, traversé & divisé en deux parties, par la petite riviere de Lizane, Diocèse & Election de Perigueux, Parlement & Intendance de Bourdeaux, avec 800 Habitans.

ROCHE-BERNARD (La) rue *de Surenne*, à la *Ville l'Evêque*, faub. *de saint Honoré*, qu. 5. *du Palais Royal*, à 96 l. S-O. C'est un Bourg & une Baronie dans la Bretagne, Diocèse & Election de Rennes, sur la riviere de Vilaine, à quatre lieues de son embouchure, avec 1500 Habitans, & un Port de Mer.

ROCHE-CHOUARD, à *la Place Dauphine*, qu. 1. *de la Cité*, à 81 l. C'est une petite Ville du Poitou, Diocèse & Intendance de Poitiers, Parlement de Paris, Election de Confouleus, près de la riviere de Vienne & de la source de la Charente, avec 2000 Habitans.

Rue *Roche-Chouard*, faub. & qu. 6. *de Montmartre*, appellé Nouvelle-France, hors des Barrieres.

ROCHE-FORT, rue *de saint Dominique*, qu. 20. *de saint Germain des Prez*, à 102 l. S-O. C'est une Ville dans le Pays d'Aunis, Diocése & Intendance de la Rochelle, Parlement de Paris, sur la Charente, à une lieue de son embouchure, avec un Port de Mer très-commode & avec 6000 Habitans.

ROCHEFOUCAULT, rue *de Taranne*, qu. 20. *de saint Germain des Prez*, à 90 l. S-O. C'est une Ville & un Duché-Pairie, avec un Château dans l'Angoumois, Diocése & Election d'Angoulême, Parlement de Paris, Intendance de Limoges, avec 2500 Habitans.

ROCHELLE (La) rue *de saint Dominique*, qu. 20. *de saint Germain des Prez*, à 103 l. S-O. C'est une Ville & un Evêché suffragant de Bourdeaux, la Capitale du Pays d'Aunis, avec un Port de Mer des plus commodes, Parlement de Paris, Siége d'une Intendance, d'un Présidial, d'une Amirauté, d'une Chambre de Commerce, d'un Hôtel des Monnoyes, marquées par H, d'une Jurisdiction Consulaire & un Gouvernement particulier, sur la Mer de Gascogne, vis-à-vis l'Isle de Ré, avec 10000 Habitans; c'est un des lieux de partance pour l'Amérique.

ROCHE-SUR-YON (La) rue *de Bourgogne*, qu. 20. *de saint Germain des Prez*, à 85 l. S-O. C'est un Bourg avec titre de Principauté dans le Poitou, Diocése & Intendance de Poitiers, Parlement de Paris, Election des Sables d'Olonne, sur la petite riviere d'Yon, avec 1800 Habitans.

ROCOSEL, rue *des Fossés de saint Jacques*, qu.

qu. 17. *de saint Benoît*, à 145 l. S-E. C'eſt un
Marquiſat dans le bas Languedoc, Diocèſe
de Beſiers, Parlement de Toulouſe, Intendance de Montpellier, avec un ancien Château. Ceilhes en eſt le principal Bourg, avec
1500 Habitans.

ROCROY, rue *du Temple*, même qu. 14.
à 51 l. S-E. C'eſt une Ville forte de Champagne, Diocèſe de Rheims, Parlement de
Paris, Intendance de Châlons, Election de
Rethel, avec 3000 Habitans, & un Grenier
à Sel.

RODEZ, rue *de la Harpe*, qu. 18. *de saint*
André des Arts, à 128 l. S-E. C'eſt un Evêché ſuffragant d'Albi, & la Ville Capitale du
Rouergue, Parlement de Toulouſe, Intendance de Montauban, Chef-lieu d'une Election, ſur une hauteur & ſur l'Aveiron, avec
10000 Habitans, un Préſidial & une Sénéchauſſée. Il s'y tient des Foires renommées
pour les Toiles & pour les Mules & Mulets.

ROHAN, rue *de Chevilli*, à la Ville l'Evêque, Faub. *de S. Honoré*, qu. 5. *du Palais*
Royal, à 106 l. S-O. C'eſt une petite Ville ou
Bourg dans la Bretagne, avec titre de Duché
Pairie, Diocèſe & Election de Vannes, Parlement de Rennes, Intendance de Nantes,
au bord de la petite riviere d'Aouſte, avec
2500 Habitans.

C. *Rollin prens gages*, rue *des Lavandieres*,
qu. 3. *de S. Opportune*.

Rue *de saint Romain*, qu. 19. *du Luxem-*
bourg. Voyez OLERON.

ROMANS, rue *de la Tournelle*, qu. 16. *de*
la Place Maubert, à 118 l. C'eſt une Ville du
Dauphiné, Diocèſe de Vienne, Parlement &
Intendance de Grenoble, Chef-lieu d'une

Election , située au bord de Lizere , avec 2000 Habitans & une Justice. C'est un Gouvernement particulier , & la grande route de Lyon en Provence & en Languedoc.

ROMORANTIN , rue *de S. Denis* , qu. 2. *de S. Jacques de la Boucherie* , à 40 l. S-O. C'est une Ville du Blésois dans l'Orléanois , Diocèse & Intendance d'Orleans , Parlement de Paris , Chef-lieu d'une Election , & un Gouvernement particulier , sur le ruisseau de Romorantin , avec 8000 Habitans , un Bailliage une Justice Royale non ressortissante , un Grenier à sel , une Maréchaussée & une Maîtrise des Eaux & Forêts. Elle est aussi la Capitale de la Sologne qui est un pays agréable , abondant en bois , en pâturage & en gibier , de 25 l. de long sur 12 de large , au bord d la Loire.

ROQUEFORT , rue *des Cordiers* , qu. 18. *de S. André des Arts.* C'est un Bourg dans le Rouergue , Diocèse de Vabres , Parlement de Toulouse , Intendance de Montauban , Election de Milhau , avec 800 Habitans. Il est fort connu à cause des Caves où l'on prépare le fromage qui porte son nom.

ROQUEFORT DE MARSAN , rue *de la Planche* , qu. 20. *de S. Germain des Prez* , à 147 l. S-O. C'est une Ville dans la Gascogne , Diocèse d'Aire , Parlement de Bourdeaux , Intendance d'Auche , Recette de Marsan , sur la Douce , avec 2500 Habitans.

Rue *de la Roquette* , Faub. & qu. 15. *de S. Antoine.* Voyez VEZOUL , HERICOURT.

C. *de la Roquette* , le même.

ROSHEIM , rue *de S. Anastase* , qu. 14. *du Temple* , à 100 l. S-E. C'est une Ville dans la basse Alsace , Diocèse de Strasbourg , Conseil

& Intendance d'Alsace, sur le torrent de Mogel, avec 2500 Habitans.

Rue *des Rosiers*, qu. 15. *de S. Antoine.* Voyez LANGRES, TONNERRE.

C. *des Rosiers*. Le même.

Rue *des Rosiers*, qu. 20. *de S. Germain des Prez.* Voyez MONTIGNAC, CHARENTE.

ROSIERES AUX SALINES, *vieille rue du Temple*, même qu. 14. à 72 l. S-E- C'est une Ville, Prevôté & un Duché de Lorraine, Diocèse de Toul, Parlement & Intendance de Nanci, sur la Meute, avec 3000 Habitans. Elle est fort connue par ses salines.

ROSOY, rue *des vieilles Audriettes*, qu. 14. *du Temple*, à 12 l. S. C'est une petite Ville dans la Brie, Diocèse de Meaux, Parlement & Intendance de Paris, Chef-lieu d'une Election sur Liserre, avec 1200 Habitans.

ROUANNE, rue *de la Licorne*, qu. 1. *de la cité*, à 86 l. S-E. C'est une Ville du Forez dans le Gouvernement militaire du Lyonnois, Diocèse & Intendance de Lyon, Parlement de Paris, Chef-lieu d'une Election, le Siége d'un Bailliage & d'une Lieutenance de la Maréchaussée, au bord de la Loire, à l'endroit où cette fameuse riviere commence à porter bateau, avec 4500 Habitans.

ROUBAIS, rue *des deux Portes*, qu. 9. *de S. Denis*, à 54 l. N-E. C'est un Bourg dans la Flandre, Diocèse de Tournai, Parlement de Douai, Intendance & Subdélégation de Lille, avec 9000 Habitans.

ROUEN, rue & qu. 6. *de Montmartre*, à 28 l. N-O. C'est une grande & belle Ville, la Capitale de la Normandie, Siége d'un Archevêque, d'un Parlement, d'un Intendant, d'une Election, sur la rive droite de la Seine,

où la Marée remonte si haut, que les vaisseaux de 200 tonneaux peuvent aborder ; avec
90000 Habitans : elle est encore le Siége
d'une Chambre des Comptes, d'une Cour
des Aydes, d'une Vicomté, d'un Bailliage,
d'un Présidial, d'une Justice Royale, d'une
Table de Marbre, d'une Amirauté, d'un Grenier à sel, d'un Prevôt de la Maréchaussée,
d'un Tribunal des Juges-Consuls, d'un Hôtel
des Monnoyes marquées par B, & d'une Académie de Littérature ; le commerce de Rouen
est un des plus considérables du Royaume.

ROUERGUE (Le) qu. 18. *de saint André
des Arts*, à 115 l. S. C'est une Province de
France, dans le Gouvernement général de la
Gascogne & de la Guienne, borné, E. par
les Cevennes & le Gévaudan, O. par le Querci, N. par le même & par l'Auvergne, S.
par le Languedoc. Elle a environ 30 lieues de
long sur 20 de large : deux Evêchez, trois
Elections, Parlement de Toulouse, Intendance de Montauban. Rhodez en est la Ville
Capitale.

Rue *du Roulle*, qu. 4. *du Louvre*. Voyez
Tours.

Rue *du Roulle*, au-delà du faub. *de saint
Honoré*, qu. 5. *du Palais Royal*, hors des
Barrieres.

Rue *du Rousselet*, qu. 20. *de saint Germain
des Prez*. Voyez S. Jean de pied de Port.

ROUSSILON (Le) qu. 17. *de saint Benoît*,
& 19. *du Luxembourg*, à 166 l. S. C'est une
Province & un Gouvernement de France, avec
titre de Comté dans les Pyrenées, bornée, E.
par la Méditerranée, O. par la Cerdagne, N.
par le bas Languedoc, S. par la Catalogne,
dont les Pyrenées la séparent. Il a un Parle-

ment ou Conseil Souverain , un Intendant, une Université , un Hôtel des Monnoyes, marquées par Q. & un Evêché suffragant de Narbonne dans Perpignan, qui en est la Ville Capitale.

ROUTE DES INDES ORIENTALES , Barr. *de S. Germain* ou *de Seve* , faub. *saint Germain*, qu. 19. *du Luxembourg*. En partant des Ports de Mer , qui sont sur la Mer Méditérranée , il faut passer le Détroit de Gibraltar indiqué à la Barriere de saint Michel , qu. 19. du Luxembourg ; & en partant des Ports de Mer qui sont à l'Océan , comme de l'Orient où se font les Embarquemens pour les Indes , il faut aller tout le long des Côtes de France & d'Espagne , passer devant le Détroit de Gibraltar , tout le long des Côtes de l'Afrique , à côté des Isles Canaries. Les Vaisseaux trouvent sur leur route les Comptoirs de la Compagnie , qui sont saint Louis du Senegal , Gorée , & de-là en Quinée ; les Comptoirs du Fort S. Louis , du Gregoi , Albreda ; ensuite après avoir passé la ligne , ils doublent ou vont passer au-delà du Cap de Bonne-Espérance , qui est à l'Océan Méridional ou Ethiopien. Après le Cap , chaque Vaisseau suit sa destination , les uns pour Pondicheri , un pour Mocha , qui est sur la Mer Rouge ou Arabique ; les autres pour Bengale dans les Indes , ils trouvent l'Isle Marcaregne ou l'Isle de France. A 600 lieues de-là , l'Isle de Bourbon ; & les autres pour Canton dans la Chine , après avoir passé la ligne une seconde fois.

Pour rendre cette explication plus intelligible , supposons que Paris , a neuf mille lieues de circonférence , comme le Globe de la Terre.

Commençons la route du Port de l'Orient ,
où se font les embarquemens pour les Indes
Orientales ; il est désigné & il donne son
nom à la rue de la Bonne Morue , qui est du
Faubourg saint Honoré , qu. 5. du Palais
Royal , en faisant le tour de Paris , comme
si l'on voyageoit sur la Mer , & par le dehors
des Faubourgs de saint Germain des Prez ,
de saint Michel , de saint Jacques , de saint
Marceau & de saint Antoine , jusqu'à la Barriere de Pincourt , qui indique dans cet Ouvrage Pondicheri & les Indes Orientales , on
fera les 6000 lieues , parce qu'on fait les deux
tiers de la circonférence de Paris , & dans
plus ou moins de tems , selon que les vents
où les courans de la Mer seront plus favora-
ble ou contraires , & sur la circonférence de
Paris , trouvera les Barrieres qui désignent
les Canaries , l'Ouest ou l'Occident , où l'on
passe la Ligne , le Cap de Bonne-Espérance ,
qui sépare les Indes Occidentales des Orientales , l'Est ou Orient , où l'on passe la
Ligne une seconde fois ; & enfin les Indes.
La route de la Mer Glaciale & Septentrionale , qui est de l'autre côté de Paris , seroit
plus courte ; mais elle est impraticable , à
cause des Glaces.

C. *du Roy François* , rue & qu. 9. *de saint
Denis.*

Rue *du Roy Doré* , qu. 14. *du Temple.* Voyez
Ribauville.

Rue *du Roy de Sicile* , qu. 15. *de saint Antoine.* Voyez Nogent-le-Roy , Segnelay.

Rue *Royale* , qu. 15. *de saint Antoine.*

Rue *Royale* , qu. 5. *du Palais Royal.* Voyez
S. Jamets.

Royan , rue *de Grenelle* , qu. 20. *de saint*

Germain des Prez, à 112 l. S-O. C'est une Ville & Marquisat dans la Saintonge, & un Gouvernement de Place, Diocése & Election de Saintes, Parlement de Bourdeaux, Intendance de la Rochelle, au bord de la Gironde, sur laquelle elle a un Port de Mer, avec 3500 Habitans.

ROYE, rue *de Montmorenci*, qu. 10. *de saint Martin*, à 61 l. N-E. C'est une Ville forte au Pays de Santerre, dans la Picardie, & un Comté dans la Picardie, Diocése & Intendance d'Amiens, Parlement de Paris, Election de Montdidier, avec 4000 Habitans, une Prévôté, un Bailliage & un Grenier à Sel; c'est un Gouvernement particulier.

RUE, rue *Neuve de Saint Sauveur*, qu. 9. *de saint Denis*, à 43 l. N-O. C'est une petite Ville en Picardie, au Comté de Ponthieu, Diocése & Intendance d'Amiens, Parlement de Paris, Election d'Abbeville, sur la riviere de Maye, avec 1600 Habitans, un Bailliage Royal, & un Grenier à Sel; c'est un Gouvernement particulier.

RUFFAC, rue *Neuve de saint Gilles*, qu. 14. *du Temple*, à 98 l. S-E. C'est une Ville dans la haute Alsace, Diocése de Basle, Conseil & Intendance d'Alsace, Siége d'un Bailliage, sur le Rolbach, avec 1000 Habitans.

RUFFEC, rue *du Colombier*, qu. 20. *de saint Germain des Prez*, à 90 l. S-O. C'est une Ville & Marquisat dans l'Angoumois, Diocése & Election d'Angoulême, Parlement de Paris, Intendance de Limoges, avec 2000 Habitans.

S.

SABLÉ, rue *du Clos Gergeau*, qu. 5. *du Palais Royal*, à 54 l. S-E. C'est une Ville, & un Marquisat & Duché dans le Maine, Diocèse du Mans, Parlement de Paris, Election de la Fléche, sur la riviere de Sarthe, avec 4000 Habitans.

C. *des Sablons*, rue *du Chevet saint Landri*, qu. 1. *de la Cité.*

SABLES D'OLONNE, ou simplement LES SABLES, rue *de Bourgogne*, qu. 20. *de saint Germain des Prez*, à 103 l. S-O. C'est une Ville dans le bas Poitou, Diocèse de Luçon, Parlement de Paris, Intendance de Poitiers, Chef-lieu d'une Election, sur le bord de l'Océan, avec 9000 Habitans, une Jurisdiction des Traittes & une Amirauté.

Rue *du Sabot*, qu. 20. *de saint Germain des Prez.* Voyez CADILLAC.

SAINTES, rue *du Baq*, qu. 20. *de saint Germain des Prez*, à 105 l. S-O. C'est la Ville Capitale de la Saintonge, & un Evêché suffragant de Bordeaux, Parlement & Intendance de Bordeaux, Chef-lieu d'une Election, sur une éminence & sur la Charente, avec 5000 Habitans.

SAINTONGE, qu. 20. *de saint Germain des Prez*, à 88 l. S-O. C'est une Province de France, bornée, E. par l'Angoumois & le Perigord, N. par le Poitou & le Pays d'Aunis, O. par l'Océan, S. par le Bourdelois & la Gironde ou Garonne ; elle a environ 25 lieues de long sur 20 de large ; elle ne fait qu'un même Gouvernement avec l'Angou-

mois , Parlement & Intendance de Bordeaux. Saintes en est la Ville Capitale.

Rue *de Saintonge* , qu. 14. *du Temple.* Voyez
CHARLEVILLE.

Rue *des saints Peres* , qu. 20. *de saint Ger-*
main des Prez. Voyez THOUARS , GABARET ,
VERDUN , ROCHE-AVARI.

SAISSAC , rue *Neuve de saint Medard* , faub.
saint Marceau , qu. 16. *de la Place Maubert* ,
à 164 l. S-E. C'est une Ville dans le haut
Languedoc , Diocèse de Carcassonne , Parlement de Toulouse , Intendance de Montpellier , avec 2000 Habitans , & une Manufac-
ture de Draps fins pour le Levant.

C. *Salambriere* , rue *de saint Severin* , qu.
18. *de saint André des Arcs.*

SALBRIS , rue *des Trois Visages* , qu. 3. *de*
sainte Opportune , à 38 l. S-O. C'est un Bourg
du Blesois , dans l'Orléanois , Diocèse de
Blois , Parlement de Paris , Intendance d'Orleans , Election de Romorantin , avec 1800
Habitans.

SALIES , rue *des Vieilles Tuilleries* , qu. 19.
du Luxembourg , à 185 l. S-O. C'est une Ville
dans le Bearn , Diocèse d'Acqs , Parlement &
Intendance de Pau , Sénéchaussée de Sauveterre , avec 1200 Habitans , & une Fontaine
abondante d'Eau salée , qui fournit du Sel
blanc à toute la Province.

SALINS , rue *des Tournelles* , qu. 15. *de*
saint Antoine , à 73 l. S-E. C'est une Ville
dans la Franche-Comté , Diocèse & Intendance de Besançon ; elle a Présidial , Bailliage & Recette. C'est un Gouvernement particulier , sur la petite Riviere de Furieuse , qui
prend sa source dans Salins même , avec 7000
Habitans.

Rue *Salle-au-Compte* , qu. 2. *de S. Jacques de la Boucherie.* Voyez MEUDON.

SALMES, rue *des Trois Bornes* , faub. & qu. 14. *du Temple* , à 94 l. S-E. C'est une Ville de la Lorraine , fur les frontières d'Alface , qui a un Château & le titre de Principauté, Diocèfe de Toul , Parlement & Intendance de Metz , près de la riviere de Bruch , à la fource de la Sarre, avec 3000 Habitans.

SALON, rue *de faint Hypolite* , faub. *faint Marceau* , qu. 16. *de la Place Maubert* , à 153 l. S-E. C'eft une Ville de Provence, Diocèfe d'Arles , Parlement, Intendance & Viguerie d'Aix , fur la Durance , avec 1800 Habitans. On y voit dans l'Eglife des Cordeliers le Tombeau du fameux Noftradamus.

SALSES , rue *au faub. de faint Jacques* , qu. 17. *de faint Benoît* , à 158 l. S. C'eft une Ville dans le Rouffillon , du Confeil Souverain , Intendance & Viguerie de Perpignan , avec 800 Habitans. C'eft une Place fortifiée , & un Gouvernement particulier , fur le grand Chemin.

SAMARITAINE (La) Pompe des Eaux , qui fervent principalement aux Tuilleries , au Palais Royal , & a quelques Fontaines de Paris , au Pont-Neuf , qu. 1. *de la Cité.*

SANCERGUES , rue *de la Coutellerie* , qu. 11. *de la Gréve* , à 40 l. S. C'eft un Bourg & Marquifat dans le Berri , Diocèfe & Intendance de Bourges , Parlement de Paris , Election de la Charité , fur la Loire , avec 1200 Habitans.

SANCERRE , rue *de la grande Marivault* , qu. 2. *de faint Jacques de la Boucherie* , à 38 l. S-E. C'eft une Ville dans le Berri , Diocèfe , Intendance & Election de Bourges , Parlement de Paris, sur la Loire, avec 3000 Habitans, un Bailliage & un Grenier à Sel.

SANCOINS, rue *des Andriettes*, qu. 11. *de la Grève*, à 62 l. S. C'est une Ville & Justice Royale dans le Berri, Diocèse, Intendance & Election de Bourges, Parlement de Paris, enclavée dans le Bourbonnois, sur le Ruisseau d'Argent, avec 800 Habitans, & un Grenier à Sel.

Rue *des Sanfonets*, faub. *de saint Jacques*, qu. 17. *de saint Benoît*. Voyez MARSEILLAN.

Rue *de la Santé*, faub. *de saint Jacques*, qu. 17. *de saint Benoît*. Voyez BRESCOU.

SAONE (La) rue *de l'Evêché* ou *l'Archevêché*, *&* à *l'Hôtel-Dieu*, qu. 1. *de la Cité*, à 100 l. S-E. C'est une des plus considérables Rivieres de France, connue sur-tout par les commodités qu'elle procure à Lyon, & par la lenteur de son cours ; elle a sa source en Lorraine, traverse ensuite la Bourgogne, passant dans la Franche-Comté en partie, & le Duché de Bourgogne, & par l s Généralités de Dijon & de Lyon, séparant celle de Lyon, ou le Beaujolois & le Lyonnois, de la Principauté de Dombes; elle traverse aussi Lyon, se rend dans le Rhône, au-dessous de la même Ville, après en avoir arrosé plusieurs autres, & après avoir reçu la Crone, qui porte bateau à la Ferté, & un grand nombre d'autres Rivieres grandes & petites.

SAP (le) rue *Feydeau*, qu. 6. *de Montmartre*, à 35 l. O. C'est un gros Bourg & Vicomté dans la Normandie, Diocèse & Election de Lisieux, Parlement de Rouen, Intendance d'Alençon, avec 3500 Habitans.

SARDAIGNE (la) Bar. *de la Patache de la Rapée*, qu. 15. *de S. Antoine*, à 100 l. S-E.

de la France , & 278 l. S-E. de Paris. C'est
une des plus grandes Isles de la mer méditerranée au Sud de la Corse dont elle n'est
séparée que par un bras de mer. C'est une dépendance de l'Italie & du Roi de Sardaigne
qui la possede à titre de Royaume. Elle a 88
lieues de long sur 30 de large , deux Archevêchez & quatre Evêchez. Cagliari en est la
Capitale.

SARLAT , rue *de Bussy* , qu. 19. *du Luxem-*
bourg , à 120 l. S-O. C'est une Ville dans le
Perigord , & un Evéché suffragant de Bourdeaux, Parlement & Intendance de Bourdeaux,
Chef-lieu d'une Election , sur le ruisseau de
Sarlat , avec 4000 Habitans , un Bailliage ,
un Présidial.

SARLOUIS , rue *du Chemin & Contrescarpe* ,
qu. 14. *du Temple* , à 90 l. N-E. C'est une Ville
de Lorraine , Diocèse , Parlement , Intendance & Election de Mets, sur la Sarre, avec 4000
Habitans & un Présidial : elle est exemte de
taille , c'est un Gouvernement particulier.

SASSENAGE , rue *des Fossez de S. Bernard* ,
Faub. S. Victor , qu. 16. *de la Place Maubert* ,
à 130 l. S-E. C'est un Bourg dans le Dauphiné , Diocèse , Parlement , Intendance & Election de Grenoble , avec 1500 Habitans. Ce
lieu est fort renommé par ses excellens fro-
mages.

SATUR (S.) rue *du Pet au Diable* , à 44 l.
S. C'est un Bourg du Berri , Diocèse , Intendance , Election & Présidial de Bourges , Parlement de Paris , près de la Loire , au pied
de la Ville de Sancerre , avec 1000 Habitans.

Rue *de la Saveterie* , qu. 1. *de la Cité*.
Voyez RIOM.

SAVERDUN , rue *de sainte Thecle* , qu. 19.

En Luxembourg, à 170 l. S-O. C'est une Ville du Comté de Foix, Diocèse de Pamiers, Parlement de Toulouse, Intendance de Roussillon, avec 2000 Habitans.

SAVERNE, rue *de saint Louis*, qu. 15. *de saint Antoine*, à 94 l. E. C'est une Ville dans la basse Alsace, sur les frontieres de Lorraine, Diocèse de Strasbourg, Conseil Souverain & Intendance d'Alsace, & Siége d'un Bailliage, avec 15000 Habitans.

SAULIEU, rue *de la Mortellerie*, qu. 12. *de saint Paul*, à 58 l. S-E. C'est une Ville de Bourgogne, Diocèse d'Autun, Parlement & Intendance de Dijon, Election, Bailliage & Recette de Semur en Auxois, sur la route de Paris à Lyon, avec 1500 Habitans.

SAUMUR, rue *de saint Honoré*, qu. 4. *du Louvre*, à 64 l. S O. C'est une Ville & la Capitale du Saumurois, dans l'Anjou, Diocèse d'Angers, Parlement de Paris, Intendance de Tours, Chef-lieu d'une Election, sur la Loire, avec 9000 Habitans, & trois Paroisses sous un seul Curé ; elle est le Siége d'une Prevôté, d'une Sénéchauslée Royale, d'une Maréchauslée, & d'un Grenier à Sel.

Rue *de la Savonnerie*, qu. 2. *de saint Jacques de la Boucherie*. Voyez LA-CHATRE.

SAVOYE (La) Barr. *de Rambouillet*, faub. & qu. 15. *de saint Antoine*, à 100 l. S-E. C'est un Duché Souverain de l'Europe, entre la France & l'Italie, qui appartient au Roi de Sardaigne, borné, N. par le Lac de Geneve, qui le sépare de la Suisse, E. par les Alpes, qui le séparent du Piémont, O. par le Rhône, qui le sépare du Bugey & de la Bresse, S. par le Dauphiné & par les Alpes, qui le séparent du Piémont ; il a environ 33 l. de

long fur 27. dans fa plus grande largeur.
Chambery en eft la Ville Capitale.

Rue *de Savoye*, qu. 18. *de faint André des
Arcs*. Voyez ALASSAC.

Rue *des Sauffayes* ou *P liveau*, faub. *faint
Marceau*, qu. 16. *de la Place Maubert*. Voyez
GRASSE, FREJUS.

Rue *des Sauffayes*, faub. *de S. Honoré*, qu.
5. *du Palais Royal*. Voyez OUESSANT.

Rue *de S. Sauveur*, qu. 9. *de faint Denis*.
Voyez GUISE.

SCHELESTAT, rue *des Amandiers*, faub. &
qu. 15. *de faint Antoine*, à 102 l. S-E. C'eft
une Ville dans la haute Alface, Diocèfe de
Bafle, Confeil Souverain & Intendance d'Alface, fur Lill, avec 5000 Habitans. C'eft
un Gouvernement particulier.

Rue *de faint Sebaftien*, faub. & qu. 15. *de
faint Antoine*. Voyez HAGUENAU, EGUISHEIM.

SEDAN, rue *du faub.* & qu. 14. *du Temple*,
à 45 l. N-E. C'eft une Ville de Champagne,
dans le Luxembourg François, Diocèfe de
Rheims, Parlement de Metz, Intendance de
Châlons; c'eft une des clefs du Royaume, &
des plus importantes, fur la Meufe, avec
10000 Habitans. On y fabrique beaucoup de
Draps, qui font auffi eftimez que ceux de
Hollande.

SÉEZ, rue *Bailli*, qu. 7. *de faint Euftache*,
à 41 l. S-O. C'eft une Ville de Normandie,
& un Evêché fuffragant de Rouen, Intendance & Election d'Alençon, fur l'Orne,
avec 4000 Habitans.

SEGNELAY, rue *du Roy de Sicile*, qu. 15.
de faint Antoine, à 37 l. S-E. C'eft une Ville
de Bourgogne, Diocèfe & Election d'Auxerre,
Parlement de Paris, Intendance de Dijon

ſur la petite riviere de Serin , avec 1500
Habitans , un Grenier à Sel , & une Manu-
facture de Draps pour les Troupes.

SEILLANS , rue *de la Barre* , faub. *S. Mar-*
ceau , qu. 16. *de la Place Maubert* , à 184 l.
S-E. C'eſt un Bourg dans la Provence , Diocéſe de Frejus , Parlement & Intendance
d'Aix , Viguerie & Recette de Dragnignan ,
avec 1500 Habitans.

SEINE , rue *de la Clef* , faub. *ſaint Mar-*
ceau , qu. 16. *de la Place Maubert* , à 150 l.
S-E. C'eſt une Ville de Provence , Diocéſe
d'Embrun , Parlement & Intendance d'Aix ,
Siége d'une Viguerie , d'un Bailliage & d'une
Recette , avec 3000 Habitans.

SEINE (La) rue *du faub.* & qu. 6. *de Mont-*
martre , à 44 l. N-O. C'eſt un Fleuve de
France , qui prend ſa ſource en Bourgogne ,
près de Chanceaux , à 6 lieues de Dijon ; elle
traverſe la Bourgogne , arroſe Chatillon &
Bar-ſur-Seine ; elle traverſe la Champagne ,
arroſe Troyes , commence à porter bateau à
Mery ; enſuite par Pont , Nogent , Bray ,
Montereau , où elle reçoit l'Yonne ; & peu
après le Loing qui la fait communiquer avec
la Loire par le Canal de Briare , traverſe
l'Iſle de France , où elle arroſe Melun, Corbeil,
Paris ; à 2 lieues au-deſſus elle reçoit la Marne ,
qui la groſſit conſidérablement , & à 5 lieues
au-deſſous elle reçoit l'Oiſe , après avoir arroſé
pluſieurs belles Maiſons Royales ; elle ſépare le
Vexin de la Beauce , arroſe Poiſſi , Meulan ,
Mantes , & va ſe jetter dans la Mer Océane par
une grande embouchure , au Havre de Grace
en Normandie , après y avoir arroſé Vernon ,
Pont-de-l'Arche , Rouen , Quillebœuf & Hon-
ſeur.

Les eaux de la Riviere de Seine font fort bonnes, très-bien faifantes, très-pures, & même purgatives ; elles font d'autant plus fortes, qu'elles portent vers Paris beaucoup plus pefant qu'aucune Riviere de l'Europe, en comparaifon de fon cours & de la largeur de fon lit ; elle a fes bords d'une hauteur proportionnée, de forte qu'elle ne caufe point de défordre, le long de fon cours. Elle forme de belles Iffes, abondantes & agréables. La plus remarquable eft fituée fous Meulan, & fous le nom de l'Ifle-belle.

Rue *de Seine*, qu. 20. *de faint Germain.* Voyez CHASSENEUIL, S. CYPRIEN.

Rue *de Seine*, faub. *faint Victor*, qu. 16. *de la Place Maubert.* Voyez VAR.

SEISSEL, rue *des Charbonniers*, faub. & qu. 15. *de S. Antoine*, à 98 l. S-E. C'eft la Ville Capitale du Valromey en Bourgogne, Diocèfe de Geneve, Parlement & Intendance de Dijon, Bailliage & Recette du Bugei, aux limites de la Savoye, fur le Rhône qui la traverfe, avec 1500 Habitans. C'eft un Gouvernement de Place & le premier Port du Rhône en France. On y débarque les Sels, pour la Savoye, Geneve, & les Cantons Suiffes.

SELLES-SAINT-DENIS, rue *des Orfevres* ou *des Deux-Portes*, qu. 3. *de fainte Opportune*, à 39 l. S-O. C'eft un Bourg du Blefois, dans l'Orléanois, Diocèfe de Blois, Parlement de Paris, Intendance d'Orleans & Election de Romorantin, fur la Soudre, avec 1500 Habitans.

SELLES, rue *Pernelle* ou *Levrette*, qu. 11. *de la Grêve*, à 38 l. S. C'eft une Ville & un Comté dans le Berri, Diocèfe, Intendance & Election de Bourges, Parlement de Paris, Préfi dial, Bailliage & Coutume de Blois, avec 1500 Habitans, & un Grenier à Sel.

SEMINAIRES DE PARIS.

Des Anglois, rue *des Postes*, qu. 17. *de saint Benoît.*

De saint Charles, rue *du faub. S. Lazare*, qu. 9. *de saint Denis.*

Du saint Esprit, rue *des Postes*, qu. 17. *de saint Benoît.*

Des Eudistes, rue *des Postes*, qu. 17. *de saint Benoît.*

De saint Lazare. Voyez de S. Charles.

De saint Louis, rue *d'Enfer*, qu. 19. *du Luxembourg.*

De saint Magloire, rue *du faub. de saint Jacques*, qu. 17. *de saint Benoît.*

Des Missions Etrangeres, rue *du Baq*, qu. 20. *de saint Germain des Prez.*

De saint Nicolas du Chardonet, rue *de saint Victor*, qu. 16. *de la Place Maubert.*

De saint Sulpice, rue *du Vieux Colombier*, qu. 19. *du Luxembourg.*

De 33. Pauvres Ecoliers, rue *de la Montagne de sainte Geneviéve*, qu. 16. *de la Place Maubert.*

Semur en Auxois, rue *de Joui*, qu. 12, *de saint Paul*, à 48 l. S-E. C'est une Ville en Bourgogne, Capitale de l'Auxois, Diocèse d'Autun, Parlement & Intendance de Dijon, Chef-lieu d'une Election, sur l'Armanson, avec 3000 Habitans, un Présidial, un Grenier à Sel, & une Maréchaussée. C'est un Gouvernement particulier.

Semur en Brianois, rue *de Bretonvilliers*, Isle Notre-Dame, qu. 1. *de la Cité*, à 90 l. S-E. C'est une Ville & Baronie en Bourgogne, Diocèse d'Autun, Parlement & Intendance de Dijon , Chef-lieu d'une Election , à demi lieue de la Loire & à 8 de Rouanne , avec 8000 Habitans , un Bailliage , Grenier à Sel & une Gruerie. C'eſt un Gouvernement particulier.

SENEZ, rue *du Fer-à-Moulin* , faub. *ſaint Marceau* , qu. 16. *de la Place Maubert* , à 108 l. S-E. C'eſt une petite Ville , ou plutôt un Village de Provence , & un Evêché ſuffragant d'Embrun , Parlement & Intendance d'Aix , Viguerie & Recette de Caſtelane , avec 600 Habitans , & un Château ſur la Montagne voiſine , qui eſt le Palais de l'Evêque.

SENLIS , rue *de Mondetour* , qu. 8. *des Halles* , à 11 l. N. C'eſt une Ville de l'Iſle de France , & un Evêché ſuffragant de Rheims , Parlement & Intendance de Paris , Chef-lieu d'une Election , ſur la riviere de Nonnete , avec 6000 Habitans , Bailliage & Préſidial.

SENONCHES , rue *des Prouvaires* , qu. 7. *de ſaint Euſtache* , à 25 l. S-O. C'eſt un Bourg , avéc titre de Principauté , dans le Perche , Diocéſe de Chartres , Parlement de Paris , Intendance d'Alençon , Election de Verneuil , avec 2000 Habitans , & un Bailliage.

SENS , *Vieille rue du Temple* , qu. 15. *de ſaint Antoine* , à 24 l. S-E. C'eſt une Ville de Champagne , & un Archevéché , Parlement & Intendance de Paris , Chef-lieu d'une Election , au bord de la riviere d'Yonne , avec 10000 Habitans ; elle eſt encore le Siége d'un Bailliage , d'une Prevôté , d'un Préſidial , d'un Grenier à Sel , d'une Maitriſe des Eaux & Forêts , d'une Maréchauſſée , & d'un Tribunal des Juges Conſuls.

SEPTENTRION , Barr. *de ſainte Anne* , qu. 9. *de ſaint Denis* , ſe dit de la partie du Globe Terreſtre , qui eſt depuis l'Equateur juſqu'à

notre Pole. On appelle auſſi Septentrion, le
Vent Cardinal, qui ſouffle du côté de ce Pole;
il eſt auſſi nommé Biſe, tramontane ſur la
Mer Méditerranée, & Nord, ſur l'Océan; &
l'on dit ſeptentrional & ſeptentrionale, tout
ce qui appartient au Septentrion, le Pole
ſeptentrional, un ſigne, un parallele ſeptentrional, une latitude ſeptentrionale; un Vent
ſeptentrional, qui eſt en deça de l'Equateur,
Amérique ſeptentrionale, les Nations ſep-
tentrionales; & pour l'explication préſente,
N. marque toujours que chaque Pays ou Ville
eſt du côté du Nord ou Septentrion, depuis
l'Egliſe de S. Leu où eſt Paris, juſqu'à la Barriere de ſainte Anne qui l'indique, N-E.
marque le Septentrion; & le côté de l'Orient,
& N-O. marque le Septentrion, & le côté du
Couchant.

Rue *des Sept Voyes*, qu. 17. *de ſaint Benoît.*
Voyez MONTPELLIER.

Rue *du Sépulchre*, qu. 20. *de ſaint Germain
des Prez*. Voyez LA-FORCE.

Rue *Serpente*, qu. 18. *de ſaint André des
Arcs*. Voyez TERRASSON.

SERMAISE, rue & qu. 14. *du Temple*, à
40 l. E. C'eſt un Bourg dans la Champagne,
Dioceſe & Intendance de Châlons, Parlement de Paris, Election de Vitri-le-François,
ſur la riviere de Saux, avec 3500 Habitans.

SERRES, rue *des Marais*, faub. & qu. 15.
de ſaint Antoine, à 144 l. S-E. C'eſt une Ville
dans le Dauphiné, Dioceſe & Election de
Gap, Parlement & Intendance de Grenoble
dans les Montagnes, avec deux Collectes
pour les Deniers du Roy, & 2000 Habitans.

Rue *de Seve*, qu. 19. *du Luxembourg.* Voyez
NAVARRE FRANÇOISE, SOULE, MAULEON-
DE-SOULE.

Sever (S.) rue *du Gindre* , qu. 19. *du Luxembourg* , à 156 l. S-O. C'est une Ville de Gascogne , Diocèse d'Aire , Parlement de Bourdeaux , Intendance d'Auch , Election de Lannes , sur l'Adour , avec 2000 Habitans , & une Sénéchaussée.

Severac-le-Chateau , rue *des Poirées* , qu. 18. *de saint André des Arcs* , à 140 l. C'est une Ville en Rouergue , Diocèse de Rhodez , Parlement de Toulouse , Intendance de Montauban , Election de Milhau , avec 1500 Habitans , & un magnifique Château.

Rue *de saint Severin* , qu. 18. *de S. André des Arcs*. Voyez Limagne , Ardes.

Sezanne , rue *de Soubise* , qu. 13. *de sainte Avoye* , à 26 l. S-E. C'est une Ville de Brie en Champagne , Diocèse de Troyes , Parlement de Paris , Intendance de Châlons , Chef-lieu d'une Election , avec 4500 Habitans , une Prevôté , un Bailliage , un Grenier à Sel , une Maîtrise des Eaux & Forêts , & une Maréchaussée. C'est un Gouvernement particulier.

Rue *de Simon-le-Franc* , qu. 10. *de saint Martin*. Voyez Corbeil.

Rue *des Singes* , qu. 13. *de sainte Avoye*. Voyez Pont-sur-Seine.

Sisteron , rue *du Jardin du Roy* , faub. *saint Marceau* , qu. 16. *de la Place Maubert* , à 150 l. S-E. C'est une Ville de Provence , & un Evêché suffragant d'Aix , Parlement & Intendance d'Aix , sur la Durance , avec 5000 Habitans , & une Sénéchaussée.

Soissons , rue *Beaubourg* , qu. 10. *de saint Martin* , à 24 l. N-E. C'est une Ville de Picardie dans le Gouvernement de l'Isle de France , & un Evêché suffragant de Rheims , Parlement de Paris , Chef-lieu d'une Intendance & d'une

Election, sur la riviere d'Aisne, avec 9000 Habitans, Bailliage, Présidial, Bureau des Finances, & une Académie.

C. *de Soiss ns*, rue *Coquilliere*, qu. 7. *de saint Eustache*.

Rue *Soli*, qu. 7. *de saint Eustache*. Voyez TOUR-GRISE.

SOMME (La) rue *Neuve des Filles-Dieu* au *Boulevard*, qu. 9. *de saint Denis*, à 40 l. N-O. C'est une Riviere de Picardie, & qui la traverse en bonne partie de l'Orient à l'Occident ; elle arrose S. Quentin, Ham, Peronne, Corbie, Amiens, Abbeville, & se jette dans la Manche ou Canal d'Angleterre, entre S. Valery & le Cretoy, sans avoir reçu des rivieres considérables ; elle est d'une grande utilité pour le Commerce de Picardie, surtout des Villes d'Amiens & d'Abbeville.

SOMMIERES, rue *des Boulangers*, faub. *saint Victor*, qu. 16. *de la Place Maubert*, à 147 l. S-E. C'est une Ville dans le bas Languedoc, Diocèse de Nîmes, Parlement de Toulouse, Intendance de Montpellier, sur le Vidourle, avec 5000 Habitans, une Viguerie & Justice Royale. C'est un Gouvernement particulier : les Molletons & les Serges de Sommieres sont fort connues.

Rue *de la Sonnerie*, qu. 3. *de sainte Opportune*. Voyez CHATEAUNEUF.

Rue *de Sorbonne*, qu. 20. *de S. Germain des Prez*. Voyez POITIERS.

Rue *de Sorbonne*, qu. 17. *de saint Benoît*. Voyez VILLE-FRANCHE.

SOREZE, rue *Gratieuse*, faub. *saint Marceau*, qu. 16. *de la Place Maubert*, à 155 l. S-O. C'est une Ville du haut Languedoc, Diocèse de Lavaur, Parlement de Toulouse, Intendance de Montpellier, avec 4000 Habitans.

Rue *de Soubise* , qu. 17. *de sainte Avoye.* Voyez SEZANNE.

SOVESMES, rue *des Trois-Mores* , qu. 2. *de saint Jacques de la Boucherie* , à 35 l. S. C'est un Bourg dans le Berri , Diocèse de Blois , Parlement de Paris , Intendance d'Orleans , Election de Romorantin , avec 1200 Habitans.

SOUILLAC , rue *de Condé* , qu. 19. *du Luxembourg* , à 126 l. S-O. C'est une Ville dans le Querci , Diocèse de Cahors , Parlement de Toulouse , Intendance de Montauban , Election de Figeac , sur la Brech , près de la Dordogne , avec 1500 Habitans.

SOULE , rue *de Seve* , qu. 19. *du Luxembourg* , à 170 l. S-O. C'est un petit Pays qui fait partie du Gouvernement de Gascogne & de Guienne , situé dans les Montagnes des Pyrenées , & enclavé entre le Bearn & la Navarre Basse ou Françoise , les Peuples sont Basques ; cette Valée est située le long du gave Cuzon. Il comprend 69. Paroisses , c'est un Pays d'Etats. Mauleon en est la Ville Capitale.

Rue *de la Sourdiere* , qu. 5. *du Palais Royal.* Voyez DOL.

Rue *de Sourdis* ou *des Oiseaux* , qu. 14. *du Temple.* Voyez VERTUS.

C. *de Sourdis* , rue *des Fossés de saint Germain l'Auxerrois* , qu. 4. *du Louvre.*

SOUTERRAINE (La) rue *Guenegaud* , qu. 20. *de saint Germain des Prez* , à 110 l. S-O. C'est une Ville dans le Limosin , Diocèse , Intendance & Election de Limoges , Parlement de Bourdeaux , avec 2000 Habitans.

SOUVIGNI , rue *du Chevet saint Landri* , qu. 1. *de la Cité* , à 67 l. S-E. C'est une Ville dans le Bourbonnois, Diocèse de Clermont , Parlement de Paris , Intendance & Election de Moulins , fur le Ruiffeau de Quefne , avec 1200 Habitans.

STATUES de la Ville de Paris :

Du Roy Henri IV. appellé le Cheval de Bronze , au Pont-Neuf , qu. 1. *de la Cité.*

Du Roy Louis XIII. à la Place Royale , qu. 15. *de faint Antoine.*

Du Roy Louis XIV. à la Place des Victoi-res , qu. 6. *de Montmartre.*

Du Roy Louis XIV. à la Place de Vendô-me , qu. 5. *du Palais Royal.*

De Louis XIV. en la Cour de l'Hôtel de Ville , qu. 11. *de la Grève.*

STENAY , rue *des Francs-Bourgeois* , qu. 15. *de faint Antoine* , à 52 l. N-E. C'eft une Ville de Lorraine , Diocèfe de Tréves , Parlement & Intendance de Metz , fur la Meufe , avec 2000 Habitans. C'eft un Gouvernement par-ticulier du Gouvernement Militaire de Cham-pagne.

STRASBOURG , rue *de Popincourt* , faub. & qu. 15. *de faint Antoine* , à 102 l. S-E. C'eft la ville Capitale d'Alface , & des plus confi-dé-rables du Royaume , tant par fa fituation & fon étendue que par fes fortifications , & un Evêché fuffragant de Mayence , dont l'E-vêque prend la qualité de Prince de l'Empire , Confeil Souverain de Colmar , & Chef-lieu d'une Intendance dans la baffe Alface , à un quart de lieue du Rhin & fur la riviere de Lill , qui la traverfe & qui y forme plufieurs Canaux , avec 200000 Habitans.

SUD , Barr. *de faint Marcel* , même faub. qu. 16. *de la Place Maubert.* Terme de Mari-ne dont on fe fert fur l'Océan , pour fignifier le Vent du Midi & les régions méridionales.

Il est marqué ordinairement, & sur-tout dans cet Ouvrage, par S. pour marquer le côté du Midi, depuis l'Eglise de S. Leu jusqu'au faubourg S. Marceau. Sud-Est. marqué par S-E. signifie le côté du Midi & le côté de l'Orient tout à la fois ; comme Sud-Ouest, marqué par S-O. signifie le côté du Midi & de l'Occident.

SUEZ, Barr. *des Chantiers* ou *Saussayes*, contre la Riviere, faub. *saint Marceau*, qu. 16. *de la Place Maubert*, à 600 l. de la France & à 760 de Paris, S-E. C'est une petite Ville d'Egypte, sur la Côte septentrionale de la Mer Rouge, & un petit Port de Mer sur le Golfe de Suez, qui est séparé de la Mer Méditerranée par un isthme ou langue de terre, d'environ 50 lieues. Cet isthme fait aussi la séparation de l'Asie d'avec l'Afrique, & de la Judée ou Terre-sainte de l'Egypte. On croit probablement que c'est-là que les Israélites passerent à pied sec la Mer Rouge.

SUIPPE, rue *du Forez*, qu. 14. *du Temple*, à 36 l. N-E. C'est une Ville de Champagne, Diocèse de Rheims, Parlement de Paris, Intendance de Châlons, sur la riviere du même nom, avec 2000 Habitans.

SUISSE (LA) Bar. *du Trône* ou *Picpus*, à 88 l. S-E. C'est un grand pays d'Europe, il passe avec fondement pour le plus haut, parce que les trois grands Fleuves de l'Europe, le Danube, le Rhin & le Rhône ont tous trois leurs sources aux environs de la Suisse. Il est situé dans les Alpes, entre la France, l'Allemagne & l'Italie, & borné E par le Tirol, O par la Franche-Comté, N. par le Suntgau, la Forêt Noire, & une partie de la Suabe, & S. par la Savoye. Elle est divisée en

treiz

treize Cantons. Chaque Canton en particulier a sa Ville Capitale. Baden peut être regardée comme la premiere, parce que son
Hôtel de Ville sert aux Assemblées des Treize
Cantons, & l'on remarque que chaque maison particuliere a son Enseigne, ce qui est
est d'une grande commodité, & ce qui donne
un grand agrément à la Ville.

SULLY sur Loire, rue *de Jean-Pain-Mollet*,
qu. 11. *de la Grêve*, à 30 l. S-E. C'est une
Ville dans le Gatinois, Diocèse & Intendance
d'Orleans, Parlement de Paris, Election de
Gien, sur la Loire, avec 3000 Habitans & un
Grenier à sel.

SULZ, rue *neuve de S. Perie*, qu. 14. *du
Temple*, à 99 l. N-E. C'est une Ville dans la
basse Alsace, Diocèse de Basle, Conseil souverain & Intendance d'Alsace, avec 1500
Habitans.

Rue *de Surenne*, à la Ville l'Evêque, Faub.
de S. Honoré, qu. 5. *du Palais Royal*. Voyez
ROCHEBERNARD, AVAUJOUR.

SURGERES, rue *de Bourgogne*, qu. 20 *de S.
Germain des Prez*, à 100 l. S-O. C'est un
Bourg & Marquisat au pays d'Aunis, Diocèse,
Intendance & Election de la Rochelle, Parle-
ment de Paris, avec 1800 Habitans.

T.

RUe *de la Tabletterie*, qu. 3. *de sainte Opportune*. Voyez ESTAMPES.

Rue *de la Tacherie*, qu. 11. *de la Grêve*.
Voyez CHATEAUROUX.

TAILLEBOURG, rue *Hilerin-Bertin*, qu. 20.
de S. Germain des Prez, à 104 l. S-O. C'est
une Ville dans la Saintonge, Diocèse de Sain-

tés , Parlement de Bourdeaux , Intendance de la Rochelle , Election de saint Jean d'Angéli , sur la Charente , avec 800 Habitans , & une Justice Royale qui s'étend sur plus de 40 Paroisses.

Rue *Taillepain*, qu. 10. *de S. Martin*. Voyez PALAISEAU.

TALLARD , rue *de la Rapée* , Faub. & qu. 15. *de S. Antoine* , à 146 l. S-O. C'est une petite Ville du Dauphiné , Diocèse & Election de Gap , Parlement & Intendance de Grenoble , sur la Durance , avec 2000 Habitans.

TALMON , rue *de l'Université*, qu. 20. *de S. Ger des Prez*. à 103 l. S-O. C'est une Ville du Poitou, Diocèse de Luçon , Parlement de Paris, Intendance de Poitiers , Election des Sables d'Olonne , sur un Promontoire , avec 1500 Habitans ; elle a le titre de Principauté.

Rue *de la Tannerie* , qu. 15. *de la Grève*. Voyez S. GAULTIER.

Rue *Taranne* , qu. 20. *de S. Germain des Prez*. Voyez ROCHEFOUCAULT.

TARARE , rue *de S. Christophe* , qu. 1. *de la Cité* , à 93 l. S-E. C'est un Bourg & une Montagne dans le Lyonnois , Diocèse , Intendance & Election de Lyon , Parlement de Paris , sur la petite rivière de Tardive , & sur le chemin de Rouanne à Lyon , au pied de la Montagne qui porte le même nom , où l'on a pratiqué un grand chemin , avec 1200 Habitans.

TARASCON , rue *de l'Oursine* , Faub. *saint Marceau* , qu. 16. *de la Place Maubert* , à 150 l. S-E. C'est une Ville de Provence , Diocèse d'Avignon, Parlement & Intendance d'Aix, sur le bord du Rhône , vis-a-vis Beaucaire avec lequel elle communique par un grand pont,

de batteaux, & avec 1500 Habitans. Elle est
le Siége d'une Viguerie Royale; c'est un
Gouvernement de Place.

TARASCON, rue *de Vaugirard*, qu. 19. *du
Luxembourg*, à 177 l. S-O. C'est une Ville
dans le Pays & Comté de Foix, Diocèse de
Pamiers, Parlement de Toulouse, Intendance du Roussillon, Recette du Pays de Foix,
avec 1500 Habitans.

TARBES, rue *Ragneux*, qu. 19. *du Luxembourg*, à 170 l. S-O. C'est une Ville la Capitale du Comté de Bigorre, dans la Gascogne,
& un Evêché suffragant d'Auch, Parlement
de Toulouse, Intendance d'Auch, avec 1200
Habitans, & une Sénéchaussée.

TARTAS, rue *Carpentiere*, qu. 19. *du Luxembourg*, à 155 l. S-O. C'est une Ville dans la
Gascogne Diocèse d'Acqs, Parlement de Bourdeaux, Intendance d'Auch, Election de Lannes, sur la petite riviere de Milouze, auprès
de l'Adour, avec 3000 Habitans, & une
Sénéchaussée.

TAU ou THAU, rue *des Capucins*, faub.
de saint Jacques, qu. 17. *de saint Benoît*, à
150 l. S. C'est un Etang situé aux Côtes du bas
Languedoc, au bord de la Mer Méditerranée, dans laquelle il se décharge par trois
Issues, il peut avoir quinze lieues de long,
depuis la Ville d'Aiguemortes jusqu'à Agde;
cet Etang à trois noms différens, parce qu'il
se divise ordinairement en trois, dont celui
qui conserve le nom de Maguelonne est au
milieu. La partie située vers Aiguemortes,
s'appelle Etang de Perault; & l'autre partie
Occidentale, s'appelle l'Etang de Tau, ou
Thau. C'est à cet Etang que commence le
Canal Royal, ou de Languedoc.

Rue *des Teinturiers*, qu. 11. *de la Grève.*
Voyez PALLUAU.

Rue *du Temple*, qu. 14. Voyez BRIE,
RHEIMS, ROCROY, SERMAISE.

TERRASSON, rue *Serpente*, qu. 18. *de saint
André des Arcs*, à 110 l. S-O. C'est une Ville
du Perigord, Diocèse & Election de Sarlat,
Parlement & Intendance de Bourdeaux, sur
la riviere de Vedere, avec 3500 Habitans.

TERRE-FERME, Barr. *de Varenne*, qu. 20.
de saint Germain des Prez, à 1475 l. de France & à 1560 de Paris, S-O. La Terre-Ferme
en général est une vaste Région de l'Amérique
septentrionale, & la Terre-Ferme proprement
dite, est une Province particuliere du même
Pays. Les Espagnols qui la possédent, ont
quelquefois donné à cette vaste région de Terre-Ferme, le nom de Castille d'or, à cause de la
grande quantité d'or qu'ils y trouverent. Panama est la Capitale de la Terre-Ferme proprement dite.

Rue *de sainte Thecle*, qu. 19. *du Luxembourg*. Voyez FOIX, SAVERDUN, MAZERE.

THEMINES, rue *des Fossés de M. le Prince*,
qu. 19. *du Luxembourg*, à 122 l. S-O. C'est
un Marquisat dans le Querci, Diocèse de
Cahors, Parlement de Toulouse, Intendance
de Montauban, Election de Figeac, avec
1200 Habitans.

Rue *Therese*, qu. 15. *du Palais Royal*. Voyez
S. LO.

Rue *Thevenot*, qu. 9. *de saint Denis*. Voyez
ABBEVILLE.

Rue *Thibautodé*, qu. 3. *de sainte Opportune.*
Voyez AMBOISE.

THIERS, rue *de saint Eloy*, qu. 1. *de la
Cité*, à 88 l. S-E. C'est une Ville, un Vicomté

& une Juſtice Royale en Auvergne , Diocéſe
de Clermont , Parlement de Paris , Intendance & Election de Riom , ſur la Route
de Clermont à Lyon , avec 1200 Habitans.

THIONVILLE , rue *des Trois-Bornes* , faub.
& qu. 14. *du Temple* , à 78 l. N-E. C'eſt une
Ville de France , dans le Luxembourg , Diocéſe de Tréves , Parlement & Intendance de
Metz , ſur le bord de la Moſelle , avec
4800 Habitans. Elle eſt fortifiée , c'eſt un
Gouvernement particulier.

THISY , rue *de l'Abreuvoir* , derriere Notre-Dame , qu. 1. *de la Cité* , à 93 l. S-E. C'eſt
une Ville du Beaujolois , dans le Gouvernement du Lyonnois , Diocéſe , Intendance &
Election de Lyon , Parlement de Paris , avec
1200 Habitans.

THIVIERS , rue *du Cimetiere de S. André*
des Arcs , même qu. 18. à 106 l. S-O. C'eſt
une Ville du Perigord , Diocéſe & Election
de Perigueux , Parlement & Intendance de
Bourdeaux , avec 1500 Habitans.

THOISSEY , rue *Regratiere* , Iſle Notre-
Dame , qu. 1. *de la Cité* , à 80 l. S-E. C'eſt
une Châtellenie & la ſeconde Ville de la Principauté de Dombes , dans le Lyonnois , Diocéſe de Lyon , Parlement de Dombes , près
des rivieres de la Saone & de la Chalarane ,
avec 1200 Habitans.

Rue *de ſaint Thomas* , faub. *ſaint Michel* ,
qu. 19. *du Luxembourg.* Voyez PONT-DE-CA-
MARET.

Rue *de ſaint Thomas du Louvre* , qu. 5. *du*
Palais Royal. Voyez MONTREUIL-BELLAY.

THOUARS , rue *des ſaints Peres* , qu. 20.
de ſaint Germain des Prez , à 65 l. S-O. C'eſt
une Ville du Poitou , Diocéſe & Intendance

de Poitiers , Chef-lieu d'une Election , fur
une Colline , au bord de la riviere de The-
ve , avec 6000 Habitans. Elle eſt le Siége
d'un Dépôt de Sel , d'une Juriſdiction Subal-
terne , & d'une Maréchauſſée.

Rue *Tiquetone* , qu. 7. *de S. Euſtache.* Voyez
BEAUVAIS.

Rue *Tireboudin* , qu. 9. *de S. Denis.* Voyez
LE CROTOY.

Rue *Tirechape* , qu. 3. *de ſainte Opportune.*
VOYEZ LA-HAYE.

Rue *Tiron* , qu. 15. *de ſaint Antoine.* Voyez
CRAVANT.

Rue *Tirouanne* ou *Pirouette* , qu. 8. *des
Halles.* Voyez MANTES.

Rue *de la Tiſſeranderie* , qu. 11. *de la Grève.*
Voyez CHARITÉ , BETHLÉEM.

TONNAY-CHARENTE , rue *de ſaint Dominique* , qu. 20. *de ſaint Germain des Prez* , à 101
l. S-O. C'eſt une Ville dans la Saintonge ,
Diocèſe de Saintes , Parlement de Bourdeaux , Intendance de la Rochelle , Election
de S. Jean d'Angeli , ſur la Charente , avec
3000 Habitans. Elle a le titre de Principauté.

TONNENS , rue *Meziere* , qu. 19. *du Luxembourg* , à 133 l. S-O. C'eſt une Ville de Gaſcogne dans l'Agenois , Diocèſe d'Agen , Parlement & Intendance de Bourdeaux , Election d'Agen , ſur la Garonne , avec 5000 Habitans.

Rue *de la Tonnellerie* , qu. 8. *des Halles.*
Voyez NOGENT-LE-ROY , VENDÔME.

TONNERRE , rue *des Roſiers* , qu. 15. *de S. An-
toine* , à 41 l. S-E. C'eſt une Ville & un Comté de
Champagne , Diocèſe de Langres , Parlement
& Intendance de Paris , Chef-lieu d'une Elec-

tion, fur l'Armenſon, avec 5000 Habitans, un Bailliage, un Grenier à Sel, une Gruerie & une Maréchauſſée. Les Vins de ſon Territoire ſont fort eſtimez.

TORIGNI, rue *Villedot*, qu. 5. *du Palais Royal*, à 58 l. N-O. C'eſt une Ville & un Comté dans la baſſe Normandie, Dioceſe de Bayeux, Parlement de Rouen, Intendance de Caen, Election S. Lo, ſur la riviere de Vire, avec 2000 Habitans.

Rue *de Torigni*, qu. 14. *du Temple*. Voyez S. MICHEL.

TOUL, rue *du Parc Royal*, qu. 14. *du Temple*, à 67 l. S-E. C'eſt une Ville de Lorraine, & un Evêché ſuffragant de l'Archevêché de Tréves, Parlement & Intendance de Metz, Chef-lieu d'une Election, ſur les bords de la Moſelle, qui arroſe ſes murailles, avec 6000 Habitans, & un Préſidial.

TOULON, rue *des Hauts Foſſés de ſaint Marcel*, même faub. qu. 16. *de la Place Maubert*, à 177 l. S-E. C'eſt une Ville & un Evêché de Provence, ſuffragant d'Arles ; & c'eſt en même tems un Port de Mer, Parlement & intendance d'Aix, avec 20000 Habitans. Ce Port eſt un des plus connus de l'Europe, le plus beau & le plus ſûr de France. Sa Rade eſt fort grande & très-aſſurée ; au fond de cette Rade, eſt le grand Port de la Ville diviſé en deux, le plus grand qui eſt auprès de l'Arſenal, eſt pour les Vaiſſeaux du Roy ; l'autre eſt pour les Vaiſſeaux Marchands : ils ſe communiquent l'un à l'autre, & leur entrée eſt ſi étroite, qu'il n'y peut paſſer qu'un Vaiſſeau à la fois : on la ferme avec une chaîne.

TOULOUSE, rue *de Vaugirard*, qu. 19. *du Luxembourg*, à 150 l. S-O. C'eſt une Ville dans le haut Languedoc , la Capitale de toute la Province , avec titre de Comté ; c'est un Archevêché & le Siége du second Parlement du Royaume , d'un Bureau des Tréforiers , d'un Préfidial , d'une Sénéchauffée , d'une Viguerie, d'une Juftice Royale non reffortiffante , d'une Amirauté , d'une Maréchauffée & d'une Maîtrise Particuliere. Il y a un Hôtel des Monnoyes marquées par M , une Table de Marbre , une Jurifdiction des Juges – Confuls , & une Bourfe commune. On donne à la Maifon de Ville de Toulouse le nom de Capitole , & aux Echevins qui font au nombre de huit , le nom de Capitouls, qui acquiérent le titre de Nobleffe. On voit dans le Capitole , une Salle , qu'on appelle des Illuftres , à caufe qu'on y conferve des Buftes confacrez à la mémoire des grands Hommes, qui fe font rendus recommandables dans cette Ville pendant leur vie.

Rue *de Toulouse* ou *de la Vrilliere* , qu. 7. de *faint Euftache*. Voyez LOULAY.

TOURAINE (La) qu. 3. *de fainte Opportune* , & 4. *du Louvre* , à 46 l. S-O. C'est une Province de France ; avec titre de Comté , qui dépend du Gouvernement général de l'Orléanois , Parlement de Paris , Intendance d'Orleans. Elle eft bornée, N. par le Maine , E. par l'Orléanois , S. par le Berri , O. par l'Anjou & le Poitou ; elle a environ 22 l. dans fa plus grande largeur , & 24 dans fa plus grande longueur. Tours en eft la Ville Capitale.

Rue *de Touraine* , qu. 14. *du Temple*. Voyez AVENAY.

Rue *de Touraine* , qu. 18. *de S. André des Arts*. Voyez FIGEAC.

Rue *de la Tour des Dames*, faub. & qu. 6. *de Montmartre*, hors des Barrieres.

TOUR-GRISE, rue *Soli*, qu. 7. *de S. Eustache*, à 26 l. N-O. C'est le Chef-lieu d'une partie du Perche, que l'on appelle la Terre démembrée, & le reste d'un Château qu'il y avoit autrefois à Verneuil en Normandie, Diocèse d'Evreux, Parlement de Paris, Intendance d'Alençon; elle est du côté de l'eau, qu'on appelle l'Etang de France, qui est proche de la Ville de Verneuil. Cette Tour a une grande mouvance.

Rue *de a Tournelle*, qu. 16. *de la Place Maubert*. Voyez ROMANS, CREST.

Rue *des Tournelles*, qu. 15. *de S. Antoine*. Voyez MUNSTER, SALINS.

TOURNON, rue *de saint Jean de Latran*, à la Place de Cambrai, qu. 17. *de S. Benoît*, à 115 l. S-E. C'est une Ville & Comté dans le haut Vivarais, Diocèse de Valence, Parlement de Toulouse, Intendance de Montpellier, Recette de Viviers, au bord du Rhône, avec 3000 Habitans.

Rue *de Tournon*, qu. 19. *du Luxembourg*. Voyez MONTAUBAN, MOISSAC.

TOURNUS, rue *des Prêtres de saint Paul*, même qu. 12. à 91 l. S-E. C'est une Ville de Bourgogne, Diocèse de Châlons, Parlement de Paris, Intendance de Dijon, Recette de Mâcon, sur la Saone, avec 2500 Habitans.

TOUROUVRE, rue *Verderet*, qu. 7. *de saint Eustache*, à 30 l. S-O. C'est un Bourg dans le Perche, Diocèse & Election de Chartres, Parlement de Paris, Intendance d'Orleans, avec 1500 Habitans.

TOURS, rue *du Roulle*, qu. 4. *du Louvre*, à 51 l. S-O. C'est une Ville la Capitale de la

Touraine, à laquelle elle donne son nom, & un Archevêché, Siége d'une Intendance & d'une Généralité, d'un Présidial & d'un Hôtel des Monnoyes marquées par E. Elle est franche de Tailles, dans une grande plaine, entre la Loire & le Cher, avec 50000 Habitans.

Rue *Transnonain*, qu. 10. *de saint Martin.* Voyez PEQUIGNI, ORCHIES.

TRAPPE (La) rue *Trenté*, qu. 7. *de saint Eustache*, à 30 l. S-E. C'est une Abbaye célèbre dans le Perche, Diocèse de Seez, Parlement de Paris, Intendance d'Alençon, Election de Mortagne; elle est sous l'invocation de Notre Dame de l'Ordre de Cîteaux, à 4 l. de Mortagne, & a 8 de Seez. Elle a été réformée, & le Roy a permis qu'elle rentrât en régle.

Rue *de Traverse*, qu. 10. *de saint Germain des Prez*. Voyez S. JEAN-DE-LUZ.

Rue *Traversiere*, qu. 5. *du Palais Royal.* Voyez AMBRIERES.

Rue *Traversine*, qu. 16. *de la Place Maubert*. Voyez VIVIERS, VALS, VAUGUÉ.

Rue *Traversine*, faub. & qu. 15. *de saint Antoine*. Voyez QUINGEY.

TREGUIER, rue *de la Madeleine*, à la Ville l'Evêque, faub. *saint Honoré*, qu. 5. *du Palais Royal*, à 104 l. O. C'est une Ville un Port de Mer, & un Evêché suffragant de Tours, dans la Bretagne, Parlement de Rennes, Intendance de Nantes, Chef-lieu d'une Recette au bord de la Mer, & dans une presqu'Isle, avec 4000 Habitans.

TREIGNAC, rue *Pavée*, qu. 10. *de saint André des Arcs*, à 88 l. S-O. C'est une Ville du Limosin, Diocèse & Election de Tulles,

Parlement de Bourdeaux, Intendance de Limoges, au bord de la Vezere, entre Limoges & Tulles, avec 2000 Habitans.

Rue *de la Treille*, qu. 19. *du Luxembourg.* Voyez RAZAT.

Rue *Trenée*, qu. 7. *de saint Euſtache.* Voyez BROVE, LA-TRAPPE.

TRÊVES, Barr. *du Marais du Temple*, faub. & même qu. 14. à 74 l. N-E. C'eſt un Electorat de l'Empire d'Allemagne, qui tire ſon nom de l'Archevêché de Tréves ſa Capitale. Son Archevêque prend le titre d'Archi-Chancelier de l'Empire pour les Gaules, & donne le premier ſon ſuffrage à l'Election d'un Empereur. Il eſt borné, N. par celui de Cologne, E. par la Veteravie, S. par le Palatinat du Rhin & la Lorraine, O. par le Luxembourg.

TRÉVOUX, rue *des Deux Ponts*, Iſle Notre-Dame, qu. 1. *de la Cité*, à 95 l. S-E. C'eſt une petite Ville, la Capitale de la Principauté de Dombes, dans le Lyonnois, Diocèſe de Lyon, ſur le bord de la Saone, avec 3000 Habitans. Elle eſt le Siége du Parlement pour la Principauté, dont les Officiers ont les mêmes Priviléges que ceux des Parlemens de France; & c'eſt la réſidence du Gouverneur de la Principauté.

TRIBUNAUX de Juſtice qui ſont dans Paris:

Le Parlement & ſes dépendances, dans l'Enceinte du Palais, qu. 1. *de la Cité.*

La Cour des Comptes. *Le-même.*

La Cour des Aydes. *Le-même.*

La Cour des Monnoyes. *Le-même.*

La Chambre Souveraine des Décimes. *Le-même.*

Le Grand-Conseil, rue de saint Honoré, qu. 4. *du Louvre.*

Le Châtelet, à l'Apport de Paris, rue *de saint Denis*, qu. 2. *de saint Jacques de la Boucherie.*

La Jurisdiction du Prevôt des Marchands, à l'Hôtel de Ville, à la Place de Gréve, même qu. 11. *de la Grêve.*

La Jurisdiction des Juges-Consuls, Cloître saint Merri, rue & qu. 10. *de saint Martin.*

Rue *Tripelet*, faub. *saint Marceau*, qu. 16. *de la Place Maubert.* Voyez LORGUES.

Rue *de la Triperie*, qu. 2. *de saint Jacques de la Boucherie.* Voyez GRACEY.

Rue *des trois Bornes*, qu. 14. *du Temple.* Voyez THIONVILLE, SALMES.

Rue *des trois Chandeliers*, qu. 18. *de saint André des Arcs.* Voyez VADABLE.

Rue *des trois Couronnes*, faub. *saint Marceau*, qu. 16. *de la Place Maubert.* Voyez BRIGNOLES.

Carrefour *des trois Maries*, au Pont-Neuf, qu. 4. *du Louvre.*

Rue *des trois Mores*, qu. 2. *de saint Jacques de la Boucherie.* Voyez SOUESMES.

Rue *des trois Pavillons*, qu. 15. *de saint Antoine.* Voyez MARSAL.

Rue *des trois Pistolets*, qu. 12. *de S. Paul.* Voyez NANTUA.

Rue *des trois Portes*, qu. 17. *de S. Benoît.* Voyez BELLEVILLE.

Rue *des trois Visages*, qu. 3. *de sainte Opportune.* Voyez SALBRIS.

Rue *du Trône*, faub. & qu. 15. *de saint Antoine*, hors des Barrieres.

Rue *Tronion*, qu. 2. *de saint Jacques de la Boucherie.* Voyez PRUNIERS.

TROPEZ,

TROPEZ (S.) rue *du Marché-aux-Chevaux*, faub. *saint Marceau*, qu. 16. *de la Place Mau-bert*, à 180 l. S-E. C'est une Ville de Provence, sur le bord de la Mer, & un Port de Mer, au Golfe de Grimaud, Diocèse de Fréjus, Parlement & Intendance d'Aix, Viguerie & Recette de Draguignan, avec 1500 Habitans. C'est un Gouvernement particulier, avec un Etat-Major.

Rue *Trop-va qui-dure*, qu. 3. *de sainte Opportune*. Voyez LINIERES.

Rue *Trousse-Vache*, qu. 2. *de saint Jacques de la Boucherie*. Voyez PLUVIERS.

TROYES, rue & qu. 13. *de sainte Avaye*, à 36 l. S-E. C'est une Ville, la Capitale, la premiere de la Champagne, & une des plus considérables du Royaume ; & c'est un Evêché suffragant de Sens, sur la Seine, avec 16000, une Châtellenie Royale ou Prevôté, un Bailliage, un Présidial, un Grenier à Sel, une Maîtrise des Eaux & Forêts, & une Maréchaussée. Il y a encore un Hôtel des Monnoyes marquées par V, & une Jurisdiction des Juges-Consuls, une Prevôté & une Mairie Royale de quatre Ports. C'est un Gouvernement particulier.

Rue *de la Tuerie*, qu. 2. *de saint Jacques de la Boucherie*. Voyez VILLEQUIERS.

TULLES, rue *Dauphine*, qu. 18. *de saint André des Arcs*, à 116 l. S-O. C'est une Ville & le Siége d'un Evêché suffragant de Bourges, dans le Limosin, Parlement de Bourdeaux, Intendance de Limoges & Chef-lieu d'une Election, au Confluent des deux petites rivieres Coureze & Solon, avec 5000 Habitans, & un Présidial.

TUNIS, Barr. *de saint Victor*, faub. *saint*

Marceau, qu. 16. *de la Place Maubert*, à 300 l. de la France, & à 460 de Paris, S-E. C'est une Ville d'Afrique en Barbarie, Capitale du Royaume du même nom, fur le Lac de la Goulette, à 4 l. de la Mer, & avec un Port & deux Faubourgs ; & un troifiéme du côté de la Mer, où font les magafins & les maifons des Chrétiens, qui viennent trafiquer à Tunis, & le Royaume ou la République de Tunis est un Etat d'Afrique en Barbarie, fur la Côte de la Mer, fous la protection du Grand Seigneur.

TURENNE, rue *Dauphine*, qu. 18. *de faint André des Arcs*, à 118 l. S-O. C'est une Ville danz le Limofin, Diocèfe & Intendance de Limoges, Parlement de Bourdeaux, Election de Brive, avec 1000 Habitans. Elle est la Capitale du Vicomté du même nom, qui est très-confidérable par fes revenus, fa Nobleffe, fes droits & fes grandes mouvances.

V.

VABRES, rue *Francs-Bourgeois*, qu. 18. *du Luxembourg*, à 150 l. S-E. C'est une Ville dans le Rouergue, & un Evêché fuffragant de l'Archevêché d'Albi, Parlement de Touloufe, Intendance de Montauban, Election de Milhau, fur le Dourdon, avec 5000 Habitans.

VADABLE, rue *des trois Chandeliers*, qu. 18. *de faint André des Arts*, à 94 l. S. C'est une petite Ville dans l'Auvergne, Diocèfe de Clermont, Parlement de Paris, Intendance de Riom, Election d'Iffoire, avec 1000 Habitans.

VAISON, rue *de la Clef*, faub. *saint Mar-ceau*, qu. 16. *de la Place Maubert*, à 140 l. S-E. C'est une Ville du Comtat Venaissin, ou d'Avignon en Provence ; elle est le Siége d'un Evêché suffragant de l'Archevêché d'A-vignon, avec 2000 Habitans.

VALENCAI, rue *des Ecrivains*, qu. 2. *de saint Jacques de la Boucherie*, à 30 l. S. C'est une petite Ville du Berri, dans le Blesois & dans le Gouvernement de l'Orléanois, Dio-cèse & Election de Blois, Parlement de Paris, Intendance d'Orleans, au bord de la riviere de Nahon, avec 1000 Habitans.

VALENCE, rue *des Bernardins*, qu. 16. *de la Place Maubert*, à 125 l. S-E. C'est une Ville du Dauphiné, & un Evêché suffragant de l'Archevêché de Vienne, Parlement & Intendance de Grenoble, Chef-lieu d'une Election, sur le Rhône, avec 2500 Habi-tans.

VALENTINE, rue *du Pot de Fer*, qu. 14. *du Luxembourg*, à 171 l. S-O. C'est une Ville & Justice Royale dans le haut Languedoc, Dio-cèse & Election de Comminges, Parlement de Toulouse, Intendance de Montpellier, assez éloignée de la Province du Languedoc, avec 1200 Habitans ; c'est à cause de ce lieu & des Paroisses qui lui sont unies, que l'Evê-que de Comminges a droit d'entrer aux Etats du Languedoc.

VALENCIENNES, rue *Frepillon*, qu. 10. *de saint Martin*, à 48 l. N-E. C'est la ville Capi-tale du Hainaut François, dans la Flandre, Diocèse de Cambrai, Parlement de Douai, Intendance de Maubeuges, Chef-lieu d'une Jurisdiction, qu'on appelle Prevôté le Comté, sur l'Escaut qui la traverse, & l'établit de

deux Diocèses , avec 3000 Habitans ; une partie est du Diocèse de Cambrai , & l'autre de
celui d'Arras.

VALERY (S.) rue *du Gros Chenet* , qu. 6.
de Montmartre, à 42 l. N-O. C'est une petite
Ville de Normandie , Pays de Caux , & un
Port de Mer , Diocèse , Parlement & Intendance de Rouen , Election de Montiviliers
avec 400 Habitans.

VALERY (S.) rue *de Bourbon* , qu. 9. *de
saint Denis* , à 40 l. N-O. C'est une Ville de
Picardie , dans le Vimeux , Diocèse , Intendance & Election d'Amiens , Parlement de
Paris , à l'embouchure de la Somme , avec
5000 Habitans , & une Amirauté. Cette Riviere lui donne une grande facilité pour le
Commerce.

VALETTE (La) rue *Mazarine* , qu. 20. *de
saint Germain des Prez* , à 102 l. S-O. C'est
une petite Ville dans l'Angoumois , Diocèse
& Election d'Angoulême , Parlement de Paris , Intendance de Limoges , Chef-lieu d'un
Duché-Pairie , avec 2500 Habitans.

VALLIER (S.) quai *de saint Bernard* , qu.
16. *de la Place Maubert* , à 112 l. C'est une
petite Ville dans le Dauphiné , Diocèse & Election de Vienne , Parlement & Intendance de
Grenoble , sur le Rhône , avec 2000 Habitans.

VALOGNES , rue *d'Antin* , qu. 6. *de Montmartre* , à 63 l. N-O. C'est une Ville de Normandie , Diocèse de Coutances , Parlement
de Rouen , Intendance de Caen , Chef-lieu
d'une Election , avec 5000 Habitans , un Siège de Vicomté non ressortissante , une Maîtrise des Eaux & Forêts , & un Bailliage res-
sortissant à celui de Caen.

VALOIS , rue *Beaubourg* , qu. 20. *de sain*

Martin, à 12 l. N-O. C'est un Pays qui fait partie de la Picardie, dont il a été démembré pour être uni au Gouvernement Militaire de l'Isle de France, borné N. par le Soissonnois, E. par la Champagne, S. par la Brie & par la Province de l'Isle de France, & O. par le Beauvoisis. Crespi en est la ville Capitale.

Vals, rue *Traversine*, qu. 16. *de la Place Maubert*, à 130 l. S-E. C'est un petit Bourg muré dans le Vivarais en Languedoc, Diocèse de Viviers, Parlement de Toulouse, Intendance de Montpellier, Recette de Viviers, près du Torrent de la Valone, à 5 lieues du Rhône, avec 800 Habitans. Il y a cinq Fontaines d'eaux Minérales fort estimées, toutes froides, qui sont fréquentées dans les mois de Juin, Juillet, &c.

VALROMEY, *rue de Montreuil*, faub. & qu. 15. *de saint Antoine*, à 92 l. S-E. C'est un petit Pays en Bourgogne, qui fait la partie de la Province du Bugey, dans laquelle il se trouve enclavé. Chateauneuf est la plus considérable de ses 18 Paroisses.

Vannes, rue *de saint Honoré*, qu. 5. *du Palais Royal*, à 102 l. C'est une Ville de Bretagne, à 2 l. de la Mer, qui a son flux & reflux par une baye fort large ; & c'est un Evéché suffragant de Tours, Parlement de Rennes, Intendance de Nantes, Chef-lieu d'une Recette, avec 6000 Habitans, un Présidial, une Amirauté, un Lieutenant de la Maréchauchée de la Province, une Maîtrise des Eaux & Forêts, & une Jurisdiction des Juges-Consuls.

Rue *de la Vannerie*, qu. 11. *de la Grève.* Voyez Issoudun.

Var (Le) rue *de Seine*, qu. 16. *de la*

Place Maubert, à 174 l. S-E. C'est une rivie**r**e qui fait la séparation entre l'Italie & la France & entre le Comté de Nice, qui appartient au Roy de Sardaigne, & la Provence. Elle prend sa source dans les Alpes, traverse une partie des dépendances du Comté de Nice par Entrevaux, auprès de Glandeve, & vient se jetter dans la Mer, entre Nice & Antibes. On l'appelle Var, à cause de la variation de son lit, où il n'est pas possible d'y faire un Pont.

VAREN, rue *neuve de Richelieu* ou *des Trésoriers*, qu. 18. *de S. Audré de Arcs*, à 127 l. S-O. C'est une Ville dans le Rouergue, Diocèse de Rhodez, Parlement de Toulouse, Intendance de Montauban, Election de Villefranche, avec 3000 Habitans.

. VARENNE, rue *du Port l'Evêque*, qu. 1. *de la Cité*, à 71 l. S-E. C'est un Bourg du Bourbonnois, Diocèse de Clermont, Intendance & Election de Moulins, avec 1000 Habitans.

Rue *de Varenne*, qu. 20. *de S. Germain des Prez*. Voyez GARONNE, L'ESPARRE, BARBE-SIEUX, AUBETERRE.

VARZI, rue *de la Verrerie*, qu. 13. *de sainte Avoye*, à 46 l. S-E. C'est une Ville du Nivernois, Diocèse d'Auxerre, Parlement de Paris, Intendance d'Orleans, Recette de Clamecy, , avec 1500 Habitans.

VATAN, rue *de la Mortellerie*, qu. 11. *de la Gréve*, à 40 l. S. C'est une Ville du Berri, Diocèse de Bourges, Parlement de Paris, Intendance d'Orleans, Election de Romorantin, dans une belle plaine, avec 1500 Habitans.

VAUBECOURT, rue *de la Folie-Mericourt*, Faub. & qu. 14. *du Temple*, à 67 l. N-E. C'est un Duché de Bar en Lorraine, Diocèse de Toul, Parlement & Intendance de Mets, avec 1200 Habitans. Il a le titre de Principauté.

VAUCOULEURS, rue *du Marais du Temple*, mêmes faub. & qu. 14. à 60 l. S-E. C'est une Ville dans la Champagne, Diocèse de Toul, Parlement de Paris ; elle est enclavée dans la Lorraine, à 3 lieues de Toul, & située sur la Meuse, avec 6000 Habitans. C'est dans cette Ville que Jeanne d'Arques, dite la Pucelle d'Orleans, vint se présenter à Robert de Vaudricourt, pour s'offrir à chasser les Anglois de devant Orleans.

Rue *de Vaugirard*, qu. 19. *du Luxembourg.* Voyez TOULOUSE, CONSERANS, LOMBEZ, S. LIZIER, TARASCON, PAMIERS.

VAUGUÉ, rue *Traversine*, qu. 16. *de la Place Maubert*, à 135 l. S-E. C'est un Bourg dans le Vivarais en Languedoc, Diocèse de Viviers, Parlement de Toulouse, Intendance de Montpellier, Recette de Viviers, avec 800 Habitans. Il est une des 8 Baronies, qui donnent l'entrée par tour aux Etats du Languedoc.

VAUX (Le) rue *de Gonesse*, qu. 19. *du Luxembourg*, à 120 l. S-O. C'est un Bourg du Perigord, Diocèse & Election de Sarlat, Parlement & Intendance de Bourdeaux, avec 1000 Habitans.

VEISSEMBOURG, rue *de saint Sebastien*, faub. & qu. 15. *de saint Antoine*, à 73 l. S-E. C'est une Ville dans l'Alsace, Diocèse, Parlement & Intendance de Strasbourg, avec 4000 Habitans.

VELAY, rue *de S. Jean de Beauvais*, qu. 17. *de saint Benoît*, à 115 l. S-E. C'est une Contrée du Languedoc, bornée, N. par le Lyonnois ou Forez, O. par la haute Auvergne, S. par le Gevaudan, & E. par le Vivarais. C'est un Pays d'Etats en particulier, dont l'Evêque du Pui est Président. Le Pui en est la Capitale.

VENAISSIN (le Comtat) rue *neuve de saint Estienne* , faub. *saint Marceau* , qu. 16. *de la Place Maubert* , à 142 l. S-E. C'est un Pays entre la Provence , le Dauphiné , la Durance & le Rhône. Il contient l'Archevêché d'Avignon , les Evêchez de Carpentras , de Cavaillon & de Vaison , environ 60 Villes , ou Bourgs murez. Il appartient au Pape. Avignon en est la Capitale.

VENANT (S.) rue *des Fossés de saint Denis* , même qu. 9. à 52 l. N-O. C'est une Ville dans l'Artois , Diocèse d'Arras , Parlement de Paris , Intendance d'Amiens , Gouvernance d'Arras , Recette de Lillers , aux frontieres de Flandre , sur la Loir , avec 2000 Habitans.

VENCE , quai *de saint Bernard* , qu. 16. *de la Place Maubert* , à 172 l. S E. C'est une Ville de Provence , & un Evêché suffragant de l'Archevêché d'Embrun , Parlement & Intendance d'Aix , Viguerie de saint Paul , à 2 l. de la Mer , avec 2000 Habitans.

VENDÔME , rue *de la Tonnellerie* , qu. 8. *des Halles* , à 58 l. S-O. C'est une Ville de la Beauce , dans l'Orléanois , Diocèse de Blois , Parlement de Paris , Intendance d'Orleans , Chef-lieu d'une Election & d'un Bailliage , avec 8000 Habitans.

Rue *de Vendôme* , qu. 14. *du Temple*. Voyez BAR-SUR-AUBE.

Rue *de Venise* , qu. 2. *de saint Jacques de la Boucherie*. Voyez CREST.

C. *de Venise*. Le-même.

VENTADOUR , rue *de l'Hirondelle* , qu. 18. *de saint André des Arcs* , à 115 l. S-O. C'est un Château dans le Limosin , Diocèse , Inten-

dance & Election de Limoges , Parlement d⸗
Bourdeaux , qui a le titre de Duché-Pairie. La
Ville d'Ussel en est le Chef-lieu.

Rue *de Ventadour* , qu. 5. *du Palais Royal.*
Voyez VILLE-DIEU.

Rue *de Vertois* , qu. 10. *de saint Martin.*
Voyez DOUAY.

Rue *de Verdelet* , qu. 8. *des Halles.* Voyez
S. GERMAIN-EN-LAYE.

Rue *de Verderet* , qu. 7. *de saint Eustache.*
Voyez TOUROUVRE.

VERDUN , rue *de la Perle* , qu. 14. *du Temple* , à 60 l. S-E. C'est une Ville & un des
trois Evêchez de la Lorraine , suffragant de
l'Archevêché de Tréves , Parlement & Intendance de Metz , sur la Meuse , qui la divise en
deux parties , qu'on appelle Ville haute &
Villé basse , ou neuve , avec 12000 Habitans.

VERDUN , rue *de Lions* , qu. 12. *de saint
Paul* , à 72 l. S-E. C'est une Ville dans la
Bourgogne , Diocèse de Châlons , Parlement
& Intendance de Dijon , Recette d'Auxone ,
avec 1000 Habitans , & le Siége d'un Comté.

VERDUN , rue *des saints Peres* , qu. 20. *de
saint Germain des Prez* , à 145 l. S-O. C'est
une Ville & une Justice Royale dans le bas
Armagnac en Gascogne , Diocèse & Intendance d'Auch , Parlement de Toulouse , Chef-
lieu de l'Election d'Astarac , sur la Garonne ,
avec 1000 Habitans.

VERMANDOIS , rue & qu. 10. *de S. Martin* , à 27 l. N-E. C'est un petit Pays de la
Province & du Gouvernement de Picardie , borné , N. par le Cambresis , E. par la Thiera-
che , N. par le Noonois , O. par le Santerre.

VERMANTON , rue & qu. 15. *de saint Antoine* , à 41 l. S-E. C'est une Ville de l'Auxer⸗

rois, dans la Bourgogne, Diocèse, Bailliage
& Recette d'Auxerre, Parlement de Paris,
Intendance de Dijon, fur la petite riviere de
Cure, avec 2000 Habitans.

VERNEUIL, rue *de la petite Vrilliere*,
qu. 6. *de Montmartre*, à 26 l. Nord-Ouest.
C'est une Ville & Marquifat dans la Normandie, Diocèse d'Evreux, Parlement de Paris,
Intendance d'Alençon, Chef-lieu d'une Election, fur la Frontiere du Perche & fur la riviere d'Aure, avec 5000 Habitans. Elle est le
Siége d'un Bailliage, d'une Maîtrife des Eaux
& Forêts, d'un Grenier à Sel & d'un Vicomté.

VERNEUIL, rue *de la Colombe*, qu. 1. *de la
Cité*, à 70 l. S. C'est une Ville dans le Bourbonnois, Diocèse de Clermont, Parlement
de Paris, Intendance & Election de Moulins, avec 600 Habitans, & une Châtellenie
Royale.

VERNEUIL, rue *de Nevers*, qu. 20. *de faint
Germain des Prez*, à 110 l. S-O. C'est un
Bourg du Limofin, Diocèse, Intendance &
Election de Limoges, Parlement de Bour-
deaux, avec 1800 Habitans.

Rue *de Verneuil*, qu. 20. *de faint Germain
des Prez*. Voyez CHARROUX, LOUDUN.

VERNON, rue *de Montmartre*, qu. 7. *de
faint Euftache*, à 17 l. N-O. C'est une Ville
dans la Normandie, Diocèse d'Evreux, Parlement & Intendance de Rouen, Chef-lieu
d'une Election, au bord de la Seine, avec
4000 Habitans, une Maîtrife des Eaux &
Forêts, un Bailliage & un Grenier à Sel.

Rue *de la Verrerie*, qu. 10. *de S. Martin*,
& 13. *de fainte Avoye*. Voyez FONTAINE-
BLEAU, VARZI, CHATILLON-SUR-LOING.

VERSAILLES, rue *de faint Denis*, qu. 2. *de
faint Jacques de la Boucherie*, à 4 l. O. C'est

un Château Royal où la Cour fait son séjour ordinaire , une Ville & une Prevôté dans l'Isle de France , que la grande Avenue partage en deux , dont l'un est appellé le Vieux Ver- sailles ; & l'autre la Ville-Neuve , Diocèse , Parlement & Intendance de Paris , avec 100000 Habitans.

Rue *de Versailles* , qu. 16. *de la Place Mau-bert*. Voyez PONT S. ESPRIT.

Rue *de Vertbois* , qu. 10. *de saint Martin*. Voyez DOUAY.

VERTEUIL , rue *Jacob* , qu. 20. *de S. Germain des Prez* , à 92 l. S-O. C'est une Ville & Baronie dans l'Angoumois , Diocèse & Election d'Angoulême , Parlement de Paris , Intendance de Limoges , sur la Charente , avec 2600 Habitans.

VERTUS , rue *des Oiseaux* , qu. 14. *du Temple* , à 11 l. N-E. C'est une Ville Comté-Pairie & Justice Royale dans la Champagne , Diocèse , Intendance & Election de Châlons , Parlement de Paris , dans une Plaine au pied d'une Montagne , avec 2500 Habitans.

Rue *des Vertus* , qu. 10. *de saint Martin*. Voyez BAUAY.

VERVINS , rue *de saint Philippe* , qu. 9. *de Denis* , à 42 l. N-E. C'est une Ville , Marquisat & Châtellenie dans la Picardie , Diocèse & Election de Laon , Parlement de Paris , Intendance de Soissons , sur la Serre , avec 3000 Habitans , & un Grenier a Sel.

VESOUL , rue *de la Roquette* , faub. & qu. 15. *de saint Antoine* , à 80 l. S-E. C'est une Ville dans la Franche-Comté , Diocèse , Parlement & Intendance de Besançon , près de la riviere de Durgeon , avec 3500 Habitans, un Bailliage , une Recette , un Présidial , une

Prevôté , une Maîtrise des Eaux & Forêts , &
la résidence du Lieutenant de la Maréchauffée
de la Province.

VEUDRES , rue *des Chantres* , au Cloître
Notre-Dame , qu. 1. *de la Cité* , à 60 l. S.
C'eft une Ville dans le Bourbonnois , Diocèfe de Bourges , Parlement de Paris , Intendance , Election & Recette de Moulins , fur
le bord de l'Allier , avec 1200 Habitans.

VEZELAY , rue *du Pourtour* ou *Monceau faint
Gervais* , qu. 11. *de la Greve* , à 47 l. S-E.
C'eft une Ville dans le Nivernois , Diocèfe
d'Autun , Parlement & Intendance de Paris ,
Chef-lieu d'une Election , au bord de la Riviere de Cure , fur la Croupe d'une Montagne , avec 1500 Habitans , un Bailliage qui
reffortit d'Auxerre , un Grenier à Sel , & une
Maréchauffée.

VIANE , rue *de la Poterie faint Severin* ou
Couppe-Gorge , faub. *faint Marceau* , qu. 17.
de faint Benoît , à 146 l. S-O. C'eft une Ville
du bas Languedoc , Diocèfe de Caftres , Parlement de Touloufe , Intendance de Montpellier , avec 2000 Habitans.

VIBRAIS , rue *Coquiliere* , qu. 7. *de faint
Euftache* , à 42 l. O. C'eft une Ville & Marquifat dans le Maine , Diocèfe du Mans , Parlement de Paris , Intendance de Tours , Election du Château du Loir , fur la riviere de
Braye , avec 1800 Habitans.

VIC , rue *de Popincourt* , faub. & qu. 15.
de faint Antoine , à 79 l. E. C'eft une Ville
dans le Pays Meffin en Lorraine , Diocèfe ,
Parlement , Intendance & Recette de Metz ,
fur la Seille , avec 3500 Habitans , & un Siége
de la Chancellerie , & du grand Bailliage de
l'Evêché.

VIC

VIC, rue *des Vieilles Tuilleries*, qu. 19. *du Luxembourg*, à 167 l. S-O. C'est une Ville de Bigorre en Gascogne, Diocèse de Tarbes, Parlement de Toulouse, Intendance d'Auch, Recette du Comté de Bigorre, sur la riviere de Sechez, avec 2000 Habitans.

VIC-LE-COMTÉ, rue *aux Féves*, qu. 1. *de la Cité*, à 92 l. S-E. C'est une Ville & Bailliage dans la basse Auvergne, Diocèse & Election de Clermont, Parlement de Paris, Intendance de Riom, sur l'Allier, avec 3500 Habitans.

VICHI, rue *de Sainte-Croix*, qu. 1. *de la Cité*, à 72 l. S. C'est une Ville dans le Bourbonnois, Diocèse de Clermont, Parlement de Paris, Intendance de Moulins, Election de Gannat, au bord de l'Allier, avec 1200 Habitans, & une Châtellenie Royale.

Rue *de saint Victor*, & du même faub. qu. 16. *de la Place Maubert*. Voyez VIENNE, GRENOBLE, CHARTREUSE, MONTELIMART S. PAUL-TROIS-CHATEAUX.

Rue *de la Vieille Bouclerie*, qu. 18. *de saint André des Arcs*. Voyez ISSOIRE.

Rue *de la Vieille Monnoye*, qu. 2. *de saint Jacques de la Boucherie*. Voyez CONGRESSAUT.

Rue *Vieille Notre-Dame* ou *de l'Orangerie*, faub. *saint Marceau*, qu. 16. *de la Place Maubert*. Voyez ENTREVAUX.

Rue *de la Vieille Place aux Veaux*, qu. 2. *de S. Jacques de la Boucherie*. Voyez CHAROT.

Vieille rue du Temple, qu. 15. *de saint Antoine*. Voyez CHATEAU-CHINON, SENS, & 14. *du Temple*. Voyez LIGNI, ROSIERES, REMIREMONT.

Rue *des Vieilles Audriettes*, qu. 14. *du Temple*. Voyez ROSOY.

Rue *des Vieilles Etuves*, qu. 7. *de saint*

Euſtache. Voyez BEAUMONT-LE-VICOMTÉ.

Rue *des Vieilles Garniſons*, qu. 11. *de la Grève.* Voyez BOSENCOIS.

Rue *des Vieilles Tuilleries*, qu. 19. *du Luxembourg.* Voyez VIC, PAU, SALIES, ORTHEZ.

VIENNE, rue *de ſaint Victor*, qu. 16. *de la Place Maubert*, à 106 l. S-E. C'eſt une Ville dans le Dauphiné, & un Archevêché, ſon Archevêque prend le titre de grand Primat des Gaules, Parlement & Intendance de Grenoble, Chef-lieu d'une Election, ſur le bord du Rhône, au-deſſous de Lyon, à la chûte de la riviere de Liſere dans le Rhône, avec 5000 Habitans.

VIERZON, rue *des Arcis*, qu. 11. *de la Grève*, à 30 l. S. C'eſt une Ville & Comté dans le Berri, Dioceſe, Intendance & Election de Bourges, Parlement de Paris, à la chûte de l'Eure dans le Cher, avec 3000 Hab.

Rue *des Vieux Auguſtins*, qu. 7. *de ſaint Euſtache.* Voyez PONTEAU-DE-MER.

Rue *du Vieux Colombier*, qu. 19. *du Luxembourg.* Voyez AIRE, ALBRET.

VIGAN, rue *des Amandiers*, qu. 17. *de S. Benoît*, à 140 l. S-E. C'eſt une petite Ville & une Juſtice Royale des Cevennes en Languedoc, Dioceſe d'Alais, Parlement de Toulouſe, Intendance de Montpellier, avec 4000 Habitans.

Rue *des Vignes & du Puits de la Ville*, Faub. S. *Marceau*, qu. 17. *de S. Benoît.* Voyez LAUTREC.

VIHERS, rue *de S. Nicaiſe*, qu. 5. *du Palais Royal*, à 70 l. S-O. C'eſt une Ville, une Comtée, & un Château dans l'Anjou, Dioceſe d'Angers, Parlement de Paris, Intendance de Tours, Election de Montreuil-Bel-

lay, au bord d'un Etang & fur la leps, avec
3500 Habitans.

VILAINE, rue *Daguesseau*, Faub. *S. Honoré*,
qu. 5. *du Palais Royal*, à 100 l. S-O. C'est
une riviere qui prend fa fource dans le Maine
près d'Ernée; dans fa courfe elle groffit fon
lit des eaux de diverfes rivieres; après avoir
arrofé plufieurs Villes, elle fe jette dans la
mer; elle eft à fon embouchure une des plus
navigables de la Bretagne, vis-à-vis l'Ifle de
Mai, & elle a de grandes falines qui four-
niffent du fel à toutes les Villes & Bourgades
d'alentour.

VILLEDIEU, rue *de Ventadour*, qu. 5. *du Palais Royal*, à 65 l. N-O. C'eft une Ville dans
la Normandie, Diocèfe de Coutance, Parlement de Rouen, Intendance de Caen, Election de Vire, fur la riviere de Soville, avec
3000 Habitans. C'eft une Commanderie de
Malthe, elle eft fort renommée pour ladite
Commanderie, & pour toute forte d'Indan-
derie.

Rue *Villedot*, qu. 5. *du Palais Royal*. Voyez
TORIGNI.

VILLEFRANCHE, rue *de la Bucherie*, qu.
17. *de S. Benoît*, à 93 l. S-E. C'eft une Ville,
la Capitale du Beaujolois, dans le Gouvernement du Lyonnois, Diocèfe & Intendance
de Lyon, Parlement de Paris, Cheflieu d'une
Election fur le Morgon qui fe jette dans la
Saone, avec 3000 Habitans, un Grenier à
fel, & une Académie de beaux Efprits; elle
n'a qu'une rue très-belle, & d'une telle largeur, qu'elle femble n'être qu'une grande
Place dans toute fon étendue qui prend d'un
bout de la Ville à l'autre, où l'on voit
une Fontaine dans le milieu.

VILLEFRANCHE, rue *de la Bourbe*, qu. 19. *du Luxembourg*, à 175 l. S. C'est une Ville forte dans le Roussillon, Diocèse de Perpignan, Conseil souverain & Intendance de Roussillon, Viguerie du Confient sur le Tet, avec 800 Habitans. C'est un Gouvernement particulier, avec Etat Major, & un beau Château qui garde la gorge des montagnes.

VILLEFRANCHE, rue *de Sorbonne*, qu. 18. *de S. André des Arcs*, à 128 l. S-O. C'est une Ville dans le Rouergue, Diocèse de Rhodez, Parlement de Toulouse, Intendance de Montauban, Chef-lieu d'une Election, & le Siége d'une Sénéchauffée, d'un Préfidial, d'une Maréchauffée & d'un Grenier à Sel, fur l'Aveiron, avec 6000 Habitans.

VILLEFRANCHE, rue *des Mauvais-Garçons*, qu. 19. *du Luxembourg*, à 125 l. S-O. C'est un Bourg dans le Perigord, Diocèse, Election & Recette de Sarlat, Parlement & Intendance de Bourdeaux, avec 2400 Habitans.

Rue *de la Ville-l'Evêque*, faub. *faint Honoré*, qu. 5. *du Palais Royal.* Voyez BELLE-ISLE, PALAIS.

VILLENEUVE-LEZ-AVIGNON, rue *neuve de faint Etienne*, faub. *faint Marceau*, qu. 16. *de la Place Maubert*, à 146 l. S-E. C'est une Ville dans le bas Languedoc, Diocèse d'Avignon, Parlement de Toulouse, Intendance de Montpellier & Recette d'Ufez, auprès du Rhône, fur le penchant & au pied du Mont faint André, vis-à-vis la Ville d'Avignon, & à l'autre bord du Rhône, avec 3500 Habitans.

VILLENEUVE-LE-ROY, rue *de l'Homme-Armé*, qu. 13. *de fainte Avoye*, à 28 l. S-E. C'est une Ville dans la Champagne, Diocèse & Election de Sens, Parlement & Intendance de Paris, fur Yonne, avec 2500 Habitans.

VILLERS-COTERETS, rue *de la Couroyerie*, qu. 10. *de faint Martin*, à 16 l. N-E. C'eft une Ville de Picardie, & un Gouvernement particulier de l'Ifle de France, Diocèfe de Senlis, Parlement de Paris, Intendance de Soiffons, Election de Crefpi, proche la Forêr de ce nom, qui comprend 24860 arpens, avec 2500 Habitans.

VILLEQUIERS, rue *de la Tuerie*, qu. 2. *de faint Jacques de la Boucherie*, à 41 l. S. C'eft une Baronie dans le Berri, Diocèfe, Intendance & Election de Bourges, Parlement de Paris, avec 1200 Habitans.

Rue *de Villiers*, faub. *faint Honoré*, qu. 5. *du Palais Royal*. Voyez QUIMPERLAY.

Rue *des Vinaigriers*, faub. & qu. 10. *de faint Martin*. Voyez HAINAUT.

VINCENNES, rue *aux Ours*, qu. 9. *de faint Denis*, à 1 l. E. C'eft une Maifon Royale & un Village, dans l'Ifle de France, Diocèfe, Parlement, Intendance & Election de Paris, avec 1000 Habitans. C'eft un Gouvernement de Place.

Rue *de faint Vincent* ou *du Dauphin*, qu. 5. *du Palais Royal*. Voyez MONCONTOUR.

VIRE, rue *de Richelieu*, qu. 6. *de Montmartre*, à 60 l. O. C'eft une Ville dans la baffe Normandie, Diocèfe de Bayeux, Parlement de Rouen, Intendance de Caen, Cheflieu d'une Election, fur la Riviere du même nom, avec 10000 Habitans, titre de Vicomté, un Grenier à Sel, & une Maîtrife des Eaux & Forêts.

VIRGINIE, Barr. *de la Conférence*, qu. 5. *du Palais Royal*, à 1500 l. de la France & à 3410 de Paris, S-O. C'eft une Contrée de l'Amérique feptentrionale , bornée , N. par la Province de Mariland , E. par la Mer du Nord , S. par la Caroline , O. par la Louifiane ; il y a des Auteurs qui donnent le nom de Virginie , ou de Nouvelle Angleterre , à tout ce que cette Couronne poffédé dans le nouveau Monde. La Virginie propre eft divifée en Septentrionale & en Meridionale : fon climat eft doux & chaud , à peu près comme en Efpagne.

VITRAY , rue *de l'Anglade*, qu. 5. *du Palais Royal* , à 63 l. S-O. C'eft une Ville dans la Bretagne , Diocèfe , Parlement & Recette de Rennes, Intendance de Nantes , fur la Vilaine , avec 3000 Habitans. Les femmes & les filles de toute condition s'y occupent à faire des Bas , des Chauffons , & des Gands de fil.

VITRY-LE-FRANÇOIS , rue *de Bourgogne* , qu. 14. *du Temple* , à 38 l. S-E. C'eft une Ville dans la Champagne , Diocèfe & Intendance de Châlons , Parlement de Paris , Chef-lieu d'une Election & d'une Prevôté Royale , fur la Marne , avec 2000 Habitans , un Bailliage , un Préfidial , un Grenier à Sel , & une Maîtrife Particuliere.

VITTEAUX , rue *des Ormes* , qu. 12. *de faint Paul* , à 50 l. S-E. C'eft une Ville dans la Bourgogne , Diocèfe d'Autun , Parlement & Intendance de Dijon , Election , Bailliage & Recette de Semur en Auxois , fur la Braine & fur un Ruiffeau , avec 1200 Habitans , un Grenier à Sel , & une Mairie. Elle députe aux Etats de la Province.

VIVARAIS, rue *de la Montagne* ou *de fainte Geneviéve* , qu. 16. *de la Place Maubert* , à 110 l. S-E. C'eft un Pays ou petite Province dans le Languedoc , borné , N. par le Lyonnois , E. par le Rhône qui la sépare du Dauphiné , S. par le Diocèse d'Usez , O. par le Velay & par le Gevaudan , on le divise en haut & en bas Vivarais ; il a environ 26 l. de long sur 16 dans la plus grande largeur. Viviers en est la ville Capitale.

Rue *Vivienne* , qu. 6. *de Montmartre.* Voyez CONCHES , ANDELY.

VIVIERS , rue *Traversine* , qu. 16. *de la Place Maubert* , à 132 l. S-E. C'est une Ville dans le bas Languedoc , Capitale du Vivarais , & un Evêché suffragant de Vienne , Parlement de Toulouse , Intendance de Montpellier , sur le Rhône , avec 4000 Habitans.

VIVOIN , rue *des deux Ecus* , qu. 7. *de saint Eustache* , à 56 l. S-O. C'est un Bourg dans le Maine , Diocèse & Election du Mans , Parlement de Paris , Intendance de Tours , avec 1500 Habitans.

Rue *de l'Université* , qu. 20. *de saint Germain des Prez.* Voyez MAILLELAIS , LUÇON , TALMON , ISLE-DIEU.

UNIVERSITEZ de France , 16.

Rue *de la Voirie* ou *des Porcherons* , qu. 6. *de Montmartre* , hors des Barrieres.

VOUZON , rue *de Jean Lautier* , qu. 3. *de sainte Opportune* , à 36 l. S-O. C'est un Bourg dans l'Orléanois , Diocèse , Intendance & Election d'Orleans , Parlement de Paris , avec 2000 Habitans.

Rue *de la Vrilliere* ou *de Toulouse* , qu. 7. *de saint Eustache.* Voyez LOULAY.

Rue *des Ursins* , dit *Hôtel des Ursins* , haute , basse & moyenne. Voyez HAUTE , BASSE & MOYENNE DES URSINS , chacune en particulier.

UserChE, rue *des grands Auguſtins* , qu. 18. *de S. André des Arcs* , à 87 l. S-O. C'eſt une Ville dans le Limoſin , Diocèſe & Intendance de Limoges , Parlement de Bourdeaux , Election de Brives , ſur un grand Rocher eſcarpé , au pied duquel coule la riviere de Nezere , avec 2500 Habitans , & une Sénéchauſſée.

UssEL , rue *Gilescœur* , qu. 18. *de S. André des Arcs* , à 104 l. S-O. C'eſt une petite Ville dans le Limouſin , Chef-lieu du Duché de Ventadour , Diocèſe & Intendance de Limoges , Parlement de Bourdeaux , Election de Tulles , avec 2500 Habitans.

UsEz , rue *d'Arras* , qu. 16. *de la Place Maubert* , à 144 l. S-E. C'eſt une Ville du bas Languedoc , Duché-Pairie laïque , & un Evêché ſuffragant de Narbonne , Parlement de Touloufe , Intendance de Montpellier , ſur la Fontaine d'Aure qui fourniſſoit de l'eau à l'Aqueduc du Pont du Gard , avec 6000 Habitans.

Rue *de Vuidegouſſet* , à la Place des Victoires , qu. 6. *de Montmartre.* Voyez ELBŒUF.

Rue *Zacharie* , qu. 18. *de S. André des Arcs.* Voyez S. AMAND.

S U P L E' M E N T.

Rue *de Bretonvilliers* , en l'Iſle Notre-Dame, qu. 1. *de la Cité.* Voyez SEMUR EN BRIENNOIS.

Rue *des Grands Auguſtins* , qu. 18. *de ſaint André des Arcs.* Voyez USERCHE.

C. *de Monars.* Rue *de Richelieu* , qu. 6. *de Montmartre.*

Rue *des trois Canettes* , qu. 1. *de la Cité.* Voyez ANGE.

& débiter par tout notre Royaume, pendant
le tems de trois années confécutives, à compter du jour de la datte des Préfentes. Faifons
défenfes à tous Imprimeurs, Libraires, &
autres perfonnes de quelque qualité & condition qu'elles foient, d'en introduire d'impreffion étrangére dans aucun lieu de notre
obéiffance; à la charge que ces Préfentes fe-
ront enregiftrées tout au long fur le Regiftre
de la Communauté des Imprimeurs & Libraires de Paris, dans trois mois de la datte d'icelles; que l'impreffion dudit Ouvrage fera faire
dans notre Royaume, & non ailleurs, en bon
papier & beaux caractères, conformément à
la feuille imprimée attachée pour modèle,
fous le contre-fcel des Préfentes; que l'Impé-
trant fe conformera en tout aux Réglemens
de la Librairie, & notamment à celui du 10
Avril 1725. qu'avant de l'expofer en vente,
le Manufcrit qui aura fervi de Copie à l'impreffion dudit Ouvrege, fera remis dans le
même état où l'approbation y aura été donnée ès mains de notre très-cher & féal Chevalier Chancelier de France, le Sieur Dela-
moignon, & qu'il en fera enfuite remis deux
Exemplaires dans notre Bibliothéque publique, un dans celle de notre Château du Louvre, un dans celle de notredit très-cher &
féal Chevalier Chancelier, le Sieur Delamoi-
gnon, & un dans celle de notre très-cher &
féal Chevalier Garde des Sceaux de France,
le Sieur de Machault, Commandeur de nos
Ordres; le tout à peine de nullité des Préfentes : du contenu defquelles, vous man-
dons & enjoignons de faire joüir ledit Expo-
fant & fes ayans caufes, pleinement & paifi-
blement, fans fouffrir qu'il leur foit fait au-

eun trouble ou empêchement. Voulons qu'à
la Copie des Présentes , qui sera imprimée
tout au long , au commencement ou à la fin
dudit Ouvrage , foi soit ajoûtée comme à
l'Original. Commandons au premier notre
Huissier ou Sergent sur ce requis , de faire
pour l'exécution d'icelles , tous Actes requis
& nécessaires , sans demander autre Permission , & nonobstant Clameur de Haro, Charte
Normande , & Lettres à ce contraires : Car
tel est notre plaisir. Donné à Versailles le
septiéme jour du mois de Décembre , l'an de
grace mil sept cent cinquante-trois , & de
notre Régne le trente-neuviéme. Par le Roy,
en son Conseil.

PERRIN.

Regiftré sur le Registre XIII. de la Chambre
Royale des Libraires & Imprimeurs de Paris,
N°. 258. Fol. 205. conformément au Régle-
ment de 1723. qui fait défenses , Art. 4. à tou-
tes personnes de quelque qualités qu'elles soient ,
autres que les Libraires & Imprimeurs de ven-
dre, débiter & faire afficher aucuns Livres pour
les vendre en leurs noms , soit qu'ils s'en disent
les Auteurs , ou autrement ; & à la charge de
fournir à la susdite Chambre neuf Exemplaires
prescrits par l'Art. 108. du même Réglement.
A Paris , le 11 Décembre 1753.

DIDOT , Syndic.]